I0822088

Lehre mich die Weihnachtskunst

»Weihnachten ist ein Hindernis
für den modernen Fortschritt.«

Gilbert Keith Chesterton

Michael Karger

Lehre mich die Weihnachtskunst

Zur Geschichte und Bedeutung des Festkreises von Advent bis Taufe des Herrn

SCHNELL + STEINER

Abbildung der vorderen Umschlagseite:
Francesco Scarlatella (Caltagirone, Sizilien): Geburt Jesu, Terracotta, 1995
Hintere Umschlagseite:
Jesuskind in Birne, Wachs. Fa. Weinkamer, Salzburg, Wallfahrtsandenken
Maria Langendorf, 19. Jahrhundert, Privatbesitz

Bibliografische Information der Deutschen Nationalbibliothek:
Die Deutsche Nationalbibliothek verzeichnet diese Publikation
in der Deutschen Nationalbibliografie; detaillierte bibliografische
Daten sind im Internet über http://dnb.dnb.de abrufbar.

1. Auflage 2015

Umschlaggestaltung: Anna Braungart, Tübingen
Satz: typegerecht, Berlin
Druck: Erhardi Druck GmbH, Regensburg
ISBN 978-3-7954-3033-7

Weitere Informationen zum Verlagsprogramm erhalten Sie unter:
www.schnell-und-steiner.de

Inhalt

Nürnberger Engel, Gussmasse, Goldpapier, 20. Jahrhundert, Privatbesitz

Vorwort

Für das »Deutsche Wörterbuch«, begründet von Jacob und Wilhelm Grimm, ist Weihnachten ebenso wie Ostern ein »vorchristlicher Festname«.[1] Bereits die alten Germanen sollen »ein vorchristliches mehrtägiges Mittwinterfest gefeiert haben«, dessen Name später auf das Geburtsfest Jesu Christi übertragen worden sei. Man hält es sogar für gesichert, dass dieses Fest ursprünglich zu Ehren der »matronae oder matres genannten Göttinnen« gefeiert worden ist, »deren Verehrung zumal im westrheinischen Germanien 400 Steine aus römischer Kaiserzeit erweisen«. Von hier aus führt eine direkte Linie zu religionswissenschaftlichen und feministischen Thesen über die katholische Marienfrömmigkeit als einen Fall von Verehrung einer Muttergottheit oder zur Einebnung der Einmaligkeit Jesu zu einem von vielen religionsgeschichtlich nachweisbaren Beispiel von sogenannten »göttlichen Kindern«. Die romantische Bewegung, allen voran die Brüder Grimm, meinte, den ursprünglichen deutschen Volkscharakter in seinen verborgenen vorchristlichen Relikten in Brauchtum, Volksglaube und mündlichem Erzählgut aufspüren zu können. Daraus entwickelte sich die mythologische Schule der Volkskunde, die hinter allen Äußerungen des sogenannten Volksglaubens Spuren germanisch-keltischer Weltanschauung und Mythologie mutmaßte. Sie war zunächst eine Reaktion auf den aufgeklärten Rationalismus, der mit kirchlichen und staatlichen Verboten gegen den »Aberglauben« vorging. Unter »Aberglaube« verstand man die christliche Glaubenspraxis, ihre Handlungsorientierung und Bildsymbolik, die mit den deistischen Vorstellungen einer offenbarungsfeindlichen Vernunftreligion unvereinbar war. Bis heute sind die Thesen der mythologischen Schule der Volkskunde, die von den Nationalsozialisten im Kampf gegen das Christentum eingesetzt worden sind, lebendig. So verwundert es nicht, wenn selbst katholische Liturgiewissenschaftler behaupteten, dass der Inhalt des vielfältigen Brauchtums der Adventszeit einerseits die Erwartung des Weihnachtsfestes, andererseits aber auch von vorchristlichen germanischen Ritualen zur Feier der Wintersonnenwende geprägt sei (Adolf Adam). Nach dem Zweiten Vatikanischen Konzil wurde dann die gesamte sogenannte Volksfrömmigkeit innerkirchlich massiv abgelehnt. Besonders das Weihnachtsfest wurde zum Schauplatz des Kampfes gegen ein säkularisiertes und veräußerlichtes Christentum, verbunden mit der Anklage, dass es sich »eigentlich« gar nicht um ein christliches Fest handle. Moralisierende Verkündiger, die zutiefst durch die historisch-kritische Exegese bezüglich des Wahrheitsgehaltes der Kindheitsgeschichten der Evangelien verunsichert waren, flüchteten sich in die Forderung nach Orthopraxie als dem einzigen Ausweis des Christlichen im Gegensatz zum verpönten Bekenntnisglauben. In dieser Zeit habe ich die Ergebnisse der volkskundlichen Brauchtumsforschung und besonders auch der volkskundlichen Erzählforschung kennengelernt. Hier wurde nachgewiesen, dass das sogenannte religiöse Brauchtum in hohem Maße von der Liturgie der Kirche abhängig ist, Volksfrömmigkeit eben keine leicht christlich übertünchte »heidnisch« gebliebene Grundeinstellung, sondern die von der Liturgie der Kirche geprägte und daraus lebende Glaubenspraxis darstellt. Wie das Wort »Ostern« (Auferstehungsliturgie bei Sonnenaufgang) so ist auch »Weihnachten« vom Begriff und Inhalt her gänzlich christlich: Die Bezeichnung »Weihnachten« hat sich nach 1150 immer mehr durchgesetzt. Es ist eine mittelhochdeutsche »Zeitbestimmung ›ze wihen nahten‹, d.h. in den heiligen Nächten. Zu ihr gibt es auch die Singularbildung ›Weihnacht‹, die auf die Nacht vor dem ersten Weihnachtstag, die heilige Nacht, bezogen wird« (Dietz-Rüdiger Moser).[2] In zahlreichen Beiträgen für die katholische Tageszeitung »Die Tagespost« habe ich den Reichtum der kreativen Aneignung der Weihnachtsbotschaft in Liturgie, Verkündigung und Brauchtum an Einzelbeispielen dargestellt. Aus der positiven Aufnahme dieser Artikel entstand der Gedanke, sie zu einem Gang durch den Festkreis von Advent bis Taufe des Herrn (einschließlich Verkündigung des Herrn, 25. März, und Darstellung des Herrn, 2. Februar) zu erweitern. Lückenlose Vollständigkeit konnte dabei nicht angestrebt werden. Gelegentliche Wiederholungen wurden um des Kontextes willen in Kauf genommen. Exemplarisch soll gezeigt werden, wie angesichts der Gefahr, dass Glaubensinhalte falsch verstanden oder trivialisiert werden, der Reichtum, die Vielfalt und Tiefe der Weihnachtsüberlieferung erschlossen werden können. Worum es heute in der Weihnachtsverkündigung geht, hat Romano Guardini 1955 in der Christmette gesagt: »Wir haben die Aufgabe, in die Entscheidung des Glaubens zu führen, das Weihnachtsfest aus einer immer schlimmer werdenden Verwüstung herauszuholen. Das Weihnachtsfest, an dem uns ›die Menschenfreundlichkeit unseres Gottes erschien‹ (Tit 3,4), ist zu einem Jahrmarkt der Begehrlichkeiten geworden. Aus dem Lichterbaum, der ein Gleichnis jenes Lichtes sein soll, das aus dem ewigen Glanz uns aufgestrahlt ist, hat man ein Reklamemittel gemacht.«[3] Nur wer die tiefe christliche Symbolsprache wieder lesen gelernt hat, kann »Verwüstungen« als solche erkennen und durch die Verzwecklichung des »Reklamemittels« hindurch zu Wesensaussagen vordringen. »In die Entscheidung des Glaubens führen« heißt für Guardini in seiner Weihnachtspredigt von 1955: »Nie dürfen wir vergessen, dass Bethlehem und Golgatha zusammengehören.«[4] Was das aber heißt, hat Papst Benedikt XVI. in seiner Vorlesung »Einführung in das Christentum« gezeigt: Während eine einseitige Inkarnationstheologie zu einer »optimistischen Sicht« auf Mensch und Welt tendiere, in der die Sünde »von ziemlich untergeordneter Bedeutung« sei, führe die Kreuzestheologie zu einer »dynamisch-aktualen weltkritischen Auffassung des Christentums«.[5] Darum müsse Inkarnationstheologie in Kreuzestheologie übergehen. Entsprechend dem Paschageheimnis von Tod und Auferstehung ist dies der »Überschritt von sich weg, der Exodus des Herausgehens aus sich … der Akt des Gesandtseins, des Sohnseins, des Dienens«.[6] Hans Urs von Balthasar ging es genau um diese Einheit von Inkarnations- und Kreuzestheologie, als er in seinem Bändchen »Wer ist ein Christ?« fragte: »Wie ist … eine Identität zwischen Gott und Mensch möglich, vorausgesetzt, dass beide wesenhaft verschieden sind und bleiben?«[7] Seine Antwort: »Eine Identität ist möglich dadurch, dass Gott seiner Liebe die Gestalt des Gehorsams gibt, und der Mensch seinem Gehorsam den Sinn der Liebe. Das geschieht, wenn er einverstanden ist, von Gott (den er liebt, weil Gott ihn geliebt hat) über alles hinausgeführt zu werden, was er selbst planen, übersehen, wünschen und aus eigener Kraft aushalten kann. Dieser Überstieg über alles Eigene führt ihn ins Göttlich-Freie.«[8]

Dem entspricht auch Guardinis Fazit: »So besteht die Entscheidung des Glaubens … darin, die eigenen Maßstäbe des Richtigen und Ansprechenden wegzutun und den aus Gottes Freiheit Heraustretenden anzunehmen: ›Hochgelobt, der da kommt im Namen des Herrn‹ (Mt 21,9).«[9]

Es bleibt noch an dieser Stelle mehrfach Dank zu sagen: Dem Bischof von Regensburg, Dr. Rudolf Voderholzer, für die stetige Ermutigung zu diesem Projekt und die vertrauensvolle Förderung. Pfarrer Michael Brüne, dem Kenner des Heiligen Landes und der Liturgien des Ostens und des Westens danke ich für viele Anregungen und die treue Wegbegleitung. Dem Geschäftsführer des renommierten Verlagshauses Schnell und Steiner, Dr. Albrecht Weiland, danke ich für die Aufnahme in das Verlagsprogramm und die gute Zusammenarbeit und Elisabet Petersen für das verständige und geduldige Lektorat. Gabriel Weiten und meinem Sohn Wenzel gilt mein besonderer Dank, sie haben sich intensiv der Korrekturen, aller Fragen der Textverarbeitung und der Bilddateien angenommen. Danken möchte ich der hervorragenden Fotografin Johanna Sänze, ohne die es diesen Bildband nicht geben würde, und Helmuth Abele, der mir die christliche Volkskunst erschlossen hat. Am meisten verdanke ich auch hier der Freundschaft mit Pfarrer Bernhard Schiller und meiner Frau Agnes.

Bergen, Oberbayern, im August 2015 Michael Karger

1 Deutsches Wörterbuch von Jacob und Wilhelm Grimm, 16 Bde. in 32 Teilbänden, Leipzig 1854–1961, Bd. 28, Sp. 710.
2 Dietz-Rüdiger Moser: Bräuche und Feste im christlichen Jahreslauf, Graz / Wien / Köln 1993, S. 86.
3 Romano Guardini: Universitätspredigten, München 1955, S. 404f.
4 Ebd., S. 404.
5 Joseph Ratzinger: Einführung in das Christentum (JRGS, Bd. 4), Freiburg i. Br. 2014, S. 213.
6 Ebd., S. 214.
7 Urs von Balthasar, Wer ist ein Christ?, Einsiedeln 1965, S. 72f.
8 Ebd.
9 Guardini, Universitätspredigten, S. 390.

I.

Einstieg und Übersicht

Krippe, Wachs, Fa. Weinkamer, Salzburg, 1880, Privatbesitz

Einführung

Mehr als zweitausend Jahre sind seit der Menschwerdung Gottes vergangen. Mehr als zweitausend Jahre hindurch vergegenwärtigt die Kirche dieses Ereignis in die jeweilige Weltzeit hinein. In der Feier der Liturgie, in Musik und Dichtung, in Malerei und Plastik, im Brauchtum als gelebter Glaubenspraxis hat der Menschwerdungsglaube durch die Jahrhunderte bis heute vielfältige Ausdrucksformen gefunden. Gleichzeitig hat sich das Einmalige dieses Geschehens für Glaubende und Nichtglaubende immer mehr in die Vergangenheit verflüchtigt. Was in Bethlehem und Golgotha geschah, wird als Mythos, Symbol oder Idee der Humanität, des Kampfes für die Menschenrechte, der Versöhnung und Völkerverständigung verstanden.

Das vorliegende Buch will dazu beitragen, die geschichtlich gewordenen Glaubenszeugnisse von ihrem Zentrum her wieder neu zu verstehen. Dies geschieht aber nicht aus rein kulturgeschichtlicher Absicht. »Weihnachten ist nicht ein innergeschichtliches Ereignis, sondern der Einbruch der Ewigkeit in die Zeit«, wie auch Ostern den »Ausbruch des Auferstandenen aus der Geschichte in die Ewigkeit« darstellt, sagt Hans Urs von Balthasar. Deshalb versinkt die Gestalt Jesu Christi nicht in der Vergangenheit, und der Glaubende vertraut darauf, daran Anteil zu erhalten.

Dem Buch ist als Motto vorangestellt: »Weihnachten ist ein Hindernis für den modernen Fortschritt.« Warum? Weil es grundsätzlich keinen Fortschritt über dieses Ereignis hinaus geben kann. Das Motto stammt von dem katholischen Schriftsteller Gilbert Keith Chesterton. Heute ist er zumeist nur noch als Verfasser der Father-Brown-Erzählungen bekannt. Als scharfer und hellsichtiger Kritiker des modernen Bewusstseins ist er noch nicht wiederentdeckt. Chesterton hat in zahlreichen Artikeln, in Zeitungen und Zeitschriften, ein großes Loblied auf den Weihnachtsglauben und das Weihnachtsfest angestimmt. Für die moderne Zivilisation ist kennzeichnend, dass sie sich gegen jede Überzeugung richtet, die ihr Träger nicht grundsätzlich bereit ist, zur Disposition zu stellen. In der Moderne ist alles hypothetisch. Fest steht nur die eine Überzeugung, dass es keine festen Überzeugungen geben darf. Darum sind auch Glaubensüberzeugungen wie der Gottesglaube oder gar der Glaube an das unüberholbar einmalige Ereignis der Menschwerdung Gottes in der modernen Gesellschaft unerwünscht. Weihnachten ist ein »Hindernis für den modernen Fortschritt«, weil der Weihnachtsglaube sagt, dass es die Wahrheit gibt und dass sie sogar die Gestalt eines Menschen angenommen hat: Gott sagt Ja zu uns trotz unserer Schuld.

Heute ist das Weihnachtsfest immer noch ein lebendiges Ritual, an dem die Mehrheit festhält. Entgegen einer verbreiteten Annahme hat die empirische Sozialforschung erwiesen, dass nur etwa 10 Prozent der Deutschen das Weihnachtsfest gänzlich ablehnen. Zugleich haben Befragungen ergeben, dass die Vorstellung von Weihnachten als einer durch familiäre Konfliktentladungen zerrüttete Geschenk- und Konsumorgie unzutreffend ist. Vielmehr vergewissere man sich in einer Art familiären Ausnahmesituation der eigenen Familientradition und Familiengeschichte. Damit gibt die moderne Sozialforschung Chesterton Recht, denn Familiengeschichte und Tradition gehören ja auch zu den Hindernissen für den modernen Fortschritt, auf dem Weg zum austauschbaren Funktionsträger ohne Herkunft und Gewordensein, dessen Asche am Ende seines Lebens für die Angehörigen unauffindbar verstreut oder anonym vergraben wird. Obwohl sogar noch in der reinen Familienfeier ein Widerstand gegen die Moderne weiterlebt, ist unübersehbar, dass das Fest heute immer weniger als Ausdruck des christlichen Glaubens verstanden wird. Es ist eine Familienfeier mit Festessen bei Weihnachtsbaum und Krippe. Vom Weihnachtsglauben ist zumeist nicht mehr geblieben als eine ziemlich unbestimmte Religiosität, die sich auf Besinnlichkeit bei Kerzenschein und Weihnachtsdekoration beschränkt. Das jährliche Kirchenfest bildet mit seinen Inhalten und Bräuchen nur mehr den »Aufhänger« für Familienfeiern. Etwa ein Drittel der Kirchenmitglieder nimmt noch an Weihnachtsgottesdiensten teil. Das moderne Bewusstsein, zu dem auch die liberale Bibelauslegung gehört, legt uns nahe, den Glauben an die Göttlichkeit Jesu Christi aufzugeben. Es handle sich dabei doch nur um einen von vielen religionsgeschichtlich vergleichbaren Fällen des Mythos vom göttlichen Kind, beziehungsweise um die verhängnisvolle Fehlentwicklung der Vergöttlichung Jesu, die man mit Hellenisierung des Christentums umschreibt. Demgegenüber gilt aber, was Papst Benedikt XVI. betont hat: »Wenn Gott nicht in Christus ist, dann rückt er in eine unermessliche Ferne, und wenn Gott nicht mehr ein Gott mit uns ist, dann ist er eben ein abwesender Gott und damit eben kein Gott: Ein Gott, der nicht wirken kann, ist nicht Gott.« Heute propagieren Pastoraltheologen beider Konfessionen einen »Weihnachtsglauben« jenseits des Christusglaubens der Kirche. Diesen »Glauben« nennen sie »neue Religiosität«. In Wirklichkeit handelt es sich dabei um die Preisgabe des Gottesglaubens. Wenn Jesus nur ein Mensch war, »dann ist er unwiderruflich in die

Vergangenheit zurückgetreten, und nur fernes Erinnern kann ihn dann mehr oder weniger deutlich wahrnehmen. Aber wenn Gott wahrhaft einen Menschen angenommen hat und so zugleich wahrer Mensch und wahrer Gott in Jesus ist, dann nimmt er als Mensch an der Gegenwart Gottes teil, die alle Zeit umgreift. Dann und nur dann ist er nicht bloß gestern, sondern anwesend unter uns, unser Zeitgenosse in unserem Heute.«[1]

Der Buchtitel »Lehre mich die Weihnachtskunst« ist ein Zitat aus einem Kirchenlied der Barockzeit. Liest man diese Aufforderung im Zusammenhang des ganzen Liedes und besonders seiner sechsten und letzten Strophe, so wird deutlich, dass es hier nicht zuerst um Belehrung im üblichen Sinne geht. Die sechste Strophe ist als Bittgebet formuliert: »Drum Jesu, schöne Weihnachtssonne,/ bestrahle mich mit deiner Gunst;/ dein Licht sei meine Weihnachtswonne/ und lehre mich die Weihnachtskunst,/ wie ich im Lichte wandeln soll/ und sei des Weihnachtsglanzes voll.« Für den Dichter des Liedes mit dem Titel »Dies ist die Nacht«, den lutherischen Pfarrer Kaspar Friedrich Nachtenhöfer (1624–1685), lehrt Jesus Christus die Weihnachtskunst. In seinem Lied entfaltet Nachtenhöfer eine eigene Weihnachtstheologie, die ganz von der biblischen Lichtsymbolik bestimmt ist. Sie wird im abschließenden Beitrag dieses Bandes nachgezeichnet. Kunst ist das Erscheinen oder Sichtbarwerden von etwas, das selbst unsichtbar bleibt. Worin besteht nun die Weihnachtskunst Gottes? Die Menschwerdung in Jesus Christus ist die Weihnachtskunst Gottes. Diese Menschwerdung beginnt allerdings nicht erst mit der Geburt, sondern bereits mit seiner Empfängnis. Darum feiern wir das Fest »Verkündigung des Herrn« am 25. März, neun Monate vor dem Geburtsfest. Was Fleischwerdung Gottes, Inkarnation, bedeutet, hat Papst Benedikt XVI. folgendermaßen zusammengefasst: »Inkarnation bedeutet zunächst, dass Gott, der Unsichtbare, in den Raum des Sichtbaren eintritt, damit wir, die wir ans Materielle gebunden sind, ihn erkennen können. Insofern ist Inkarnation im geschichtlichen Heilshandeln und im geschichtlichen Sprechen Gottes schon immer unterwegs.« Dabei sind nicht Angenommensein, Heil und Sinnfindung das letzte Ziel. Die Verwandlung über uns hinaus durch Kreuz und Auferstehung führt zur Erfüllung in der Anbetung Gottes (*»gratias agimus tibi propter magnam gloriam tuam«*, »Wir sagen dir Dank ob deiner großen Herrlichkeit«): »Die Inkarnation zielt auf die Verwandlung durch das Kreuz und auf die neue Leiblichkeit der Auferstehung hin. Gott sucht uns, wo wir sind, aber nicht, damit wir dort bleiben, sondern damit wir dorthin kommen, wo er ist, damit wir über uns selbst hinauskommen.«[2]

In den acht Kapiteln des vorliegenden Bandes geht es um die Rückgewinnung von Bedeutungszusammenhängen innerhalb des Weihnachtsfestkreises. Dabei wird die sogenannte Volksfrömmigkeit als die gelebte christliche Glaubenspraxis verstanden und mit Hilfe der neueren Brauchtumsforschung aus der ursprünglichen Einheit von Liturgie, Verkündigung und Kirchenjahr als den christlichen Glaubens- und Lebenvollzügen interpretiert. Daraus entsteht eine – wenn auch fragmentarische – kleine Kulturgeschichte des Weihnachtsfestes mit der klaren Zielsetzung, die Bedeutung der Festinhalte für heute zu erschließen. Im ersten Kapitel wird mit der aktuellen Forschung die Entstehungsgeschichte des Weihnachtsfestes aus rein innerkirchlichen Motiven abgeleitet. In diesem Zusammenhang wird auch die in der Advents- und Weihnachtszeit vorherrschende Lichtsymbolik erschlossen. »Weihnachtskunst« der Kirche ist auch der Weihnachtsfestkreis, eine über Jahrhunderte gewachsene Komposition aus der adventlichen Vorbereitungszeit, zahlreichen Heiligenfesten und der Feier der Mysterien am Lebensanfang Jesu (Geburt, Anbetung der Weisen, Namensgebung, Beschneidung, Darstellung im Tempel und Taufe des Herrn). Bezeugt wird die Menschwerdung in der Heiligen Schrift. Darum werden im zweiten Kapitel die biblischen Grundlagen einschließlich der apokryphen Kindheitserzählungen dargestellt.

Vielfach hat selbst die berufenen Verkünder der Weihnachtsbotschaft Ratlosigkeit befallen. Papst Benedikt XVI. hat mit dem Prologband seines christologischen Hauptwerkes »Jesus von Nazareth« auf diese Not aufmerksam gemacht. Auf dem Kenntnisstand der wissenschaftlichen Schriftauslegung und im Wissen um die Grenzen vieler Hypothesen der modernen Exegese hat er vielen einen neuen Zugang zur Geburtsgeschichte Jesu und zum Glauben an die Menschwerdung eröffnet. Der Erschließung der biblischen Weihnachtsbotschaft im vorliegenden Band wurde deshalb die Auslegung von Papst Benedikt zugrunde gelegt. Das dritte Kapitel beginnt mit der Verkündigung des Weihnachtsgeheimnisses in der Weihnachtskunst der Orthodoxie. Eine Interpretation der Weihnachtsikone und die Vorstellung der großen Weihnachtsdichtung, dem sogenannten Weihnachtskanon von Romanos dem Meloden geben Einblick in eine vom Geist der Kirchenväter geprägte Frömmigkeit. Gegenübergestellt wird dann die westliche Weihnachtskunst eines mittelalterlichen Altarbildes, das von den Visionen der heiligen Birgitta von Schweden inspiriert wurde. Es schließen sich Deutungen des Weihnachtsereignisses durch große Denker aus verschiedenen Epochen an. Augustinus, Bernhard von Clairvaux, Kardinal John Henry Newman, Gilbert Keith Chesterton, Papst Benedikt XVI. eröffnen jeweils einen neuen Zugang zum Inkarnationsglauben. Zur Feier des Weihnachtsfestes, der sich das vierte Kapitel widmet, gehört auch die Gestalt des heiligen Nikolaus. Die kulturgeschichtlich einmalige Verwandlung des Bischofs und Wundertäters zum elterlichen Erziehungshelfer und multifunktionalen Werbeträger wird nachgezeichnet. Zum weltweiten Weihnachtssymbol ist der Christbaum geworden. Wenig bekannt ist seine Bedeutung als Paradieses- und Erlösungsbaum. Durch die Geschichte hindurch wird die Verehrung des Jesuskindes dargestellt. Ein eigener Beitrag gilt dem Ursprung der Weihnachtskrippe und ihren vielfältigen Ausdrucksformen. Zur Vorbereitung auf das Weihnachtsfest gehört für Kinder auch das Schreiben eines Wunschzettels. Einige Hinweise zur Geschichte des Wunschzettels werden mit einem Beispiel aus einer bayerischen Familie des 20. Jahrhunderts verbunden. Exemplarisch für die musikalische Weihnachtskunst wird die Geschichte des Liedes »O du fröhliche« und die ihres Verfassers, Johann Daniel Falk, berichtet. Ein Durchgang durch den Advents- und Weihnachtsteil des 2014 neu eingeführten Gesang- und Gebetbuches »Gotteslob« ergibt eine kleine Geschichte des adventlichen und weihnachtlichen Singens. Zum Umkreis des zentralen Festgeschehens gehören weitere Feste, die im fünften Kapitel betrachtet werden. Dazu rechnet das Fest der Heiligen Familie, dem als Seitenthema das Bildmotiv der »Hosen des heiligen Joseph« beigeordnet wird. Mit der sogenannten »heiligen Sippe« wird Einblick in die Verwandtschaftsverhältnisse Jesu gegeben. Gedächtnis der Beschneidung Jesu und das Namen-Jesu-Fest haben eine tiefe Bedeutung, spielen allerdings in der heutigen Verkündigung keine Rolle mehr.

Papst Silvester, dem Namensgeber des letzten Tages des Jahres, wird ein ausführlicher Beitrag gewidmet. Im sechsten Kapitel werden Ursprung, Brauchtum und Geschichte des zweiten weihnachtlichen Höhepunktes, des Epiphaniefestes, entfaltet. Auf den Ursprung des Sternsingens und das Fest des Bohnenkönigs wird genauer eingegangen. Weitere Beiträge befassen sich mit dem Dreikönigsschrein und dem Kölner Dom sowie mit der besonderen Beziehung Johann Wolfgang von Goethes und Heinrich Heines zur Vollendung des Dombaus und damit zur Dreikönigsverehrung. Herausragende literarische Weihnachtskunst ist die Fassung der Legende vom vierten König, wie sie Edzard Schaper erzählt hat. Als Brücke zur Feier von Tod und Auferstehung wird im siebten Kapitel das Fest der Darstellung des Herrn verstanden. Das abschließende achte Kapitel enthält eine Auslegung des Liedtextes, dem der Titel des Buches entnommen wurde. Chesterton ist von der tiefen Einheit des Weihnachtsfestes überzeugt und davon, dass es über uns sein Urteil spricht: »Es steht ungebrochen und rätselhaft da, für uns etwas Einheitliches, für sie ein Wirrwarr von Widersprüchlichkeiten. Und es fällt ein Urteil über die moderne Welt. Die Zeit des Weihnachtsfestes muss ablaufen und so läuft es. Und es läuft gut.«

Ziel dieses Buches ist, die Einheit des Weihnachtsglaubens und seiner vielfältigen Ausdrucksformen verständlich zu machen, um zu dem zu gelangen, was der Jesuitenpater Friedrich Spee folgendermaßen zusammengefasst hat: »Dich wahren Gott ich finde/ in meinem Fleisch und Blut,/ darum ich fest mich binde/ an Dich mein höchstes Gut.«[3]

1 Joseph Ratzinger/Benedikt XVI.: Einführung in das Christentum (JRGS, Bd. 4), S. 38 ff., Vorwort zur Neuausgabe 2000, hrsg. von Gerhard Ludwig Müller, Freiburg 2014.

2 Joseph Ratzinger/Benedikt XVI.: Der Geist der Liturgie (JRGS, Bd. 11), Freiburg 2000, S. 105.

3 Fünfte Strophe des Liedes »Zu Bethlehem geboren«, in: Gotteslob, Nr. 239.

Martin von Feuerstein (1856–1931), Anbetung der Hirten und der Könige, Tempera, um 1900, Kunstsammlungen des Bistums Regensburg

Die Lichtsymbolik und die Entstehung des Weihnachtsfestes

»Wo immer wir in den liturgischen Texten der Weihnacht nachschlagen, überall funkelt es uns entgegen von dem christlichen Mysterium der Sonne.« Dem Hinweis von Hugo Rahner folgend ist man doch überrascht von der Fülle der Sonnenmetaphorik im Weihnachtsfestkreis. Vier Tage vor Weihnachten bringt die O-Antiphon vom 21. Dezember »O Oriens« die Erwartung der Ankunft des Erlösers in Verbindung mit der aufgehenden Sonne: »O Aufgang, Glanz ewigen Lichts und Sonne der Gerechtigkeit! Komm und erleuchte, die da sitzen in der Finsternis und im Schatten des Todes.« In der Oration der Ersten Weihnachtsmesse ereignet sich bildlich dementsprechend der Sonnenaufgang: »Gott, Du hast diese hochheilige Nacht durch den Aufgang des wahren Lichtes taghell gemacht.« Bereits mit dem Introitus der Zweiten Weihnachtsmesse wird erneut die Lichtmetaphorik mit der Inkarnation verbunden: »Licht leuchtet heute über uns; denn geboren ist uns der Herr.« Um die innere Verwandlung der Gläubigen durch das Licht Christi bittet dann das Tagesgebet: »Allmächtiger Gott, durchflutet vom neuen Licht deines menschgewordenen Wortes bitten wir: lass in unseren Werken wiederstrahlen, was durch den Glauben in der Seele leuchtet.« Im Graduale der Dritten Weihnachtsmesse wird die Menschwerdung Gottes bereits rückblickend mit der Sonnensymbolik besungen: »Ein hochheiliger Tag ging leuchtend uns auf. Kommt ihr Völker, betet an den Herrn: denn ein großes Licht ließ heut sich herab auf die Erde.«

Im byzantinischen Weihnachtstroparion (Troparien sind Strophen, die den jeweiligen Festinhalt zum Ausdruck bringen) findet sich ebenfalls das Motiv der weihnachtlichen Sonne, verbunden mit einer Kritik an den Gestirnsanbetern beziehungsweise an der Astrologie: »Deine Geburt, Christus unser Gott, ließ der Welt das Licht der Erkenntnis aufgehen. Denn durch sie wurden die Diener der Sterne durch einen Stern belehrt, dich anzubeten, die Sonne der Gerechtigkeit, und dich zu erkennen, den Aufgang aus der Höhe. Herr, Ehre sei dir.« Auch in den Hymnen und Gebete des byzantinischen Ritus zu Epiphanie findet man das Motiv der weihnachtlichen Sonne: »Aufgegangen aus einer Jungfrau bist du, Christus, geistige Sonne der Gerechtigkeit« (aus dem Wasserweihegebet). Wie ungebrochen die Sonnenthematik auch in der Hymnik der Lutheraner weiterlebt, bezeugt die vierte Strophe von »Ich steh an deiner Krippe hier«, dem schönsten Weihnachtslied des Barockdichters und Pfarrers Paul Gerhardt (1607–1676): »Ich lag in tiefer Todesnacht,/ Du warest meine Sonne,/ Die Sonne, die mir zugebracht/ Licht, Leben, Freud und Wonne./ O Sonne, die das werte Licht/ Des Glaubens in mir zugericht't/ Wie schön sind deine Strahlen!« Von dieser Symbolik letztlich abkünftig ist der Adventkranz und der Weihnachtsbaum als Lichterbaum. Sucht man nach einem Anhalt für die Weihnachtssonne in der Heiligen Schrift findet man sogar eine Identifikation Gottes mit der Sonne im Psalm 84 »Denn Gott der Herr ist Sonne und Schild« (Vers 12), die als so anstößig, weil scheinbar zur Sonnenverehrung verleitend, angesehen wurde, dass sie bewusst nicht rezipiert und in der Septuaginta mit »Gott der Herr liebt Erbarmen und Wahrheit« übersetzt wurde. Demgegenüber hatte die allergrößte Wirkungsgeschichte ein Zitat aus dem Buch des Propheten Maleachi: »Für euch aber, die ihr meinen Namen fürchtet, wird die Sonne der Gerechtigkeit aufgehen, und ihre Flügel bringen Heilung« (Mal 3,20). Es gibt auch messianische Schriftstellen, die von der Septuaginta durch die Fehlübersetzung von »Spross« mit »Aufgang« eine solare Bedeutung erhielten, die von den Kirchenvätern aufgegriffen wurde. Eine Stelle findet sich im Buch Jeremia: »Ich werde für David einen gerechten Spross (Aufgang) erwecken. Er wird als König herrschen und weise handeln.« Sehr bedeutsam wurde auch die zweite Fehlübersetzung nach Sacharja: »Da ist ein Mann, Spross (Aufgang) ist sein Name … er wird den Tempel des Herrn bauen« (Sach 6,12). Über den Befund hinaus, dass im Alten Testament die Verehrung der Sonne und der Sterne ausdrücklich abgelehnt wird, finden sich nur wenige Ansatzpunkte für eine Sonnentheologie.

Für das Neue Testament lässt sich ausmachen, dass einzig das Benediktus, der Lobgesang des Zacharias, eine solare theologische Deutung ermöglicht: »Durch die barmherzige Liebe unseres Gottes wird uns besuchen das aufstrahlende Licht (der Aufgang) aus der Höhe, um allen zu leuchten, die in Finsternis sitzen und im Schatten des Todes« (Lk 1,78). Den mageren biblischen Befund hat Martin Wallraff zum Ausgangspunkt seiner Suche nach den außerbiblischen Ursprüngen für die theologische Auseinandersetzung mit dem Thema Sonne gemacht, von der, wie gezeigt, unser Weihnachtsfestkreis in Ost und West bis heute geprägt wird.[1] Auch wenn die Griechen von der Göttlichkeit der Sonne ausgingen, gehörte Helios doch nicht zu den olympischen Göttern. Sie kannten auch keinen besonderen Sonnenkult. Ebenso wenig kann man in der römischen Götterüberlieferung und Glaubenspraxis eine ausgeprägte Sonnenverehrung nachweisen, auch wenn Sol, der Sonnengott, einen eigenen Tempel hatte. Vom Mithraskult und orientalischen Religionen ging ebenfalls kein besonderer theologischer Einfluss für die Sonnentheologie aus. Im 2. Jahrhundert entstand allerdings in Rom ein eigener Sonnenkult, der Kult des *sol invictus*. Innerhalb kürzester Zeit stieg der Sonnengott zum Reichsgott auf, dessen Anhänger sich in allen Ständen fanden. Zuerst machte sich der römische Kaiser Aurelian die immer beliebter werdende Sonnenfrömmigkeit zunutze. Unter bewusster Vermeidung einer zu großen Angleichung an eine bestimmte religiöse Gruppe sollte der absichtlich verschwommene Charakter des Sonnengottes – »zum Profil des römischen sol invictus gehörte seine Profillosigkeit« (M. Wallraff) – die Einheit des Reiches in einer Zeit des religiösen Pluralismus und Synkretismus stärken helfen. Eine Gruppe wurde aber wegen ihrer klaren Ablehnung der Sonnenverehrung nicht integriert: die Christen. Unter Diokletian erlitten Christen das Martyrium, weil sie den Reichs-Sonnengott nicht als Gott anerkennen konnten. Kaiser Konstantin (306–337) erkannte ebenfalls den politischen Wert des Sonnenkultes als Mittel der Integration verschiedener Religionen. Er setzte sich zum Ziel, auch die immer stärker werdende Kirche irgendwie einzubeziehen. Zuletzt standen sich Sonnenverehrer und Christen als die beiden mächtigsten religiösen Kräfte in der Spätantike gegenüber. Voraussetzung der populären Sonnenfrömmigkeit war eine allgemeine Tendenz zum Monotheismus, von der auch das Christentum profitiert hat. Die Sonne hatte in der Spätantike die Tendenz, immer mehr ursprünglich distinkte Gottheiten in sich aufzunehmen oder wenigstens – eben im Sinn unklarer Identitäten – an sich zu binden. Das gilt etwa für Mithras und Sarapis, beide ursprünglich ›fremde‹ Gottheiten (mit persischen bzw. ägyptischen Wurzeln) und beide als griechisch-römische ›Modegottheiten‹ immer mehr mit solaren Zügen ausgestattet. Auf diese Weise hat der alte Helios, der im klassisch-griechischen Olymp eine eher untergeordnete Rolle spielte, eine beeindruckende Karriere gemacht, ja er kann als spätantike Leitgottheit bezeichnet werden. »Viele ziehen einfach alle Götter in einer Macht und Gewalt zusammen, so dass es gleichgültig ist, ob man diesen oder jenen Gott ehrt«, so sagt der griechische Intellektuelle Dion Chrysostomos zu Beginn des 2. Jahrhunderts und charakterisiert damit die religiöse Kultur seiner Zeit. Dass diese eine Macht und Gewalt die Sonne sei, war in der Spätantike eine weit verbreitete Überzeugung. Im 5. Jahrhundert grub Macrobius eine alte Etymologie wieder aus, der zufolge Sol (Sonne) von solus (einzig, allein) kommt – Monotheismus steckt also bereits im Namen.[2]

Hauptfeld der Abgrenzung des universalistischen Christentums von der heidnischen Staatsideologie des *sol invictus* war die Christologie. Im Johannesevangelium sagt Christus von sich: »Ich bin das Licht der Welt« (Joh 8,12). Die Sol-Christologie, präzisiert etwa die Aussage über Christus im Hebräerbrief als dem »Abglanz seiner (des Vaters) Herrlichkeit« (Hebr 1,3) dahingehend, dass das Missverständnis nicht entsteht, dass Christus nur ein vom Vater geliehenes Licht besitzt, also selbst nicht Gott ist.

Deshalb zieht zum Beispiel Ambrosius in seinem Hymnus »Splendor paternae gloriae« das Glaubensbekenntnis von Nizäa (»Licht vom Licht, wahrer Gott vom wahren Gott«) heran: »Der aus dem Licht uns Licht verleiht, des Lichtes Licht, der Klarheit Quell, Tag, der den Tag erleuchtet hell.«

Wegen der Lichtmetaphorik, mit der die Gottheit Jesu Christi im Glaubensbekenntnis von Nizäa (325) bezeichnet ist (»Licht vom Licht«), wird das Weihnachtsfest mit seiner Sonnen-Christologie auch als der liturgisch gefeierte Ausdruck dieses Bekenntnisses angesehen. Zuerst war es Origenes, der eine Sol-Christologie entwickelte, deren Einfluss nicht überschätzt werden kann. Über die Leuchter, die vor dem Bundeszelt brennen sollen (Lev 24,3), schreibt er: »Vor der Ankunft meines Herrn Jesus Christus war die Sonne dem Volk Israel nicht aufgegangen, sondern es bediente sich des Lichtes eines Leuchters. Der Leuchter aber war bei ihnen die Predigt des Gesetzes und die Predigt der Propheten, eingeschlossen in engen Wänden; sie konnte ihr Licht nicht über den Erdkreis verbreiten … Als aber die ›Sonne der Gerechtigkeit‹ (Mal 3,20) aufging, unser Herr und Retter, und der Mann geboren wurde, von dem geschrieben steht: ›Siehe ein Mann, Aufgang ist sein Name‹ (Sach 6,12), da breitete sich das Licht der Gotteserkenntnis aus über die ganze Welt.« Besonders entschieden wendet sich Augustinus gegen die Gleichsetzung der Sonne mit Christus: »Aber der rechte Glaube der katholischen Kirche verwirft ein solches Phantasiegebilde und erkennt darin eine teuflische Lehre … Glauben wir nicht, der Herr Jesus Christus sei diese Sonne, die wir aufgehen sehen im Osten und untergehen im Westen, auf deren Vorübergang die Nacht folgt.« Die neue Sonnenreligion lenkte auch den Blick auf die Wintersonnenwende, die nach römischem Kalender am 25. Dezember unter dem Namen *bruma* (von *brevissima dies*) begangen wurde. Genaugenommen fällt die Wintersonnenwende allerdings auf den 22. Dezember. Die Kalenderreform unter Julius Caesar hat als kürzesten Tag des Jahres die sogenannte *bruma* auf den 25. Dezember festgelegt. Da das Jahr des julianischen Kalenders minimal länger ist als das astronomische Jahr, wandert die Sonnenwende im Laufe der Zeit nach vorne – um etwa einen Tag pro Jahrhundert (genau: pro 128 Jahre). Die gregorianische Kalenderreform stellte im 16. Jahrhundert den Stand des 4. Jahrhunderts – da fiel die Sonnenwende auf den 21. Dezember – wieder her, und dabei ist es bis heute geblieben. Einen ersten Nachweis für ein Fest der »Geburt der unbesiegten Sonne« am 25. Dezember gibt es für das Jahr 354. Der Geburtsgedanke leitet sich dabei von der Zunahme der Tageslänge ab, die man als Geburt der Sonne gedeutet hat. Dieses Fest hat keine älteren Vorläufer, weder in Rom noch im Orient.

Eine erste sichere Bezeugung des Weihnachtsfestes liegt bereits für das Jahr 336 vor. Ein erster Beleg für die Festlegung des Geburtstages Jesu Christi auf den 25. Dezember findet sich in einer römischen Kalenderangabe, die auf das Jahr 336 zurückgeht

(Chronograph des Furius Dionysius von 354). Um die Mitte des 4. Jahrhunderts war in Rom die liturgische Feier der Geburt Jesu am 25. Dezember fest etabliert und breitete sich rasch im Abendland aus. Die älteste erhaltene Weihnachtspredigt wurde um 360 gehalten. Sie wird Optatus von Mileve zugeschrieben. Wie Wallraff nachweisen konnte, ist damit die These von der einseitigen Abhängigkeit des Weihnachtsfestes vom Geburtsfest der Sonne keineswegs gesichert. Sicher ist, dass es spätestens unter Kaiser Konstantin zwei konkurrierende Geburtsfeste in Rom gab, die beide auch in Rom entstanden sind. Ohne auf Widerstand zu stoßen, breitete sich das Weihnachtsfest unter dem Sohn Konstantins auch in der östlichen Reichshälfte aus. Um 380 wurde das Geburtsfest Christi am 25. Dezember auch im Osten übernommen, wie etliche erhaltene Weihnachtspredigten aus dieser Zeit belegen. Reserviert reagierten die Patriarchate Jerusalem und Alexandrien, die den Festtermin 25. Dezember erst im fünften Jahrhundert übernahmen. Bis heute sind die Armenier beim 6. Januar, Epiphanie, als Termin für das Geburtsfest Christi geblieben. Seit dem 4. Jahrhundert ist für den Osten des Reiches ein Geburtsfest am 6. Januar nachgewiesen. Wechselseitig haben Ost und West im Zeitraum von einhundert Jahren die Feste ausgetauscht. Am 6. Januar wurden die Anbetung der Weisen, die Taufe Jesu und die Hochzeit von Kana gefeiert. Möglicherweise liegt der Ursprung des Epiphaniefestes in Ägypten. In seiner ältesten Schicht war es wohl das Fest der Taufe des Herrn gewesen. Der Liturgiewissenschaftler Andreas Heinz belegt die Epiphaniefeier für Gallien um 360. Das Fest gelangte nicht von Rom aus nach Gallien, denn für Rom ist es erst mit den Predigten von Leo dem Großen (440–461) nachgewiesen. Heinz vertritt die These, dass der höchste Bischof der ägyptischen Kirche, Athanasius von Alexandrien, der von Kaiser Konstantin während der arianischen Auseinandersetzungen 336/337 nach Trier verbannt worden war, der Vermittler des Epiphaniefestes nach Gallien gewesen sein könnte. Heinz sieht das Epiphaniefest als Ausdruck der gegen Arius gerichteten Christologie des Konzils von Nizäa. »So demonstriert etwa die in Gallien sehr häufig auf Sarkophagen anzutreffende Darstellung der Anbetung der Magier (Mt 2,11) die Göttlichkeit des Kindes, das auf dem Schoß Mariens thront.« Bei der Taufe Jesu im Jordan wird durch die Stimme Gottes ebenfalls die Gottessohnschaft offenbart (Mt 3,17). Das Wunder bei der Hochzeit von Kana (Joh 2,1–12) offenbare die Göttlichkeit Jesu durch das gewirkte Wunder. In den ersten dreihundert Jahren kannte die Kirche kein Geburtsfest Christi. Alle früheren Versuche, einen Geburtstag des Gottessohnes zu ermitteln, schlugen einen Termin im März, April oder Mai vor, niemals zuvor war man auf den Gedanken gekommen, das Geburtsfest auf den 25. Dezember zu legen. Es lässt sich nicht entscheiden, wie die Annahme dieses Festtages genau geschah. Innerkirchliche Auseinandersetzungen darüber hat es wohl nicht gegeben. Ein Ursprung in der Volksfrömmigkeit kann ausgeschlossen werden. Auffällig ist, dass das

Thema Sonne in Ost und West bis zum 5. Jahrhundert in der Weihnachtsverkündigung stark hervortritt. Nur selten wird auf das konkurrierende heidnische Fest Bezug genommen, wie etwa in einer Predigt des heiligen Augustinus, in der es heißt: »Lasst uns also diesen Tag feierlich gestalten, Brüder, nicht wie die Ungläubigen um dieser (sichtbaren) Sonne willen, sondern nur dessentwillen, der die Sonne gemacht hat – die Sonne, die an Gottes statt diejenigen verehren, die in geistiger Verblendung die wahre Sonne der Gerechtigkeit nicht sehen.« Grundsätzlich überwiegt in der Argumentation der Väter die weitgehend unpolemische Überbietung der heidnischen Sonnenanbetung.

Erst im 5. Jahrhundert, nach dem Sieg des Christentums über die Sonnenanbeter, wird der Ton schärfer. In den liturgischen Texten, den Hymnen und Gebeten des Weihnachtsfestkreises in Ost und West ist die Verbindung der Menschwerdung mit der aufgehenden Sonne erhalten geblieben, auch als das Thema in der Verkündigung keine große Rolle mehr spielte. Ob Kaiser Konstantin den gemeinsamen Festtermin angeordnet hat, analog zu seinem Sonntagserlass, der Einführung der Sonntagsruhe in Verbindung mit der Siebentagewoche, lässt sich nicht entscheiden. Durch diese Entscheidung fiel ausgerechnet der Herrentag der Christen, den sie seit neutestamentlicher Zeit mit der Eucharistiefeier begingen, auf den Sonn-Tag. Dies machte weitere Abgrenzungen nötig. Auch die aus dem Judentum übernommene Gebetsostung, die sowohl für das gemeinschaftliche und private Gebet seit frühester Zeit eine Selbstverständlichkeit war und nach der sich auch die Ostung der Kirchenbauten richtete, führte zur Unterstellung, die Christen seien Sonnenanbeter. Bereits Origenes hat mittels seiner bekannten Sol-Christologie eine Rechtfertigung der Ostung des Gebets vorgetragen: »Vom Osten (*oriens*) kommt dir die Versöhnung; von dort ist nämlich der Mann, dessen Name Aufgang (*oriens*) ist, der zum Mittler zwischen Gott und Menschen geworden ist. Dadurch wirst du eingeladen, stets nach Osten zu schauen, wo die Sonne der Gerechtigkeit aufgeht, wo das Licht für dich entsteht.«

Aus der parallelen Erscheinung der beiden Geburtsfeste ging das Christentum als Sieger hervor. Wenn der Kaiser ursprünglich eine Vereinnahmung des Christentums unter dem diffusen *sol invictus*, verbunden mit dem staatstragenden Kaiserkult, im Auge gehabt haben sollte, ist er damit gescheitert. Weiterentwickelt wird die Sonnen-Theologie des Weihnachtsfestes im 4. Jahrhundert noch durch die Einbeziehung der Sommersonnenwende (unter anderem bei Augustinus, Hieronymus, Gregor von Nazianz, Maximus von Turin): Der 24. Juni wurde vom Weihnachtsfest aus zum Fest Johannes des Täufers. Auf die Geburt Christi als dem Aufgang der wahren Sonne hin wurde das ganze Jahr gedeutet: Christus wird am 25. Dezember, dem Tag, an dem das Licht zunimmt, geboren, Johannes der Täufer wird am 24. Juni geboren, dem Tag, an dem die Sonne wieder abnimmt. Es ist das Licht der Wahrheit, das mit Hoheit und

Selbstevidenz, Heiligkeit und richtender Klarheit den Menschen mit einem unbedingten Anspruch trifft. Dieses Licht des Guten offenbart, dass der Mensch nicht gut ist, und befreit und verpflichtet ihn zugleich zur Wahrheit und zum Gutsein. Die Hoheit und Herrlichkeit des göttlichen Lichtes blickt uns Weihnachten mit dem menschlichen Gesicht des Kindes in der Krippe an. Allein diese Erfahrung brachte in der Spätantike den Christen den Sieg über eine zivilreligiöse Staatsideologie und eine diffuse Lichtesoterik. Und darüber hinaus gilt: »In Zukunft wird das Licht Gottes auf die Welt scheinen durch das Leuchten des auferstandenen Leibes Christi: ›Ihre Leuchte ist das Lamm‹, so heißt es in der Apokalypse von der künftigen ›Welt, in der keine Sonne mehr scheint‹ (Offb 21,23).«[3]

1 Martin Wallraff: Christus verus sol. Sonnenverehrung und Christentum in der Spätantike (Jahrbuch für Antike und Christentum, Ergänzungsbd. 32), Münster 2001.

2 Martin Wallraff: Sonnenkönig der Spätantike. Die Religionspolitik Konstantins des Großen, Freiburg i. Br. 2013, S. 171.

3 Robert Spaemann: Meditationen eines Christen. Über die Psalmen 1–51, Stuttgart 2014, S. 142.

Verkündigung, Papier, 20. Jahrhundert, Privatbesitz

Der Weihnachtsfestkreis

Die religionsgeschichtliche Ursprungshypothese

Zur größeren Ehre Gottes haben Christen das Geburtsfest Jesu Christi verboten. So geschehen 1647, als das von Puritanern (Calvinisten) beherrschte englische Parlament das Weihnachtsfest zusammen mit anderen Festen aus dem Kalender gestrichen und für abgeschafft erklärt hat. Eine in tausend Jahren gewachsene Feiertradition in Liturgie und Volkskultur wurde von einem Tag auf den anderen gewaltsam unterbunden. Man erklärte Weihnachten für eine Erfindung der Papisten, weil es keine biblische Grundlage habe und sein Ursprung in den heidnisch-römischen Saturnalien zu suchen sei. Damit war das Weihnachtsfest Götzendienst. Militante puritanische Prediger sahen sich berufen, nach dem Vorbild der Propheten solchen Götzendienst innerhalb des Gottesvolkes auszurotten. In Schottland waren die Calvinisten bereits 1561 mit einem Weihnachtsverbot vorangegangen. Zwar wurde in England mit den katholischen Königen der römische Festkalender wieder hergestellt, aber in den nordamerikanischen Kolonien wurde der Kampf gegen das Weihnachtsfest von Puritanern, Baptisten, Quäkern und Calvinisten umso heftiger fortgesetzt.

Auch der Nationalsozialismus bekämpfte das Weihnachtsfest. Ausgangspunkt war die religionsgeschichtliche Hypothese, wonach das Geburtsfest Christi die nur oberflächliche Überformung des Geburtsfestes des unbesiegbaren Sonnengottes sei, das in der römischen Kaiserzeit am 25. Dezember begangen worden sei. Analog hätten auch die Germanen die Sonnenwende als Sieg des Lichtes über die Finsternis gefeiert. Fremdländische christliche Priester hätten dann, geschickt die Lichtsymbolik aufgreifend, den arteigenen Glauben überformt und ihnen das Geburtsfest des jüdischen Messias Jesus von Nazareth aufgezwungen. Während die Puritaner Weihnachten wegen seines »eigentlich« heidnischen Charakters verboten hatten, ging es den Nationalsozialisten also gerade um diesen angeblich ursprünglich heidnischen Charakter. Sie wollten dem deutschen Volk die wahre »deutsche Weihnacht«, von allen christlichen Überfremdungen gereinigt, zurückgeben und damit das wahre Selbst des Deutschtums befreien. Auch wenn die Hitlerjugend mit Fackeln in den Wald zog, um das entchristlichte Weihnachtslied »Hohe Nacht der klaren Sterne« zu singen, war im Familienkreis weiterhin ein Heiliger Abend ohne »Stille Nacht« undenkbar. Auch die rote politische Religion, der Sowjetkommunismus, bekämpfte Weihnachten. Vom 25. Dezember 1922 bis zum 6. Januar 1923 wurde in Moskau und in über vierhundert weiteren Städten des Landes unter der Regie der Partei ein Gegenweihnachtsfest inszeniert. Als neue Sternsinger unter dem Roten Stern zogen Kinder und Jugendliche von Haus zu Haus und trugen folgende Umdichtung des Weihnachtstroparions der orthodoxen Liturgie vor: »Dein Komsomolzenweihnachten,/ das der Welt das Licht der Vernunft wiedergibt,/ das der Revolution der Arbeiter dient/ und das erblüht unter dem fünfzackigen Stern./ Wir grüßen dich, Sonne der Kommune!/ Wir sehen dich auf der Höhe der Zukunft,/ russische Komsomolzen, Ruhm sei euch.«[1] Im Vergleich mit dem ursprünglichen Text werden die aggressive Propaganda der Umdichtung, ihr militanter atheistischer Materialismus und die Fortschrittsgläubigkeit dieser mörderischen Ersatzreligion deutlich: »Deine Geburt, Christus, unser Gott,/ hat der Welt das Licht der Erkenntnis gebracht./ Denn in ihm wurden die Diener der Sterne,/ durch einen Stern belehrt,/ dich anzubeten als die Sonne der Gerechtigkeit/ und zu erkennen als das Licht aus der Höhe./ Herr, Ehre sei dir.«

Bis heute wird in populären Darstellungen, aber auch in der kirchlichen Verkündigung, der Ursprung des Weihnachtsfestes in der Feier der Sonnenwende und dem Fest der Geburt des römischen Sonnengottes (*natale solis invicti*) behauptet. Hat Weihnachten aber wirklich heidnische Wurzeln? Dass die Quellenlage für diese These mehr als dünn ist, hat Hans Förster, auf den wir uns hier stützen, herausgearbeitet.[2] Zuerst wurde das Geburtsfest Christi am 25. Dezember, zur Zeit der Wintersonnenwende, um die Mitte des 4. Jahrhunderts in Rom gefeiert. Es war dort bereits einige Jahrzehnte vor der Erlaubnis zur freien Religionsausübung und der staatlichen Anerkennung der Kirche üblich. Bei keinem der Kirchenväter konnte Förster auch nur den geringsten Hinweis auf ein zum gleichen Zeitpunkt gefeiertes populäres heidnisches Fest des Sonnengottes finden, von dem sich die Christen hätten abgrenzen müssen. In den Weihnachtspredigten des heiligen Augustinus wird zwar häufig die Sonnensymbolik – Christus ist die wahre »Sonne der Gerechtigkeit« (Mal 3,20) – bemüht, niemals spricht er aber von einem konkurrierenden heidnischen Sonnenkult. Auch die strenggläubigen Donatisten hätten, so Förster, die Gelegenheit genutzt, um ein neues Fest ohne biblische Grundlage am heidnischen Festtermin heftig anzugreifen. Nichts davon ist in den Quellen zu finden. Gegen die heidnischen Neujahrsbräuche am 1. Januar finden sich etwa bei Augustinus massive Angriffe und die Aufforderung an die Christen, dem ausgelassenen Neujahrstreiben der Heiden einen Fasttag entgegenzusetzen. Hier fragt Förster zu Recht, wie es möglich sein kann, dass am 1. Januar bekämpft wird, was am 25. Januar inkulturiert worden sein soll.

Aus der Tatsache, dass es in Ost und West keine einzige Äußerung der Kirchenväter gibt, in der das heidnische Sonnenfest auch nur Erwähnung gefunden hat, folgert Förster, dass es kein verbreitetes Fest des Sonnengottes gegeben habe, das durch das Weihnachtsfest hätte verdrängt werden sollen. Darum hält er für mehr als wahrscheinlich, dass das Geburtsfest Christi am 25. Dezember gänzlich aus innerkirchlichen Motiven festgelegt worden ist. Es stellte kein Problem dar, die Wintersonnenwende als Geburtstermin Jesu Christi festzulegen, weil dieser Tag eben nicht durch ein heidnisches Fest besetzt war. Förster vermutet vielmehr einen inneren Zusammenhang mit dem Bau der Basilika in Bethlehem und den anderen Stätten im Heiligen Land durch die heilige Helena, die Mutter von Kaiser Konstantin. Hier entstand das Bedürfnis, die Mysterien des Lebens Jesu örtlich und zeitlich zu bestimmen und zu vergegenwärtigen, wie dies etwa auch der Pilgerbericht der Egeria vom Ende des 4. Jahrhunderts belegt. Santa Maria Maggiore ist das »römische Bethlehem«. Hier feierte der Papst vor der Krippenreliquie die Weihnachtsmesse. Was die anglikanischen Reformatoren, die Puritaner und Calvinisten, behauptet haben, ist falsch. Die römische Kirche hat kein heidnisches Fest überformt, und deshalb konnte dieses Fest auch nicht durch heidnische Elemente beeinflusst werden. Ebenso dürftig ist die Quellenlage für die germanische Sonnwendfeier. Alle angeblichen Elemente wie Lichtsymbolik, Tannengrün und Tannenbaum sind ausschließlich christlichen Ursprungs und wurden von der mythologischen Schule der Volkskunde auf einen altgermanischen und nordischen Ursprung hin fehlinterpretiert.

Die Anfänge des Weihnachtsfestes

Bereits vor Einführung des Weihnachtsfestes am 25. Dezember gab es im Osten das Fest Epiphanie, Erscheinung des Herrn, am 6. Januar. Nach dem Vorbild des Osterfestkreises wurde ein eigener Weihnachtsfestkreis gestaltet. Analog zur Fastenzeit als Vorbereitungszeit auf Ostern entstand der Advent. Analog zur Osteroktav erhielt auch das Weihnachtsfest eine eigene Festwoche, die Weihnachtszeit. Analog zum Abschluss des Osterfestkreises mit dem Pfingstfest endete die Weihnachtszeit mit dem Fest der Darstellung des Herrn am 2. Februar («Mariä Lichtmess«). Weihnachten und Epiphanie richten sich nach dem Sonnenjahr und haben ein festes Datum. Eine Besonderheit sind die drei Messfeiern an Weihnachten: die Mitternachtsmesse, die Messe in der Morgenfrühe und die Messe am Tag. Am Anfang stand die Messe am Tag, die der Papst in Sankt Peter gefeiert hat. Ab dem 5. Jahrhundert kam die Mitternachtsmesse im römischen Bethlehem, Santa Maria Maggiore, hinzu. Auf dem Rückweg nach Sankt Peter besuchten die Päpste ab dem 6. Jahrhundert die Kirche der heiligen Anastasia, deren Gedenktag im Osten auf den 25. Dezember fällt. Auf diese Weise entstand die Frühmesse. Sehr schnell wurde das Geburtsfest Christi am 25. Dezember auch im Osten übernommen. Zu den an Epiphanie gefeierten Festinhalten gehörte im Osten auch die Anbetung der Weisen. Der Sterndeuter wurde nun mit der Übernahme des Geburtsfestes aus dem Westen auch am 25. Dezember gedacht. Zentraler Inhalt von Epiphanie blieb im Osten dann die Taufe Jesu im Jordan. Vom Osten übernahm der Westen Epiphanie am 6. Januar mit den Inhalten Hochzeit von Kana, Anbetung der Könige und Brotvermehrung. Analog zur Osternacht wurde der weihnachtlichen Mitternachtsmesse eine Vigil vorangestellt.

Die Feier des Weihnachtsfestes

Nach dem Messbuch Papst Pauls VI. von 1970 beginnt das Hochfest der Geburt des Herrn mit der Vigilmesse am 24. Dezember, dem Heiligen Abend, dem Vorabend von Weihnachten. Evangelienlesung ist der Stammbaum Jesu nach Matthäus (Mt 1,1–17) und die anschließende Offenbarung des Engels an Joseph über den göttlichen Ursprung des von Maria erwarteten Kindes (Mt 1,18–25). In der Messfeier »In der Heiligen Nacht« steht die eigentliche Geburtsgeschichte und die Verkündigung an die Hirten im Mittelpunkt (Lk 2,1–14). »Am Morgen« wird in der Festmesse das Evangelium von der Anbetung der Hirten verkündet (Lk 2, 15–20). Evangelium der Messe »Am Tag« ist der Prolog des Johannesevangeliums (Joh 1,1–18). Bis zum 1. Januar dauert die Festwoche, die Weihnachtsoktav. Am Oktavtag, dem Neujahrstag, feiert die Kirche das aus dem Osten übernommene Hochfest der Gottesmutter Maria. Am Sonntag in der Weihnachtsoktav oder, wenn der 25. Dezember und der 1. Januar auf einen Sonntag fallen, am 30. Dezember wird das Fest der Heiligen Familie begangen. Als 2. Sonntag nach Weihnachten wird der Sonntag gefeiert, der in den Zeitraum vom 2. bis 5. Januar fällt. Die Weihnachtszeit umfasst den Zeitraum vom 25. Dezember bis zum Sonntag nach dem 6. Januar. Dieser Sonntag, mit dem die Reihe der »Sonntage im Jahreskreis« beginnt, wird als Fest der Taufe des Herrn gefeiert. In die Weihnachtsoktav fallen einige Heiligenfeste: Der 26. Dezember ist das Fest des heiligen Stephanus, des ersten Märtyrers der Kirche. Bereits seit dem 4. Jahrhundert gibt es den Festtag des heiligen Stephanus im Osten, der dann im 5. Jahrhundert auch im Westen übernommen wurde. Am 27. Dezember folgt das Fest des Apostels und Evangelisten Johannes, es geht ebenfalls bis auf das 4. Jahrhundert zurück. Noch heute lebendig ist der Brauch der Ausspendung des Johannesweins mit der Formel: »Trinket die Liebe des Johannes.« Am darauffolgenden 28. Dezember gedenkt die Kirche des Kindermords von Bethlehem mit dem Fest der Unschuldigen Kinder. Es ist bereits um 500 n. Chr. in Nordafrika bezeugt. Am 29. Dezember 1170 wurde der Erzbischof von

Canterbury, Thomas Becket, im Auftrag von König Heinrich II. von England während der Vesper in seiner Kathedrale ermordet. Dieses heiligen Glaubenszeugen gedenkt die Kirche jedes Jahr an seinem Todestag. Sollte kein Sonntag in die Oktav fallen, wird das Fest der Heiligen Familie am 30. Dezember begangen. Im Lesejahr A werden die Flucht nach Ägypten und die Rückkehr nach Nazareth gelesen (Mt 2,13–15.19–23), im Lesejahr B die Darstellung im Tempel (Lk 2,22–40) und im Lesejahr C die Perikope vom Zwölfjährigen im Tempel (Lk 2,41–52). Dem letzten Tag im Jahr gab der Tagesheilige, Papst Silvester (gestorben am 31. Dezember 335), seinen Namen. Der Legende nach hat Kaiser Konstantin durch Papst Silvester die Taufe empfangen. Mit der Kalenderreform unter Julius Caesar (46 v. Chr.) wurde der Jahresbeginn vom 1. März auf den 1. Januar verlegt. In den erhaltenen Predigten der Kirchenväter spiegelt sich die Kritik der Kirche am ausgelassenen Treiben während der zum Jahreswechsel tobenden Saturnalien. In Spanien und Gallien wurde seit dem 6. Jahrhundert am 1. Januar das Fest der Beschneidung des Herrn gefeiert. Als Fest der Beschneidung des Herrn und Oktav von Weihnachten fand es erst im 13./14. Jahrhundert Eingang in den römischen Kalender. Seit der Kalenderreform von 1969 steht wieder das Hochfest der Gottesmutter Maria im Zentrum des 1. Januar. Bei der Kalenderreform wurde das Namen-Jesu-Fest gestrichen. Der Namensgebung Jesu wurde am 1. Januar »mitgedacht«. Im deutschen Regionalkalender steht am 1. Januar »Neujahr, Oktavtag von Weihnachten, Namensgebung des Herrn, Hochfest der Gottesmutter Maria«. In allen drei Lesejahren wird aus dem Lukasevangelium die Anbetung der Hirten mit der anschließenden Erwähnung von Beschneidung und Namensgebung gelesen (Lk 2,16–21). Inzwischen wurde 2002 das Namen-Jesu-Fest für den 3. Januar wieder eingeführt und ein eigenes Formular in das Messbuch aufgenommen. Wegen des gebotenen Hochfestes kann das Messformular »Zum Jahresbeginn« nicht verwendet werden. Der beiden Kirchenlehrer Basilius der Große (330–379) und Gregor von Nazianz (330–390) gedenkt die Kirche am 2. Januar mit einem gebotenen Gedenktag.

Die Adventszeit

Ungefähr den gleichen Bedeutungsumfang haben die Begriffe Advent (von lat.: *adventus* = Ankunft) und Epiphanie (griech.: *epiphaneia* = Erscheinung), bezeichnen sie doch beide die Menschwerdung, die Ankunft, das Erscheinen Gottes in der Welt, das Aufleuchten seiner Gegenwart, wie auch seine endzeitliche Wiederkunft am Ende der Zeit. Aus der Entstehungsgeschichte der Adventszeit leitet der Liturgiewissenschaftler Michael Kunzler den Doppelcharakter der Vorbereitungszeit auf Weihnachten ab: »Für die Entwicklung des Advents gibt es im Abendland zwei Ströme: während eine gallisch-angelsächsische Strömung eine zweite Fastenzeit vor dem Weihnachtsfest wollte, die auch 40 Tage anhalten sollte, weil an Epiphanie (6. Januar) ebenso wie in der Osternacht getauft wurde, und die dann auch mit dem Tag des heiligen Martin (11. November) begann, kannte man in Rom keine eigene Buß- und Fastenzeit, sondern eine eher stille Zeit der Vorbereitung auf das Weihnachtsfest. So erklärt sich die eigenartige Mischung von Bußelementen (violette Farbe der Gewänder, Wegfall des Gloria in der Sonntagsmesse) mit Elementen freudiger Erwartung (so entfällt im Gegensatz zur Fastenzeit das Halleluja an den Adventssonntagen keinesfalls)«.[3] In der Verkündigung begegnet überwiegend die folgende Deutung des Advent: Es handelt sich um die Vorbereitungszeit auf das Hochfest der Ankunft des Herrn im Fleische (Inkarnation), verstanden als seine erste Ankunft, und um die Vorbereitung auf seine zweite Ankunft am Ende der Zeiten. Demgegenüber hat Papst Benedikt XVI. auf das innere Spannungsverhältnis in der christlichen Wiederkunftserwartung hingewiesen, das in der Rede von der zweifachen Ankunft Christi nur »ungenügend« zum Ausdruck komme. Papst Benedikt zitiert den heiligen Bernhard von Clairvaux, der von einer »dritten Ankunft des Herrn« gesprochen hatte: »Die dritte ist in der Mitte zwischen den anderen (*adventus medius*) … In der ersten Ankunft kam er im Fleisch und in der Schwachheit. In dieser mittleren kommt er in Geist und Kraft, in der letzten in Herrlichkeit und Majestät.«[4] Dabei habe sich Bernhard auf die präsentische Eschatologie des Johannesevangeliums berufen. Dort heißt es: »Wenn jemand mich liebt und meine Worte hält, dann wird mein Vater ihn lieben, und wir werden zu ihm kommen und Wohnung bei ihm nehmen« (Joh 14,23). Für Papst Benedikt gibt Johannes »die Erwartung der endgültigen weltwendenden Ankunft nicht auf, zeigt aber, dass die Zwischenzeit nicht leer ist, dass es in ihr den Adventus medius gibt, die mittlere Ankunft, von der Bernhard spricht.«[5] Für Papst Benedikt gehört die mittlere Ankunft als antizipative Gegenwart des Herrn unverzichtbar zur christlichen Existenz und zur christlichen Eschatologie hinzu. Der Sache nach ist die »mittlere Ankunft« für Papst Benedikt stets »in verschiedenen Formen in der ganzen christlichen Tradition von Anfang an gegenwärtig« gewesen. Der Papst nennt verschiedene Weisen dieser »mittleren Ankunft«: »Der Herr kommt durch sein Wort, er kommt in den Sakramenten, besonders in der heiligsten Eucharistie; er kommt durch Worte und Ereignisse in mein Leben hinein.«[6] »In der christlichen Wiederkunftsbitte ist immer auch Gegenwartserfahrung mit enthalten. … Aber umgekehrt trägt auch die christliche Gegenwartserfahrung die Spannung auf die Zukunft, auf die endgültige erfüllte Gegenwart in sich: Die Gegenwart ist nicht vollständig. Sie drängt über sich hinaus. Sie setzt uns in Bewegung zum Endgültigen.«[7]

In der Orthodoxie beginnt am 15. November eine vierzigtägige Fastenzeit. An den beiden Sonntagen vor Weihnachten wird der Vorväter, beginnend mit Abraham, der Patriarchen bis zu Joseph, dem Verlobten der Gottesmutter, gedacht. Ab dem 20. Dezember beginnt die eigentliche Vorfeier auf Weihnachten, und auch das Stundengebet nimmt darauf beständig Bezug. Im Westen ist der Advent von der zweifachen Ankunft Christi in seiner Menschwerdung und als der endzeitliche Weltenrichter bestimmt. Am ersten Adventssonntag stehen in den drei Lesejahren die Wiederkunft Christi, das Endgericht und die Zeichen der Endzeit im Mittelpunkt: Mt 24,37–44 (Ankunft des Menschensohnes), Mk 13,33–37 (Wachen), Lk 21,25–28.34–36 (Zeichen des Endes). Am zweiten Adventssonntag ruft in allen Lesejahren Johannes der Täufers zur Umkehr auf (Mt 3,1–12, Mk 1,1–8, Lk 3,1–6). Nach dem Anfangswort der Introitusantiphon hat der dritte Adventssonntag seinen Namen bekommen: Gaudete (»Freut euch im Herrn zu jeder Zeit. Noch einmal sage ich: Freut euch! ... Der Herr ist nahe.« Phil 4,4). Auch am dritten Advent wird im Evangelium wieder von Johannes dem Täufer gesprochen: Mt 11,2–11 (Frage des Täufers an Jesus), Joh 1,6–8.19–28 (Zeugnis für Jesus), Lk 3,10–18 (Hinweis auf den Stärkeren). Wie am vierten Fastensonntag, »Laetare«, kann auch an »Gaudete« vom Priester ein rosafarbenes Messgewand statt des violetten getragen werden. In Österreich gibt es die Praxis, am dritten Adventssonntag eine rosarote Kerze am Adventskranz anzuzünden. Von der Vorgeschichte der Geburt Jesu handeln die Evangelientexte am vierten Adventssonntag: Mt 1,18–24 (Ankündigung der Geburt Jesu an Joseph), Lk 1,26–38 (Botschaft des Engels an Maria), Lk 1,39–47 (Maria bei Elisabeth).

Seit der Liturgiereform haben auch die Werktage im Advent eigene Messformulare erhalten. In der Woche vor Weihnachten hat jeder Tag ein eigenes Proprium. Jetzt werden die Hallelujaverse durch die sogenannten O-Antiphonen, die aus den Antiphonen zum Magnifikat im Stundengebet stammen, ersetzt. Es handelt sich um typologische Lobpreisungen des erwarteten Messias. Nach dem lateinischen Anfangswort der Introitusantiphon »Rorate« (»Tauet, ihr Himmel von oben! Ihr Wolken, regnet herab den Gerechten! Tue dich auf, o Erde, und sprosse den Heiland hervor.«) wird die »Rorate-Messe« benannt. Es handelt sich dabei um eine Votivmesse zu Ehren der Gottesmutter, die ursprünglich an den Samstagen, später aber auch an den Werktagen des Advent bis zum 16. Dezember gefeiert wird. Am 8. Dezember feiert die Kirche das »Hochfest der ohne Erbsünde empfangenen Jungfrau und Gottesmutter Maria«. Für die Gesamtkirche wurde das Fest von Papst Clemens XI. 1708 verpflichtend eingeführt. Im Jahr 1854 wurde die Unbefleckte Empfängnis von Papst Pius IX. dogmatisiert. Einige Heiligenfeste im Advent sind besonders populär. Am 4. Dezember ist der Gedenktag der heiligen Märtyrerin Barbara, sie wurde im 3. oder 4. Jahrhundert während der Christenverfolgungen hingerichtet. Die Patronin der Bergleute und der Artilleristen wird zu den Vierzehn Nothelfern gezählt. Am 6. Dezember ist der Gedenktag des heiligen Bischofs Nikolaus, des Patrons u. a. der Schüler und Studenten. Besondere Verehrung genießt die heilige Märtyrerin Luzia in Italien, aber auch in Schweden. Ihr Gedenktag ist der 13. Dezember.

Erscheinung des Herrn (Epiphanie)

Bereits vor dem in Rom entstandenen Geburtsfest Jesu Christi, am 25. Dezember, gab es im Osten das Geburtsfest »Erscheinung des Herrn« (griech.: *epiphaneia* = Erscheinung). Zu den Festinhalten gehören vor allem die Geburtsgeschichte und die Anbetung der Könige, auch das Aufscheinen der Gottheit Jesu Christi bei der Taufe im Jordan (Mt 3,13–17, Mk 1,9–11, Lk 3,21 f. und Joh 1,32–34) wie auch die Offenbarung seiner Gottheit bei der Hochzeit von Kana (Joh 2,1–12). Mit der Übernahme des Festes Epiphanie im Westen wurde die Anbetung der Weisen zum zentralen Thema. Mit der Übernahme des römischen Weihnachtsfestes am 25. Dezember im Osten wurden fast alle Festgeheimnisse von Epiphanie auf dieses neue Fest übertragen. Geblieben ist die Taufe Jesu als Hauptinhalt von Epiphanie in der Orthodoxie. Über Spanien und Gallien kam das Epiphaniefest in der zweiten Hälfte des 4. Jahrhunderts auch nach Rom. Dort wurden die zahlreichen Festinhalte wieder getrennt: Der Anbetung der Könige wurde am 6. Januar gedacht und am Oktavtag von Epiphanie, dem 13. Januar, der Taufe Jesu. Am darauffolgenden Sonntag wurde an die Hochzeit von Kana erinnert. Zum Epiphaniebrauchtum gehört die Wasserweihe, die sich wohl davon ableitet, dass Epiphanie ein Tauftermin war. Im Zusammenhang mit dem Sternsingerbrauch stehen Tür- und Haussegen an Epiphanie sowie das Räuchern und Weihwassersprengen in Haus und Stallungen. Am Sonntag nach dem 6. Januar wird das Fest der Taufe des Herrn gefeiert. In jedem Lesejahr wird aus den Synoptikern die Taufperikope gelesen (A = Mt 3,13–17, B = Mk 1,7–11, C = Lk 3,15–16.21–22). Seit der Kalenderreform von 1969 gibt es keine »Sonntage nach Epiphanie« mehr, trotzdem hat der 2. Sonntag im Jahreskreis, der 1. Sonntag ist das Fest der Taufe Christi, in seinen Evangelien einen Bezug zu den alten Epiphanieinhalten: Im Lesejahr A wird die Taufe Jesu nach dem Johannesevangelium gelesen (Joh 1,29–34). Im Lesejahr B steht die Berufung von Andreas und Simon Petrus im Mittelpunkt. Nur alle drei Jahre, im Lesejahr C, wird nunmehr die Hochzeit von Kana gelesen (Joh 2,1–12).

Besondere Heiligenfeste nach Epiphanie sind: am 25. Januar das Fest der Bekehrung des heiligen Apostels Paulus und am 3. Februar der Gedenktag des Bischofs und Märtyrers Blasius. Er zählt zu den Vierzehn Nothelfern. Seit dem 16. Jahrhundert wird an diesem Tag der Blasius-Segen mit zwei gekreuzten Kerzen und der folgenden Formel gespendet: »Auf die Fürsprache des heiligen Blasius bewahre dich der Herr vor Halskrankheiten und allem Bösen.« Nicht mehr im deutschen Regionalkalender enthalten ist das Heiligenfest des Priesters und Märtyrers Valentin am 14. Februar.

Außerhalb des Weihnachtsfestkreises gibt es weitere Feste und Gedenktage, die einen Bezug zum Weihnachtsgeheimnis aufweisen. Dazu gehört vor allem das Fest der Darstellung des Herrn am 2. Februar, im alten Messbuch Mariä Reinigung genannt oder

Lichtmess wegen der Lichterprozession, die in der römischen Liturgie für diesen Tag seit dem 8. Jahrhundert bezeugt ist. Seit dem 10. Jahrhundert werden die Kerzen für die Prozession vorher geweiht. Nachdem das Weihnachtsfest in Ost und West auf den 25. Dezember gelegt worden war, wurde im Osten im 6. Jahrhundert das Fest der Verkündigung des Herrn auf den 25. März, neun Monate vor dem Geburtsfest, gelegt. Im 7. Jahrhundert wurde es als Fest Mariä Verkündigung im Westen übernommen. Zur Erinnerung an den Besuch Marias bei Elisabeth wird das Fest Mariä Heimsuchung am 2. Juli gefeiert. Im Interesse der richtigen zeitlichen Abfolge von Verkündigung (25. März), Heimsuchung und Geburt Johannes des Täufers (24. Juni) wurde im neuen römischen Generalkalender das Fest vom 2. Juli auf den 31. Mai verlegt. Im deutschen Regionalkalender ist man beim 2. Juli geblieben. Seit dem 5. Jahrhundert wird am 24. Juni, sechs Monate vor der Geburt Jesu Christi, die Geburt Johannes des Täufers gefeiert. Gemäß dem Lukasevangelium (Lk 1,36) war Elisabeth bereits im sechsten Monat schwanger, als Maria die Geburt Jesu durch den Engel angekündigt wurde. Deshalb wurde, zuerst im Westen, das Geburtsfest des Täufers auf den 24. Juni gelegt. Unter allen Heiligen hat neben Johannes nur die Gottesmutter ein eigenes Geburtsfest. Aus der Lichtsymbolik des Geburtsfestes Jesu zur Wintersonnenwende versteht sich das Geburtsfest des Vorläufers zur Sommersonnenwende: »Er muss wachsen, ich aber muss abnehmen« (Joh 3,30). Ein eigenes Fest der Empfängnis des Täufers wird im Osten neun Monate vor dem 24. Juni, am 23. September, gefeiert. Dieses Fest wurde vom Westen nicht übernommen. Der Enthauptung Johannes des Täufers am 29. August gedenken Ost und West gemeinsam.

Im römischen Kalender gibt es seit 1621 das Hochfest des heiligen Joseph, des Bräutigams der Gottesmutter Maria, am 19. März. Von Papst Pius XII. wurde 1955 das Hochfest des heiligen Joseph, des Arbeiters, am 1. Mai eingeführt. Als nichtgebotener Gedenktag ist es auch weiterhin im neuen Kalender geblieben. Joachim und Anna, der in den Apokryphen erwähnten Eltern der Gottesmutter Maria, gedenkt die Kirche am 26. Juli. Alle diese Heilige umgeben und tragen das Geheimnis der Menschwerdung Gottes, der in Jesus Christus Teil einer menschlichen Familie geworden ist. Christus öffnet die Familie in die Gemeinschaft der Kinder Gottes, in das neue Israel, in die Kirche hinein.

1 Zitiert nach: Michael Burleigh: Irdische Mächte, Göttliches Heil. Die Geschichte des Kampfes zwischen Politik und Religion von der Französischen Revolution bis in die Gegenwart, München 2008, S. 641.

2 Hans Förster: Die Anfänge von Weihnachten und Epiphanie, Tübingen 2007.

3 Michael Kunzler: Christus ist unter uns. Eine Einführung in Geist und Gestalt der byzantinischen Liturgie, Trier 2006, S. 262.

4 Joseph Ratzinger/ Benedikt XVI.: Jesus von Nazareth (JRGS, Bd. 6/1), Freiburg 2013, S. 633.

5 Ebd.

6 Ebd., S. 633 f.

7 Ebd., S. 632.

II.

Biblische Grundlagen

Johannes der Täufer mit den Eltern Zacharias und Elisabeth, Collagenbild, um 1780, Privatbesitz

Papst Benedikt XVI. deutet die Kindheitsgeschichten der Evangelien

Sind die Berichte über die Geburt und Kindheit Jesu in den Evangelien von Lukas und Matthäus Legenden ohne jede historische Grundlage? Nicht wenige Bibelwissenschaftler sind dieser Ansicht. Demgegenüber vertritt etwa der evangelische Neutestamentler Peter Stuhlmacher die These, dass die Kindheitsgeschichten Bibeltexte sind, »in denen die urchristliche Erinnerung an die Geburt des Christus Jesus festgehalten wird«.[1] Diese Ansicht teilt auch Papst Benedikt XVI. Auf die Frage, ob es sich bei den Kindheitsgeschichten des Matthäus nicht doch nur um erbauliche theologische Betrachtungen ohne historischen Aussagewert handelt, antwortet er: »Die beiden Kapitel der Kindheitsgeschichten des Matthäus sind nicht eine in Geschichten gekleidete Meditation, sondern umgekehrt: Matthäus erzählt uns wirkliche Geschichte, die theologisch bedacht und gedeutet ist, und hilft uns so, das Geheimnis Jesu tiefer zu verstehen«.[2] Deshalb hat Papst Benedikt seinem christologischen Hauptwerk »Jesus von Nazareth« auch ausdrücklich eine Deutung der Kindheitsgeschichten in einem »Prolog« vorangestellt. Papst Benedikt hat die Geschichten um die Geburt Jesu in den Evangelien aus ihrem Zusammenhang mit der alttestamentarischen Messiaserwartung heraus verständlich gemacht. Folgende Darstellung der Weihnachtsgeschichte des Neuen Testamentes orientiert sich an der Schriftauslegung von Papst Benedikt.

Der Stammbaum Jesu im Matthäusevangelium

Das Matthäusevangelium setzt mit dem Stammbaum Jesu ein, den der Evangelist selbst zusammenfasst: »Im Ganzen sind es also von Abraham bis David vierzehn Generationen, von David bis zur Babylonischen Gefangenschaft vierzehn Generationen und von der Babylonischen Gefangenschaft bis zu Christus vierzehn Generationen« (Mt 1,17). Liest man die hebräischen Buchstaben des Namens David als Zahlenwerte, so ergibt sich die Zahl 14. Damit steht der Stammbaum Jesu ganz im Zeichen des Hirtenjungen aus Bethlehem, dem Gott einen Nachfahren aus seiner Königsdynastie verheißen hat, dessen Königsthron Gott »ewigen Bestand verleihen« wird (2 Sam 7,13). Außer Maria nennt der Stammbaum nur vier weitere Frauen: Tamar, Rahab, Ruth und die »Frau des Urija«. Diese vier Frauen sind alle keine Jüdinnen und verweisen bereits auf die Bedeutung der Sendung Jesu Christi zu allen Völkern der Erde. Mit Maria wird die Linie der Zeugungen nicht bruchlos fortgesetzt, wenn es heißt: »Jakob war der Vater von Josef, dem Mann Marias, von ihr wurde Jesus geboren, der Christus genannt wird« (Mt 1,16). Josef wollte Maria verlassen, weil er annehmen musste, dass sie ein Kind von einem anderen Mann erwartete. Durch einen Engel wurde er im Traum belehrt: »Josef, Sohn Davids, fürchte dich nicht, Maria als deine Frau zu dir zu nehmen, denn das Kind, das sie erwartet, ist vom Heiligen Geist« (Mt 1,20). Durch die Namensgebung nimmt Josef das Kind als sein eigenes an und wird so rechtlich sein Vater, wodurch Jesus auch rechtmäßig in die Genealogie der Dynastie der Nachfahren von König David gehört.

Der Stammbaum Jesu im Lukasevangelium

Während Matthäus, mit Abraham beginnend, die Vorfahren Jesu durch die Geschichte in aufsteigender Linie anführt und mit Jesus endet, lässt Lukas seine Genealogie in absteigender Linie mit Jesus beginnen und endet mit Adam. Der Apostel Paulus nennt Adam »die Gestalt, die auf den Kommenden hinweist« (Röm 5,14). Jesus ist dieser neue Adam: »Sind durch die Übertretung des einen die vielen dem Tod anheimgefallen, so ist erst recht die Gnade Gottes und die Gabe, die durch die Gnadentat des einen Menschen Jesus Christus bewirkt worden ist, den vielen reichlich zuteil geworden« (Röm 5,15). Auch Lukas schließt eine Zeugung durch Josef ausdrücklich aus: »Man hielt ihn für den Sohn Josefs« (Lk 1,23). Jesus kommt ganz von Gott seinem Vater her und gleichzeitig ist er ganz Mensch aus dem Volk Israel. Mit ihm setzt Gott sein Heilshandeln in Israel fort.

Johannes-Prolog

Am Anfang des Johannesevangeliums steht der sogenannte Prolog, der mit den Worten beginnt »Im Anfang war das Wort, und das Wort war bei Gott, und Gott war das Wort. Im Anfang war es bei Gott« (Joh 1,1–2). Auch wenn das Johannesevangelium keinen Stammbaum Jesu voranstellt, so sagt es doch mit dem Prolog, dass der wahre Ursprung Jesu und sein Vater Gott ist. Mit den Worten »Und das Wort ist Fleisch geworden und hat unter uns gewohnt, und wir haben seine Herrlichkeit gesehen, die Herrlichkeit des einzigen Sohnes vom Vater, voll Gnade und Wahrheit« (Joh 1,14) schildert Johannes die Menschwerdung Jesu. Man kann »er hat unter uns gewohnt« auch mit »er hat unter uns gezeltet« übersetzen. Darin sieht Papst Benedikt eine Verbindung zum Bundeszelt und zum Tempel in Jerusalem: »Die Anspielung auf das heilige Zelt des wandernden Israel ist unverkennbar. Jesus ist sozusagen das Zelt der Begegnung – ganz real das, wofür das Zelt und der spätere Tempel nur als Zeichen stehen konnten« (»Prolog«, S. 48–49).

Im Lukasevangelium werden die Geburt Jesu und die Johannes des Täufers miteinander verschränkt. Der Engel Gabriel sagt zu Maria: »Siehe, auch deine Base Elisabeth hat in ihrem Alter noch einen Sohn empfangen, und dies ist für sie, die unfruchtbar genannt wird, schon der sechste Monat. Bei Gott ist ja kein Ding unmöglich« (Lk 1,36–37). Die Verheißung eines Sohnes von den unfruchtbaren Eltern Zacharias und Elisabeth ist die letzte einer Reihe von biblisch bezeugten wunderbaren Geburten: Gott hat Abraham die Geburt des Sohnes der Verheißung, Isaak, aus seiner unfruchtbaren Gattin Sara verheißen. Bei der Geburt Samsons und bei der Geburt Samuels aus der unfruchtbaren Hanna hat sich das gleiche Zeichen wiederholt. Die Jungfrauengeburt Marias ist die Überbietung der wunderbaren Geburten im Alten Bund: »Es ist ganz klar, dass es hier um viel mehr als um die Frage ›biologischer Zeugung‹ geht, nämlich um das entschiedene Hervortreten Gottes als des einzigen Vaters, das bei Jesus ebenso sehr ein anderes Vaterverhältnis ausschließt, wie Jesu hochzeitliches Verhältnis zu seiner Braut, der Kirche, ein anderes eheliches Verhältnis bei ihm ausschließt.«[3] »Im sechsten Monat wurde der Engel Gabriel von Gott in eine Stadt in Galiläa namens Nazareth zu einer Jungfrau gesandt. Sie war mit einem Mann namens Josef verlobt, der aus dem Hause David stammte. Der Name der Jungfrau war Maria« (Lk 1,26–27).

Maria besucht ihre Verwandte Elisabeth noch vor der Geburt der beiden Knaben. Für Papst Benedikt wird in dieser Begegnung bereits die »Zuordnung ihrer Sendungen sichtbar: Jesus ist der Jüngere, der später Kommende. Aber er ist es, dessen Nähe Johannes im Mutterschoß hüpfen lässt und Elisabeth mit Heiligem Geist erfüllt (vgl. Lk 1,41). So erscheint der Sache nach schon in den Verkündigungs- und Geburtsgeschichten des Evangelisten Lukas das, was der Täufer im Johannes-Evangelium sagen wird: »Er ist es, von dem ich gesagt habe: Nach mir kommt ein Mann, der mir voraus ist, weil er vor mir war!« (Joh 1,30). Bei seiner Verheißung der Geburt Jesu stellt der Engel Gabriel ausdrücklich die Beziehung zur Verheißung an König David auf: »Du wirst ein Kind empfangen, einen Sohn wirst du gebären, dem sollst du den Namen Jesus geben. Er wird groß sein und Sohn des Höchsten genannt werden. Gott, der Herr, wird ihm den Thron seines Vaters David geben. Er wird über das Haus Jakob in Ewigkeit herrschen, und seine Herrschaft wird kein Ende haben« (Lk 1,31–33). Den Namen Jesus kann man im Deutschen mit »Gott rettet« wiedergeben. Als abschließende Ergänzung und Vervollständigung des Mose im brennenden Dornbusch offenbarten Gottesnamens Jahwe (»Ich bin der Ich-bin-da«) versteht Papst Benedikt den Namen Jesus: »Der Gott, der ist, ist der gegenwärtige und rettende Gott.«[4] Auf die Frage von Maria, wie es zu dieser Schwangerschaft kommen soll, antwortet der Engel: »Der Heilige Geist wird über dich kommen, und die Kraft des Höchsten wird dich überschatten« (Lk 1,35). Mit dem Begriff »überschatten« wird auf die heilige Wolke angespielt, die im Alten Testament die Gegenwart des verborgenen Gottes in seinem Tempel anzeigt. So etwa bei der Überführung der Bundeslade in das Allerheiligste des von König Salomo neu erbauten Tempels: »Als dann die Priester aus dem Heiligtum traten, erfüllte die Wolke das Haus des Herrn. Sie konnten wegen der Wolke ihren Dienst nicht verrichten, denn die Herrlichkeit des Herrn erfüllte das Haus des Herrn« (1 Kön 8,10–11). Maria ist, so Papst Benedikt, »das lebendige Zelt Gottes, in dem Gott auf neue Weise unter den Menschen wohnen will« [5] Üblicherweise blieb damals in Israel eine junge Frau nach ihrer Verlobung noch ein Jahr in ihrem Elternhaus, rechtlich galt sie aber bereits als verheiratet.

Hans Urs von Balthasar sieht im Jawort Marias »Siehe ich bin die Magd des Herrn, mir geschehe, wie du es gesagt hast« (Lk 1,38) die Vollendung und Überbietung des Glaubens Abrahams: »Aber schon bei der Empfängnis Jesu ist ein Glaubensakt gefordert, der denjenigen Abrahams (und erst recht Saras, die ungläubig lachte) unendlich übersteigt. Das Wort Gottes, das in Maria Fleisch annehmen will, braucht ein empfangendes Ja, das mit der ganzen Person, Geist und Leib, schlechthin ohne jede Einschränkung … gesprochen wird und die gesamte Menschennatur zum Ort der Menschwerdung anbietet.«[6] Im Matthäusevangelium wird die Geburt Jesu allein aus der Perspektive Josefs geschildert: »Maria … war mit Josef verlobt, noch bevor sie zusammengekommen waren, zeigte sich, dass sie ein Kind erwartete – durch das Wirken des Heiligen Geistes. Josef, ihr Mann, der gerecht war und sie nicht bloßstellen wollte, beschloss, sich in aller Stille von ihr zu trennen« (Mt 1,18–20). Josef musste annehmen, dass Maria ihn vor dem eigentlichen Abschluss der Vermählung, der Heimführung der Braut in das Haus ihres Bräutigams, betrogen hat. Josef will Maria nicht anzeigen und vor der Öffentlichkeit entehren. Darum nennt ihn der Evangelist »gerecht«. Papst Benedikt definiert den Gerechten als denjenigen, »der in der lebendigen Berührung mit dem Wort Gottes lebt …«[7] Dies heißt im Fall des heiligen Josef: »Er lebt das Gesetz als Evangelium. Er sucht den Weg der Einheit von Recht und Liebe. Und so ist er innerlich vorbereitet auf die neue, und menschlich unglaubliche Kunde, die ihm von Gott kommen wird«.[8] Im Traum wird Josef durch einen Engel über die besondere Schwangerschaft Marias belehrt und erhält mit dem Auftrag zur Namensgebung auch die Weisung, die Vaterschaft des Kindes anzuerkennen: »Josef, Sohn Davids, fürchte dich nicht, Maria als deine Frau zu dir zu nehmen, denn das Kind, das sie erwartet, ist vom Heiligen Geist. Sie wird einen Sohn gebären, ihm sollst du den Namen Jesus geben, denn er wird sein Volk von seinen Sünden erlösen« (Mt 1,20–21). Mit einem Schriftbeweis unterstreicht der Evangelist, dass Vorhersagen im Alten Testament sich mit der Geburt Jesu erfüllt haben, oder, wie es Papst Benedikt ausdrückt, dass Worte der Schrift auf diese Geschehnisse gewartet, sie von innen her vorbereitet haben«[9]: »Dies alles ist geschehen, damit sich erfülle, was der Herr durch den Propheten gesagt hat: ›Seht, die Jungfrau wird ein Kind empfangen, einen Sohn wird sie gebären, und man wird ihm den Namen Immanuel geben, das heißt übersetzt: Gott ist mit uns‹« (Mt 1,22–23). Den scheinbaren Widerspruch, dass das Kind gar nicht den Namen Immanuel, sondern Jesus bekommen hat, löst Benedikt dadurch, dass er sagt: »Dieser Mensch … ist selbst in Person das Mitsein Gottes mit den Menschen: Er ist wahrer Mensch und zugleich Gott, Gottes wahrer Sohn.«[10] Das Schriftzitat stammt aus dem Buch Jesaja. Der Prophet hat im 8. Jahrhundert vor Christus dem König Ahas von Jerusalem das Strafgericht Gottes angekündigt, weil sich der König, statt auf Gottes Beistand zu vertrauen, den Assyrern unterwerfen wollte. Damit hat Gott aber die Verheißung des kommenden messianischen Königs aus dem Haus Davids nicht zurückgenommen. Im Gegenteil, Jesaja erneuert die Verheißung sogar: »Seht, die Jungfrau wird ein Kind empfangen, sie wird ihm den Namen Immanuel (Gott mit uns) geben« (Jes 7,14). Der Neutestamentler Peter Stuhlmacher versteht diese Stelle ausdrücklich als messianische Verheißung: »Wer die junge Frau sein und wann sie den Immanuel zur Welt bringen werde, durfte Ahas nicht wissen. Aus Jes 9,5–6 und 11,1–4 geht aber klar hervor, dass Jesaja den messianischen Erlöser im Blick hatte.«[11] Gegen die geistgewirkte Empfängnis aus der Jungfrau Maria werden gerne religionsgeschichtliche Parallelen von der Geburt anderer »göttlicher Kinder« angeführt. Dagegen wendet sich Papst Benedikt mit dem Hinweis auf die schwerwiegenden Unterschiede zu den »Göttergeburten«: »In den Berichten der Evangelien bleiben die Einzigkeit des einen Gottes und der unendliche Unterschied zwischen Gott und Kreatur voll gewahrt. Es gibt keine Vermischung, keinen Halbgott. Gottes schöpferisches Wort allein wirkt Neues. Jesus, der aus Maria geboren wird, ist ganz Mensch und ganz Gott, beides unvermischt und ungetrennt, wie das Glaubensbekenntnis von Chalkedon im Jahr 451 präzisieren wird.«[12]

Auch wenn die Angaben des Evangelisten Lukas im Einzelnen ungenau sind, lässt sich doch klar angeben, in welcher Zeit und an welchem Ort Jesus geboren wurde: »In jenen Tagen erließ Kaiser Augustus den Befehl, alle Bewohner des Reiches in Steuerlisten einzutragen. Dies geschah zum ersten Mal, damals war Quirinius Statthalter von Syrien. Da ging jeder in seine Stadt, um sich eintragen zu lassen« (Lk 2,1–2). Diese Volkszählung zum Zweck der Steuererhebung ist auch der Grund für die Reise von Josef und Maria nach Bethlehem: »So zog auch Josef von der Stadt Nazareth in Galiläa hinauf nach Judäa in die Stadt Davids, die Bethlehem heißt«, somit wird ein kaiserlicher Befehl von Gott zur Erfüllung der Verheißung des Geburtsortes des messianischen Hirten in der Davidstadt benutzt: »Aber du, Bethlehem-Efrata, so klein unter den Gauen Judas, aus dir wird mir einer hervorgehen, der über Israel herrschen soll. Sein Ursprung liegt in ferner Vorzeit, in längst vergangenen Tagen. Darum gibt der Herr sie preis, bis die Gebärende einen Sohn geboren hat. … Er wird auftreten und ihr Hirt sein in der Kraft des Herrn, im hohen Namen seines Gottes. Sie werden in Sicherheit leben, denn nun reicht seine Macht bis an die Grenzen der Erde« (Micha 5,1–3). Am Sitz der Großfamilie beziehungsweise dort, wo man Grundbesitz hatte, musste die Eintragung in die Steuerlisten erfolgen. Insgesamt müssen sich Maria und Joseph länger als einen Monat in Bethlehem aufgehalten haben, da die Beschneidung des Neugeborenen am achten Tag nach der Geburt und das Reinigungsopfer Marias im Tempel vierzig Tage nach der Geburt stattfanden (Lk 2,21–4). Eine zweite Zeitangabe macht Lukas zu Beginn des öffentlichen Wirkens Jesu: »Es war im fünfzehnten Jahr der Regierung des Kaisers Tiberius, Pontius Pilatus war Statthalter von Judäa, Herodes Tetrarch von Galiläa, sein Bruder Philippus Tetrarch von Iturräa und Trachonitis, Lysanias Tetrarch von Abilene, Hohepriester waren Hannas und Kajaphas« (Lk 3,1–2).

Diese historische Verortung der Heilsgeschichte ist für Papst Benedikt auch für den Glauben bedeutsam: »Der ewige Logos ist Mensch geworden, und dazu gehört auch der Kontext von Ort und Zeit. An diese Realität ist der Glaube gebunden, auch wenn dann durch die Auferstehung der zeitliche und geographische Rahmen gesprengt wird und das Vorangehen des Herrn nach Galiläa in die offene Weite der ganzen Menschheit hineinführt.«[13] Auch wenn der Evangelist Matthäus nicht ausdrücklich von der Herkunft von Maria und Joseph aus Nazareth spricht, so stimmt er doch mit Lukas darin überein, dass Jesus in Bethlehem geboren wurde und in Nazareth aufgewachsen ist. Nur mit wenigen Worten wird die eigentliche Geburt Jesu bei Lukas geschildert: »Als sie dort waren, kam für Maria die Zeit ihrer Niederkunft und sie gebar ihren Sohn, den Erstgeborenen. Sie wickelte ihn in Windeln und legte ihn in eine Krippe, weil in der Herberge kein Platz für sie war« (Lk 2,6–7). »Mit der ›Herberge‹ (griechisch: *katalyma*) … ist kein Gasthof oder eine Karawanserei gemeint …, sondern nur eine Unterkunft.«[14] Es könnte ein Bauernhaus gewesen sein, in dem Mensch und Vieh in einem Raum lebten, oder eine Felsenhöhle, wie sie in der Gegend um Bethlehem bezeugt sind. Unter der Basilika in Bethlehem befindet sich die Geburtsgrotte entsprechend der sehr alten Ortsüberlieferung von der Geburt in einer Höhle. Wenn sich die Geburt Jesu auf Weihnachtsikonen stets in einer Höhle ereignet, so entspricht dies durchaus frühester Überlieferung.

Bereits auf den frühesten Geburtsdarstellungen stehen Ochs und Esel an der Krippe. Keine der beiden neutestamentlichen Kindheitsgeschichten Jesu erwähnen die beiden Tiere. Über die erstmals im apokryphen Jakobusevangelium genannten und gedeuteten Tiere schreibt Peter Stuhlmacher: »Sie gehen auf Jes 1,3 und die griechische Version von Hab 3,2 zurück. In Jes 1,3 heißt es: ›Das Rind kennt seinen Besitzer und der Esel die Krippe seines Herrn. Israel erkennt nicht, mein Volk hat keine Einsicht‹, und in der griechischen Bibel lautet Hab 3,2: ›Inmitten zweier Lebewesen wirst du erkannt werden, wenn die Jahre nahe sein werden, wirst du erkannt, wenn die Zeit gekommen ist, wirst du erscheinen.‹ Der hebräische Text meint mit den Lebewesen die in Ex 25,18–20 erwähnten zwei Cherube, die den Thron Gottes stützen, aber in der kirchlichen Tradition sind sie dann auf Rind und Esel gedeutet worden.«[15] Bei Papst Benedikt findet sich darüber hinaus noch eine weitergehende Deutung: »Mit den zwei Lebewesen sind offenbar die zwei Cherube gemeint, die nach Ex 25,18–20 auf der Deckplatte der Bundeslade die geheimnisvolle Anwesenheit Gottes anzeigen und verbergen. So würde die Krippe irgendwie zur Bundeslade, in der geheimnisvoll geborgen Gott unter den Menschen ist, und vor der für ›Ochs und Esel‹, für die Menschheit aus Juden und Heiden, die Stunde der Erkenntnis Gottes gekommen ist.« In der Kombination dieser drei Schriftstellen sieht Papst Benedikt »die beiden Tiere als Darstellung der an sich einsichtslosen Menschheit, die vor dem Kind, vor dem demütigen Erscheinen Gottes im Stall zur Erkenntnis kommt und in der Armseligkeit dieser Geburt die Epiphanie empfängt, die nun alle sehen lehrt«.[16]

Besonders bedeutsam sind die Klarstellungen von Papst Benedikt über Jesus den »Erstgeborenen«. Jesus ist nicht der Erstgeborene im Sinne des ersten unter weiteren Kindern seiner Mutter, sondern der Erstgeborene steht im Judentum in einem besonderen Verhältnis zu Gott. Jede männliche Erstgeburt gehört Gott und muss »ausgelöst« werden (vgl. Ex 13,1–2.13), was dann auch mit der Darstellung Jesu im Tempel geschieht. Zugleich verweist Papst Benedikt auf den Kolosserbrief, in dem Jesus als »der Erstgeborene der ganzen Schöpfung« (1,15) und als »der Erstgeborene der Toten« (1,18) bezeichnet wird: »Jesus ist Anfang und Ziel der neuen Schöpfung, die mit der Auferstehung begonnen hat.«[17]

»In jener Gegend lagerten Hirten auf freiem Feld und hielten Nachtwache bei ihrer Herde. Da trat der Engel des Herrn zu ihnen, und der Glanz des Herrn umstrahlte sie. Sie fürchteten sich sehr, der Engel des Herrn aber sagte zu ihnen: Fürchtet euch nicht, denn ich verkünde euch eine große Freude, die dem ganzen Volk zuteil werden soll: Heute ist euch in der Stadt Davids der Retter geboren, er ist der Messias, der Herr. Und dies soll euch als Zeichen dienen: Ihr werdet ein Kind finden, das in Windeln gewickelt in einer Krippe liegt« (Lk 2,8–12). Hirten waren die ersten, denen die Botschaft von der Menschwerdung Gottes mitgeteilt wurde. Häufig wird darauf hingewiesen, dass sie für die Armen in Israel stehen. Daneben betont die Verkündigung an die Hirten aber auch die Erfüllung der Verheißung des messianischen Königs aus der Familie Davids, den Gott von der Schafherde weg zum König berufen hat. Von Papst Benedikt wird als weiterer Aspekt hervorgehoben, dass sie Wachende waren, »offen für den Zuruf Gottes durch die Zeichen seiner Gegenwart.«[18] Intensiv setzt sich Papst Benedikt mit der Frage der richtigen deutschen Übersetzung des Lobgesangs der Engel, aus dem der Gloria-Hymnus entstanden ist, auseinander. Zunächst die Einheitsübersetzung: »Und plötzlich war bei dem Engel ein großes himmlisches Heer, das lobte Gott und sprach: Verherrlicht ist Gott in der Höhe und auf Erden ist Friede bei den Menschen seiner Gnade« (Lk 2,13–14). Papst Benedikt lehnt diese Übersetzung ab, weil sie das Missverständnis nähre, dass Gott stets allein handle und alles vorherbestimmt sei. Ebenso wendet er sich gegen die Übersetzung »den Menschen guten Willens«, da sie nahelege, dass zuletzt der Wille des Menschen allein den Ausschlag gebe. Die dahinterstehende Frage nach dem Zueinander von Gnade Gottes und menschlicher Freiheit kann nach Papst Benedikt nicht mit einer von diesen »Extrempositionen« beantwortet werden: »Gnade und Freiheit durchdringen sich, und ihr Ineinander können wir nicht in klare Formeln auflösen. Es bleibt wahr, dass wir nicht lieben könnten, wenn wir nicht zuerst von Gott geliebt wären. Gottes Gnade geht uns immer voraus, sie umfängt und trägt uns. Aber es bleibt auch wahr, dass der Mensch zum Mitlieben gerufen ist, dass er nicht willenloses Werkzeug von Gottes Allmacht bleibt, sondern Mitlieben oder sich auch der Liebe Gottes verweigern kann.«[19] Darum plädiert Papst Benedikt für die Übersetzung »des Wohlgefallens« oder »seines Wohlgefallens«, weil sie am ehesten geeignet ist, »dieses Geheimnis zu respektieren, ohne es nach einer Seite hin aufzulösen«.[20]

»Als acht Tage vorüber waren und das Kind beschnitten werden sollte, gab man ihm den Namen Jesus …« (Lk 2,21). Mit der Beschneidung wird der Knabe in die Gemeinschaft des Volkes Israel, dem Bundesvolk aufgenommen. Für Papst Benedikt bedeutet die zur Beschneidung hinzugefügte Namensgebung (Jesus = Gott rettet), »dass von der Beschneidung her der Blick auf die Erfüllung der Erwartung geöffnet wird, die zum Wesen des Bundes gehört.«[21]

Dann kam für sie der Tag der vom Gesetz vorgeschriebenen Reinigung. Sie brachten das Kind nach Jerusalem hinauf, um es dem Herrn zu weihen, gemäß dem Gesetz des Herrn, in dem es heißt: Jede männliche Erstgeburt soll dem Herrn geweiht sein. Auch wollten sie ihr Opfer darbringen, wie es das Gesetz des Herrn vorschreibt: Ein Paar Turteltauben oder zwei junge Tauben« (Lk 2,22–24). Im Hintergrund stehen die Vorschriften für die »Reinigung der Wöchnerin« im Buch Levitikus: »Wenn eine Frau niederkommt und einen Knaben gebiert, ist sie sieben Tage unrein … Am achten Tag soll man die Vorhaut des Knaben beschneiden und dreiunddreißig Tage soll die Frau … zu Hause bleiben. Wenn die Zeit ihrer Reinigung vorüber ist, soll sie für einen Sohn …

ein einjähriges Schaf als Brandopfer und eine junge Taube oder eine Turteltaube als Sündopfer zum Priester an den Eingang des Offenbarungszeltes bringen« (Lev 12,2–7). »Wenn sie die Mittel für ein Schaf nicht aufbringen kann, soll sie zwei Turteltauben oder zwei junge Tauben nehmen, eine als Brandopfer und die andere als Sündopfer, und so wird sie gereinigt« (Lev 12,8). Maria befolgt die Anweisungen des Gesetzes und bringt zur Reinigung das Armenopfer dar. Ausdrücklich stellt Papst Benedikt fest: »Maria braucht von der Geburt Jesu nicht gereinigt zu werden: Die Geburt bringt Reinigung der Welt.«[22] Die sogenannte »Auslösung«, gemäß der Forderung Gottes: »Der Herr sprach zu Mose: Jeden Erstgeborenen deiner Söhne musst du auslösen« (Ex 13,1–2), geschah durch die Zahlung von fünf Schekel an einen Priester und hätte nicht unbedingt im Tempel erfolgen müssen. In der Einheitsübersetzung heißt es, dass Maria und Josef das Kind in den Tempel bringen, »um es Gott zu weihen.« Das griechische *paristanai* kann man auch mit »darstellen«, was auch »darbringen« im Sinne von opfern bedeuten kann, übersetzen. Daraus, dass der Evangelist Lukas die eigentliche Auslösung gar nicht schildert, folgert Papst Benedikt, dass an die Stelle der Auslösung die Übergabe oder Darbringung des Sohnes an den Vater gemeint ist: »Dieses Kind ist nicht ausgelöst und nicht an die Eltern zurückgegeben, sondern ganz im Gegenteil im Tempel Gott persönlich übergeben, ihm ganz und gar zugeeignet worden«[23] Simeon nimmt das Kind in seine Arme und betet prophetisch: »Nun lässt du, Herr, deinen Knecht, wie du gesagt hast, in Frieden scheiden. Denn meine Augen haben das Heil gesehen, das du vor allen Völkern bereitet hast, ein Licht, das die Heiden erleuchtet, und Herrlichkeit für dein Volk Israel« (Lk 2,29–32). Im Lobpreis des Simeon wird zweimal aus den Gottesknechtsliedern aus dem Buch Jesaja zitiert. Im ersten Lied vom Gottesknecht heißt es: »Ich habe dich geschaffen und dazu bestimmt, der Bund für mein Volk und das Licht für die Völker zu sein« (Jes 42,6); und im zweiten Lied vom Gottesknecht findet sich die Stelle: »Ich mache dich zum Licht für die Völker, damit mein Heil bis an das Ende der Erde reicht« (Jes 49,6). Simeon erkennt in Jesus den Gottesknecht, dem bereits im Alten Testament eine universale Heilssendung als Licht für alle Völker zugeschrieben wurde. Mit der Vorhersage des Verlaufs der Sendung Jesu, die auch das Leiden einschließt, wendet sich Simeon an die Gottesmutter: »Dieser ist dazu bestimmt, dass in Israel viele durch ihn zu Fall kommen und viele aufgerichtet werden, und er wird ein Zeichen sein, dem widersprochen wird. Dadurch sollen die Gedanken vieler Menschen offenbar werden. Dir selbst aber wird ein Schwert durch die Seele dringen« (Lk 2,34–35). Bereits über dem Neugeborenen steht das Zeichen des Kreuzes, das von der Sendung Jesu nicht zu trennen ist. In diesem Sinne fasst Papst Benedikt die Vorhersagen des Simeon zusammen, wenn er schreibt: »Jesus erweist sich gerade dadurch als das wahre Zeichen Gottes, dass er den Widerspruch gegen Gott auf sich nimmt, an sich zieht bis zum Widerspruch des Kreuzes.«[24]

Anschließend tritt noch die 84-jährige Prophetin Hanna hinzu, »pries Gott und sprach über das Kind zu allen, die auf die Erlösung Jerusalems warteten« (Lk 2,38). Nach der Erfüllung der jedem gläubigen jüdischen Elternpaar vorgeschriebenen Riten kehrten Maria und Josef mit dem Kind »nach Galiläa in ihre Stadt Nazareth zurück« (Lk 2,39). Dem Evangelisten Lukas ist weder die Anbetung der Weisen noch die Flucht nach Ägypten bekannt. Abschließend fasst er die gesamte Kindheit Jesu in einem Satz zusammen: »Das Kind wuchs heran und wurde kräftig, Gott erfüllte es mit Weisheit, und seine Gnade ruhte auf ihm« (Lk 2,40).

Die Weisen aus dem Morgenland

Während der Evangelist Lukas als erste Empfänger der Botschaft von der Geburt des Gottessohnes die Hirten auf den Feldern bei Bethlehem benennt, berichtet das Matthäus-Evangelium stattdessen von der Ankunft und Anbetung der Weisen aus dem Morgenland: »Als Jesus zur Zeit des Königs Herodes in Bethlehem in Judäa geboren worden war, kamen Sterndeuter aus dem Osten nach Jerusalem und fragten: Wo ist der neugeborene König der Juden? Wir haben seinen Stern aufgehen sehen und sind gekommen, um ihm zu huldigen« (Mt 2,1–2). Was hat die Weisen dazu veranlasst, das Himmelszeichen mit der Geburt des »Königs der Juden« in einen Zusammenhang zu bringen? Darauf antwortet Papst Benedikt mit der Vermutung, dass bei ihnen die Weissagung des Propheten Bileam bekannt gewesen sein könne. Einst bat der König von Moab den heidnischen Propheten Bileam, Israel zu verfluchen. Durch das Eingreifen Gottes segnet Bileam das Gottesvolk, anstatt es zu verfluchen. In diesen Zusammenhang gehört auch seine Verheißung: »Ich sehe ihn, aber nicht jetzt, ich erblicke ihn, aber nicht in der Nähe: Ein Stern geht in Jakob auf, ein Zepter erhebt sich in Israel …« (Num 24,17). Genau betrachtet ist in der Prophetie des Bileam der angekündigte messianische Heilskönig selbst der aufgehende Stern. Vom Evangelisten wird die Verheißung des Bileam überhaupt nicht erwähnt. Vier Bedeutungen von Magier (griech.: *magoi*) unterscheidet Papst Benedikt: 1. Persische Priester, die sich auch als Philosophen verstanden, 2. Personen mit übernatürlichen Fähigkeiten, 3. Zauberer, 4. ein Betrüger und Verführer, wie er in der Apostelgeschichte geschildert wird. Dort entlarvt Paulus einen Magier als »Sohn des Teufels« (Apg 13,10). Für Papst Benedikt zeigt sich in der Vieldeutigkeit des Begriffs die Zweideutigkeit des Religiösen insgesamt: »Es kann Weg zu wahrer Erkenntnis, Weg zu Jesus Christus hin werden. Wo es sich aber … nicht für ihn öffnet, sich gegen den einen Gott und den einen Erlöser stellt, wird es dämonisch und zerstörerisch.«[25] In der Geschichte der Magier bei Matthäus werden Religion und Philosophie zu Wegen, die zur Christusbegegnung führen. Den Stern von Bethlehem hält Papst Benedikt für eine tatsächliche Himmelserscheinung, er schließt sich der These an, dass es sich um die Konjunktion der Planeten Jupiter und Saturn im Sternbild Fische gehandelt hat, die sich nachweislich um 6 bis 7 v. Chr. dem vermutlichen Geburtszeitraum Jesu, ereignete. Dies setzt allerdings voraus, dass die Verheißung des Bileam bei den babylonischen Astronomen bekannt war. Für Papst Benedikt sind die Weisen aus dem Morgenland Wahrheitssucher: »Sie stehen nicht nur für die Menschen, die zu Christus gefunden haben. Sie stehen für die innere Erwartung des menschlichen Geistes, für die Bewegung der Religionen und der menschlichen Vernunft auf Christus zu.«[26] Als die Weisen im Königspalast des Herodes nach dem neugeborenen König der Juden fragten, erkundigte sich Herodes bei Priestern und Schriftgelehrten und erhielt die Antwort, dass als Ort der Geburt des Messias Bethlehem prophezeit worden sei: »Du Bethlehem im Gebiet von Juda, bist keineswegs die unbedeutendste unter den Städten von Juda, denn aus dir wird ein Fürst hervorgehen, der Hirt meines Volkes Israel« (Mt 2,6). Dabei handelt es sich um eine Stelle aus dem Propheten Micha (5,1), die der Evangelist mit einem Zitat aus dem zweiten Samuelbuch kombiniert, wo die Israeliten zu König David sagen: »Der Herr hat zu dir gesagt: Du sollst der Hirte meines Volkes Israel sein, du sollst Israels Fürst sein« (2 Sam 5,2). Dass der Wahrheitssucher ohne die Offenbarung Gottes die Wahrheit nicht finden kann, sieht Papst Benedikt hier dargestellt. Der Stern führt sie nur bis zum Träger der Offenbarung, dem Volk Israel: »Sie brauchen dann die Weisungen durch die Heiligen Schriften Israels, … um endgültig den Weg zu finden zu dem wahren Erben Davids.«[27] Nach der Begegnung mit dem Offenbarungswort leuchtet der Stern wieder: »Und der Stern, den sie hatten aufgehen sehen, zog vor ihnen her bis zu dem Ort, wo das Kind war, dort blieb er stehen. Als sie den Stern sahen, wurden sie von großer Freude erfüllt. Sie gingen in das Haus und sahen das Kind und Maria, seine Mutter, da fielen sie nieder und huldigten ihm. Dann holten sie ihre Schätze hervor und brachten ihm Gold, Weihrauch und Myrrhe als Gaben dar« (Mt 2,9–11). Von der Dreizahl der Gaben her hat die Tradition drei Weise angenommen. Ihre Geschenke verdeutlichen für Papst Benedikt je einen Aspekt des Christus-Geheimnisses: Das Gold steht für das Königtum Jesu, der Weihrauch für die Gottessohnschaft und die Myrrhe für das Geheimnis des Leidens.

Flucht nach Ägypten

»Als die Sterndeuter wieder gegangen waren, erschien dem Josef im Traum ein Engel des Herrn und sagte: Steh auf, nimm das Kind und seine Mutter, und flieh nach Ägypten, dort bleibe bis ich dir etwas anderes auftrage, denn Herodes wird das Kind suchen, um es zu töten" (Mt 2,13–14). Wie Josef werden auch die Weisen von einem Engel vor Herodes gewarnt: »Weil ihnen aber im Traum geboten wurde, nicht zu Herodes zurückzukehren, zogen sie auf einem anderen Weg heim in ihr Land« (Mt 2,12). Daraufhin gibt der hintergangene König Herodes den Befehl zum Kindermord: »Er ließ in Bethlehem und Umgebung alle Knaben bis zum Alter von zwei Jahren töten … Damals erfüllte sich, was durch den Propheten Jeremia gesagt worden ist: Ein Geschrei war in Rama zu hören, lautes Weinen und Klagen: Rahel weinte um ihre Kinder und wollte sich nicht trösten lassen, denn sie waren dahin« (Mt 2, 16–18). Auch wenn kein außerbiblisches Zeugnis über den Kindermord bekannt ist, so nimmt Papst Benedikt doch an, dass es sich um ein historisches Ereignis handelt, zumal Herodes, der drei seiner Söhne ermorden ließ, für seine Rücksichtslosigkeit bekannt ist. Der Prophet Jeremia lässt Rahel, die Stammmutter Israels, auftreten, um die Verbannten des Nordreiches zu beklagen (Jer 31,15). Vom Evangelisten Matthäus wird diese Stelle zitiert, um den Schmerz der Mütter von Bethlehem zu veranschaulichen. Als Erfüllungszitat wird die Klage der Rahel vom Evangelisten deshalb angesehen, weil er der Tradition folgt, die das Grab der Rahel in der Ortschaft Rama nahe Bethlehem lokalisiert. Papst Benedikt deutet die Klage der Rahel eschatologisch als Schrei nach dem »Trost, der nicht gegeben wurde und immer noch aussteht – ein Ruf, auf den in der Tat nur Gott selbst antworten kann. Denn der einzige Trost, der mehr ist als Rede, wäre die Auferstehung.«[28]

Mit einem weiteren Zitat aus dem Alten Testament verknüpft Matthäus die Flucht nach Ägypten mit der Moses-Geschichte: »Da stand Josef in der Nacht auf und floh mit dem Kind und dessen Mutter nach Ägypten. Dort blieb er bis zum Tod des Herodes. Denn es sollte sich erfüllen, was der Herr durch den Propheten gesagt hat: ‚Aus Ägypten habe ich meinen Sohn gerufen‹« (Mt 2,15). Als Liebesgeschichte Gottes mit seinem Volk versteht der Prophet Hosea das Verhältnis Gottes zu Israel. Besonders in der Rettung aus der Knechtschaft in Ägypten sieht der Prophet die Vaterliebe Gottes zu seinem Sohn verwirklicht. Nach dem Auszug aus Ägypten aber entfernt sich das Volk immer mehr von Gott, so dass der Prophet Gott sagen lässt: »Je mehr ich sie rief, desto mehr liefen sie von mir weg« (Hos 11,2). Für Matthäus ist der Sohn, von dem Hosea spricht, Jesus Christus. Dementsprechend deutet Papst Benedikt dieses Erfüllungszitat: »Mit der Flucht nach Ägypten und mit seiner Heimkehr ins Gelobte Land schenkt Jesus den endgültigen Exodus. Er ist wirklich der Sohn, er wird nicht davonlaufen vor dem Vater.«[29] Nach dem Tod des Herodes wird Josef im Traum zur Rückkehr nach Israel aufgefordert. Seine Absicht, nach Bethlehem zu gehen, lässt Josef fallen, da dort Archelaus, der Sohn des Herodes, regierte. Wieder ist es eine göttliche Weisung, der Josef mit der Ansiedlung in Nazareth in Galiläa folgt: »Und weil er im Traum einen Befehl erhalten hatte, zog er in das Gebiet von Galiläa und ließ sich in einer Stadt namens Nazareth nieder. Denn es sollte sich erfüllen, was durch die Propheten gesagt worden ist: Er wird Nazoräer genannt werden« (Mt 2,22–23). Auch wenn etwa in der Einheitsübersetzung zu diesem Prophetenwort auf das Buch der Richter (Ri 13,5.7) hingewiesen wird, findet man dort das Zitat so nicht wieder. Hier wird Nazoräer im Sinne eines gottgeweihten Nasiräers gedeutet. In Nazoräer klingt für Papst Benedikt aber vor allem eine Jesaja-Stelle an: »Aus dem Baumstumpf Isais wächst ein Spross (*nezer*) hervor, … Der Geist des Herrn lässt sich nieder auf ihm …« (Jes 11,1–2). Papst Benedikt nimmt an, »dass Matthäus im Namen Nazareth das Prophetenwort vom ›Spross‹ (*nezer*) mitgehört hat und in der Bezeichnung Jesu als Nazoräer die Erfüllung der Verheißung angedeutet fand, dass Gott aus dem abgestorbenen Baumstumpf Isais einen neuen Trieb schenken werde, auf dem der Geist Gottes liegen solle«.[30] Mit dem jungen Trieb aus dem Baumstumpf, der schon abgestorben zu sein scheint, beginnt Gott ganz neu, ohne dabei aber den inneren Zusammenhang der bisherigen Heilsgeschichte aufzuheben. Hier sieht Papst Benedikt einen deutlichen Bezug zum Stammbaum Jesu bei Matthäus, »der einerseits ganz von der Kontinuität des göttlichen Heilshandelns geprägt ist und doch am Schluss umbricht und von einem ganz neuen Anfang spricht, mit dem Gott selbst eingreift und eine Geburt schenkt, die nicht mehr aus menschlichem ›Zeugen‹ stammt«.[31]

1 Peter Stuhlmacher: Die Geburt des Immanuel, Göttingen 2005, S. 10.
2 Joseph Ratzinger/Benedikt XVI.: Jesus von Nazareth (JRGS, Bd. 6/1), Prolog, S. 121.
3 Medard Kehl / Werner Löser: Hans Urs von Balthasar – Lesebuch. Freiburg 1980, S. 148.
4 Prolog, S. 61.
5 Prolog, S. 59.
6 In: Joseph Kardinal Ratzinger/ Hans Urs von Balthasar: Maria-Kirche im Ursprung, Freiburg 2. Aufl. 1981, S. 49.
7 Prolog, S. 67.
8 Prolog, S. 67.
9 Prolog, S. 70.
10 Prolog, S. 73.
11 Stuhlmacher, S. 18.
12 Prolog, S. 75.
13 Prolog, S. 84.
14 Stuhlmacher, S. 51.
15 Stuhlmacher, S. 52.
16 Prolog, S. 87.
17 Prolog, S. 88.
18 Prolog, S. 89.
19 Prolog, S. 91f.
20 Prolog, S. 92.
21 Prolog, S. 94.
22 Prolog, S. 95.
23 Prolog, S. 95.
24 Prolog, S. 98.
25 Prolog, S. 103.
26 Prolog, S. 105.
27 Prolog, S. 108.
28 Prolog, S. 116.
29 Prolog, S. 114.
30 Prolog, S. 119.
31 Prolog, S. 119.

Vermählung von Maria und Joseph, Collagenbild, um 1750, Privatbesitz

Die Apokryphen

Zur Bedeutung der apokryphen Kindheitsevangelien

Apokryphe Schriften gibt es sowohl zum Alten Testament wie zum Neuen Testament. Die Bezeichnung »apokryphe Schriften« für nicht im biblischen Kanon enthaltene Texte, die aber alle einen Bezug zu alttestamentlichen oder neutestamentlichen Erzählungen aufweisen, geht auf eine literarische Figur zurück. Sie besteht darin, dass Texte vorgeben, Werke einer bekannten biblischen Person zu sein. Zur Begründung, warum eine Schrift eines bekannten biblischen Autors so lange unbekannt bleiben konnte, wird von einer absichtlichen Geheimhaltung (*apokryph* = griech.: verborgen) gesprochen. Man kennt dies aus dem Buch Daniel, wo es heißt: »Halte die Worte geheim und das Buch versiegelt bis zum Ende der Zeit« (Dan 12,4). Davon ausgehend wurden als apokryphe Texte solche bezeichnet, die Themen alttestamentlicher oder neutestamentlicher Bücher erzählen, ohne selbst als biblische Bücher anerkannt zu sein. Verbreitet ist die Meinung, dass es Hauptzweck vieler (christlicher) Apokryphen sei, die Neugier am Leben Jesu und anderer Personen zu befriedigen. Diese Einschätzung der apokryphen Evangelien als historisch wertlose, phantasievolle Ausschmückungen der Kindheitsgeschichten des Matthäus- und Lukasevangeliums ist weit verbreitet. Für nicht wenige Bibelwissenschaftler sind bereits die Kindheitsgeschichten des Neuen Testamentes selbst der Anfang apokrypher, das heißt legendärer Weiterdichtung der »eigentlichen« Botschaft Jesu. Die Zusammenschau der bei Lukas (1–2) und Matthäus (1–2) getrennt berichteten Ereignisse gilt manchem schon als ein Merkmal apokrypher Kindheitsgeschichten.

Was hat es nun eigentlich mit diesen apokryphen Kindheitsgeschichten auf sich?[1] Wovon berichten sie? Wie sind sie zu beurteilten? Es handelt sich um Erzählungen, die nicht in den Kanon der neutestamentlichen Schriften aufgenommen worden sind, obwohl sie vorgeblich von hohen Autoritäten verfasst worden sind. So gibt die älteste apokryphe Kindheitserzählung das »Protoevangelium des Jakobus« vor, vom »Herrenbruder« Jakobus zu stammen. Dem zweitwichtigsten apokryphen Text zur Kindheit Jesu, dem Pseudo-Matthäus-Evangelium (»*Liber de ortu beatae Mariae et infantia Salvatoris*«), ist ein Briefwechsel beigefügt, der bezeugt, dass der Evangelist Matthäus diese Schrift ursprünglich auf Hebräisch verfasst habe und sie später vom heiligen Hieronymus ins Lateinische übersetzt worden sei. Ausgerechnet die Autorität des Bibelübersetzers Hieronymus wird hier bemüht, hat dieser doch etwa die Hebammengeschichte und die Behauptung, der heilige Joseph habe Söhne aus einer ersten Ehe gehabt, als »*apokryphorum deliramenta*« bezeichnet. Hieronymus wie auch der heilige Augustinus haben sich ablehnend zu den Apokryphen geäußert, ihnen sind auch mehrere Päpste gefolgt. Die apokryphen Kindheitsgeschichten des Jakobus sind bereits im 2. Jahrhundert in Syrien oder Ägypten entstanden und in griechischer Sprache verfasst worden. Mit drei Jahren wird Maria von ihren Eltern Joachim und Anna im Tempel in Jerusalem den Priestern übergeben und Gott geweiht. Damit erfüllte Anna ein Gelübde, das sie – nach langer Kinderlosigkeit und später Mutterschaft – abgelegt hatte.

Bis zu ihrem zwölften Lebensjahr blieb Maria im Tempel. Auch wenn es historisch gesehen keine Tempeljungfrauen in Israel gab, so kann man doch sagen, dass Joachim und Anna als gläubige Juden geschildert werden, die vollständig nach den Geboten Gottes lebten. Maria als die personifizierte Tochter Zion ist dort, wo der Name Gottes Wohnung genommen hat. Sie ist bereits die Allreine, die würdig ist, im Tempel, Gott zu dienen. Durch ein Wunder wird der alte Witwer Joseph, Vater von mehreren Söhnen, von Gott ausgewählt, Maria in sein Haus aufzunehmen. Zacharias, der Hohepriester, vertraut Maria dem Witwer an. Als besondere Auszeichnung erhält Maria den Auftrag, in Heimarbeit, am purpur- und scharlachfarbenen Tempelvorhang arbeiten zu dürfen. Wenn man die Bildsprache nicht sofort als absurd abwehrt, sondern nach ihrem Sinn fragt, so kann man sagen: Im Moment des Kreuzestodes ihres Sohnes wird der Tempelvorhang zerreißen. Dann wird Jesus zum wahren Tempel. Nicht mehr nur ersatzweise Tieropfer, sondern der Sohn Gottes hat dann Gott und Mensch versöhnt und wird alle in seinem Leib einen. Diese Einheit ist bereits in der Einheit mit seiner Mutter urbildlich vorgebildet. Der Engel Gabriel bringt der sechzehnjährigen Maria die Botschaft, als sie gerade mit einem Krug Wasser am Brunnen geschöpft hatte und sich wieder an die Arbeit am Tempelvorhang machte: Gott ist es, der mit seiner Gnade den Menschen erfüllt, der sich für ihn geöffnet und leer gemacht hat. Maria trägt verborgen denjenigen, in dem sichtbar und greifbar Gottes Name unter den Menschen wohnt. Jetzt bleibt Gott nicht nur für den Hohenpriester einmal im Jahr hinter dem Tempelvorhang zugänglich.

Als Joseph von einem auswärtigen Arbeitseinsatz zurückkommt, ist Maria im sechsten Monat ihrer Schwangerschaft. Als er ihr Vorwürfe macht, antwortet sie: »Rein bin ich, und von einem Manne weiß ich nichts.« Joseph will Maria heimlich entlassen, da belehrt ihn ein Engel über die geistgewirkte Schwangerschaft mit dem Jesuskind, das »sein Volk von seinen Sünden retten« wird. Wegen der Schwangerschaft Marias erhebt die Priesterschaft Anklage gegen Joseph. Man gab ihnen das »Prüfungswasser des Herrn« zu trinken und schickte sie getrennt in die Wüste. Als beide wohlbehalten zurückkehren, sagt der Hohepriester: »Wenn Gott, der Herr, eure Sünden nicht offenbar gemacht hat, so richte auch ich euch nicht.« Bis heute glaubt man dem Zeugnis von Maria und Joseph nicht. Sie müssen das exegetische Prüfungswasser trinken und sollen endlich die Schwangerschaft Marias natürlich erklären. Da sie an der Wahrheit festhalten, schickt man sie bis heute in die Wüste.

Die Reise nach Bethlehem macht Maria auf einem Esel sitzend, der von Joseph gezogen wird. Entsprechend der Ortstradition in Bethlehem kommt das Kind in einer Höhle zur Welt. Eine Hebamme suchend, bemerkt Joseph plötzlich, dass für einen Moment alle Lebewesen und die gesamte Natur still stehen: Der Eintritt Gottes in seine Schöpfung, der Übernatur in die Natur ist ein Ereignis von kosmischer Bedeutung. Von dieser Geschichte aus sind alle später erzählten sogenannten Wunder der Heiligen Nacht abhängig: Weinstöcke tragen Blüten und sofort daraufhin reife Trauben, drei Sonnen erscheinen am Himmel, heidnische Tempel stürzen ein, aus einem Brunnen in Rom fließt Öl statt Wasser. Als Joseph mit der Hebamme zur Höhle zurückkommt, wird diese von einer dunklen Wolke überschattet. Aus dem Alten Testament ist die Wolke als Bild für die sich offenbarende und zugleich verhüllende Gegenwart Gottes bekannt. Daraufhin erfüllte sich die Höhle mit strahlendem Licht. Als die Hebamme, deren Dienste gar nicht gebraucht wurden, wieder heraustrat, da pries sie Gott mit den Worten: »Meine Augen haben Wunderbares gesehen, denn Israel ist das Heil geboren.« Vor der Höhle trifft die Hebamme auf eine Frau mit Namen Salome und sagt zu ihr: »Eine Jungfrau hat geboren, was doch die Natur nicht zulässt.« Salome will dies nicht glauben, bevor sie sich selbst nicht davon überzeugt hat. Kaum hat sie die Gottesmutter berührt, das schreit sie auf: »Wehe über meinen Frevel und meinen Unglauben, denn ich habe den lebendigen Gott versucht.« Da fiel ihre Hand von ihr ab, »wie von Feuer verzehrt«. Als sie das Kind auf die Weisung eines Engels berührte, da ward ihre Hand wieder geheilt. Hier hat der Verfasser des Jakobusevangeliums die Geschichte der Übertragung der Bundeslade nach Jerusalem auf Maria allegorisch angewandt: Usa, der Lenker des Ochsenwagens mit der Bundeslade, »streckte seine Hand aus, um die Lade festzuhalten«, als die Ochsen durchzugehen drohten. »Da entbrannte der Zorn des Herrn gegen Usa, und er erschlug ihn, weil er seine Hand nach der Lade ausgestreckt hatte« (1 Chr 13,8 f.). Damit wird gesagt, dass Maria die Christusträgerin die neue Bundeslade ist, sie ist wahrhaft die Gottesgebärerin.

Im Anschluss an die Magiergeschichte, die ganz dem Matthäusevangelium entsprechend geschildert wird, fügt das Jakobusevangelium hinzu, wie Johannes der Täufer den Kindermord überlebt hat. König Herodes gab den Befehl, alle Kinder bis zum Alter von zwei Jahren zu töten. Da floh Elisabeth mit dem kleinen Johannes ins Gebirge. Als sie kein Versteck finden konnte, rief sie: »Berg Gottes, nimm mich, die Mutter, mit dem Kind auf.« Da spaltete sich der Berg und ließ Mutter und Kind ein. Unterdessen wurde der Hohepriester Zacharias im Tempel von Soldaten nach dem Verbleib von Mutter und Kind befragt. Zacharias verweigerte die Antwort und sagte, als er mit dem Tode bedroht wurde: »Ich bin ein Märtyrer Gottes, nimm mein Blut hin! Meinen Geist aber wird der Herr aufnehmen, denn du vergießt unschuldiges Blut im Vorraum des Tempels des Herrn.« Nachdem Zacharias auf Herodes Befehl ermordet worden war, wurde Simeon durch das Los zum neuen Hohenpriester bestimmt. »Dieser war es nämlich, dem durch den Heiligen Geist offenbart worden war, er werde den Tod nicht sehen, bis er den Christus im Fleische sähe.«

Im Pseudo-Matthäus-Evangelium, das deutlich später zwischen 550 und 700 entstanden ist, stehen erstmals Ochs und Esel an der Krippe: »Am dritten Tag nach der Geburt unseres Herrn Jesus Christus trat die seligste Maria aus der Höhle, ging in einen Stall hinein und legte ihren Knaben in eine Krippe, und Ochs und Esel beteten ihn an. Da erfüllte sich, was durch den Propheten Jesaja (Jes 1,3) verkündet ist, der sagt: ›Der Ochse kennt seinen Besitzer und der Esel die Krippe seines Herrn.‹ So beteten sogar die Tiere, Ochs und Esel, ihn ständig an, während sie ihn zwischen sich hatten. So erfüllte sich, was durch den Propheten Habakuk verkündet ist, der sagt: ›Zwischen zwei Tieren wirst du erkannt‹« (Hab 3,2 LXX).

Alle Episoden, die Pseudo-Matthäus von der Flucht nach Ägypten berichtet, sind aus keiner früheren Quelle bekannt. In Barockkrippenbeständen finden sich manchmal Drachen und Raubkatzen, die niemand einer biblischen Szene zuordnen kann. Es handelt sich um eine Geschichte aus dem Pseudo-Matthäus-Evangelium: Als Maria vom Esel stieg um sich etwas auszuruhen, da »kamen aus einer Höhle viele Drachen hervor«. Als das Jesuskind sich vor seine Mutter stellte, wichen sie vor ihm zurück und beteten es an. »Da erfüllte sich, was durch den Propheten David verkündet worden ist, als er sagte: ›Lobet den Herrn, ihr Drachen von der Erde, Drachen und alle Abgründe‹« (Ps 148,7). Löwen und Leoparden und Wölfe begleiteten sie durch die Wüste und sie griffen weder Ochs und Esel noch die Schafe an, die Maria und Joseph mitgenommen hatten. »Da erfüllte sich, was durch den Propheten gesagt ist: ›Die Wölfe weiden mit den Lämmern, Löwen und Ochsen fressen Stroh zusammen‹« (Jes 11,6 f.). Häufig dargestellt wurde die Palmbaum-Episode: Maria wollte in der Mittagshitze in der Wüste im Schatten einer Dattelpalme ausruhen. Die Datteln hingen zu hoch, um gepflückt werden zu können, und Wasser hatten sie auch keines mehr. »Da sprach das Jesuskind, das mit fröhlicher Miene in seiner Mutter Schoß saß, zur Palme: ›Neige, Baum deine Äste, und mit deiner

Frucht erfrische meine Mutter.‹ Und alsbald senkte die Palme auf diesen Anruf hin ihre Spitze bis zu den Füßen der seligen Maria, und sie sammelte von ihr Früchte.« Dann befahl der Jesusknabe, dass die Palme sich wieder aufrichte und dass eine verborgene Wasserquelle unter ihren Wurzeln hervortrete. »Da richtete sie sich sofort auf und eine ganz klare, frische und völlig helle Wasserquelle begann aus ihrer Wurzel zu sprudeln.« Daraufhin befahl Jesus einem Engel, einen Zweig der Palme in das Paradies zu tragen und dort einzupflanzen. Sie soll dort für alle Heiligen bereitstehen »wie sie für uns am Ort der Einsamkeit bereitgestanden hat«. Man könnte die Geschichte als Vorverlegung des Satzes aus der Versuchung Jesu im Markusevangelium »Er lebte bei den wilden Tieren, und die Engel dienten ihm« verstehen (Mk 1,13). Als die heilige Familie in das Gebiet von Hermopolis in Ägypten zur Stadt Sotinen kam, betraten sie einen Tempel, der »Kapitol Ägyptens« genannt wurde und in dem »365 Götzenbilder« verehrt wurden. Alle Götterstatuen fielen auf ihr Gesicht und zerbrachen. »Da erfüllte sich, was durch den Propheten Jesaja gesagt ist: ›Siehe, der Herr sitzt auf einer leichten Wolke und wird nach Ägypten kommen, und erbeben werden die von Händen gemachten Götzen Ägyptens vor ihm‹« (Jes 19,1). Als der Vorsteher der Stadt die gestürzten Götterstatuen sah, sagte er zur Gottesmutter: »Wenn dieser nicht der Gott unserer Götter wäre, so wären unsere Götter gewiss nicht vor ihm auf ihr Angesicht gefallen, und sie würden nicht in seiner Gegenwart hingestreckt daliegen.« Aus »weiser Vorsicht« schlug er vor, solle sich das Volk vor Jesus niederwerfen, damit es ihnen nicht so ergehe wie dem Pharao seinerzeit, »der mit seinem ganzen Heer im Meer ertrunken ist, weil er so großen Wundern nicht geglaubt hat«. Daraufhin hätten alle Einwohner der Stadt an Jesus Christus geglaubt.

Gemäß dem kanonischen Matthäusevangelium wird noch von der Heimkehr der Heiligen Familie berichtet: »Nach kurzer Zeit sprach der Engel zu Joseph: ›Kehre in das Land Juda zurück, gestorben sind, die nach dem Leben des Knaben trachteten.‹« Im sogenannten arabischen Kindheitsevangelium, ursprünglich wohl in syrischer Sprache verfasst, wird eine Räubergeschichte berichtet, die in der Räuberfigur der provenzalischen Krippe und im Krippenspiel vom kleinen Räuber weiterlebt. Auf der Flucht nach Ägypten kam die Heilige Familie in ein Gebiet, in dem vor Räuberbanden gewarnt wurde. Deshalb entschloss sich der heilige Joseph, nur des Nachts zu reisen. Doch plötzlich wurden sie von zwei Räubern angehalten, die, während die Bande schlief, Wache hielten. Die Straßenräuber hießen Titus und Dumachus. Titus hatte Mitleid mit den Flüchtlingen und bat Dumachus, doch die Familie unbehelligt weiterziehen zu lassen. Da gab Titus dem Dumachus vierzig Drachmen, um ihn dadurch vom Ausrauben der Heiligen Familie abzubringen. Als Maria dies sah, sagte sie zu Titus: »Gott, der Herr, wird dich mit seiner Rechten stützen und dir Sündenvergebung schenken.« Da sagte das Jesuskind zu seiner Mutter: »In dreißig Jahren, Mutter, werden mich die Juden in

Jerusalem kreuzigen, und jene zwei Räuber werden mit mir ans Kreuz geschlagen werden, Titus zu meiner Rechten und Dumachus zu meiner Linken, und nach jenem Tag wird Titus mir ins Paradies vorangehen.« Maria antwortete darauf: »Davor bewahre dich Gott, mein Sohn.« Von dort zogen sie weiter »zur Stadt der Götzen«. Der Verfasser des arabischen Kindheitsevangeliums lässt hier die beiden in der kanonischen Passionsgeschichte belegten Mitverurteilten bereits in der Kindheit Jesu auftreten. Man kann dieser Episode durchaus eine innere Wahrheit abgewinnen, richtete sie sich doch gegen eine unbiblische einseitige Inkarnationstheologie. Biblisch kommt die Inkarnation erst im Kreuz und in der Auferstehung an ihr Ziel. Jesu Erlösungswerk beginnt mit der Menschwerdung und wird im Paschamysterium von Leiden, Tod und Auferstehung vollendet.

Zuletzt soll noch auf die Kornfeldlegende eingegangen werden, die ebenfalls apokryphen Ursprungs ist: Die Heilige Familie kam auf ihrer Flucht an einem Bauern vorbei, der mit der Aussaat beschäftigt war. Da baten sie ihn, er möge sie nicht an die sie verfolgenden Soldaten verraten. Als die Soldaten bald darauf kamen, sagte der Bauer, dass er die Familie bei der Aussaat gesehen habe. Da die Soldaten ein wogendes Getreidefeld vor sich sahen, mussten sie annehmen, dass es viele Wochen her sein müsse, als die Flüchtenden hier vorbeigekommen waren. Sie brachen ihre Verfolgung ab und kehrten um. Bei dieser Wundergeschichte geht es nicht nur um die Irreführung der Verfolger, ohne zur Lüge greifen zu müssen, sondern um die bildhafte Darstellung des Satzes, dass, »das Korn im Acker des Gerechten aufgeht und ans Licht kommt«. Im Burgenland und in Kroatien gibt es den Brauch der Tellersaat am Luciatag, dem 13. Dezember: Weizen- oder Gerstenkörner werden in einen flachen Teller mit Wasser gegeben und gehen bis zum Weihnachtstag auf. Dazu wird die Kornfeldlegende erzählt, deren Veranschaulichung sie sein will. In den frühen apokryphen Kindheitsgeschichten ist die Kornfeldlegende nicht zu finden. Sie steht in den apokryphen »Acta Petri et Andreae« aus dem 6. Jahrhundert und widerfährt dort den Aposteln. Von hierher wurde die Legende erst später auf die Heilige Familie übertragen. Seit dem Spätmittelalter ist die Kornfeldlegende sehr weit verbreitet und wurde vielfach dargestellt.

Dies sind die wesentlichen Inhalte der apokryphen Kindheitsgeschichten, die zum Verständnis des Weihnachtsbildes in Ost und West grundlegend sind. Man wird ihnen in Katechese, Predigt, Dichtung und in den bildenden Künsten aller Jahrhunderte in vielfacher Variation immer wieder begegnen. Die apokryphen Kindheitsgeschichten untermauern die neutestamentlichen Fakten der Kindheitsgeschichte Jesu: Joseph ist nicht der leibliche Vater Jesu, er hat keine weiteren Kinder mit Maria, Maria ist wirklich Gottesgebärerin, sie ist Jungfrau vor, während und nach der Geburt, Jesus wurde in Bethlehem geboren. Die kanonischen und die apokryphen Kindheitsevangelien teilen das Bekenntnis zu den heilsgeschichtlichen Tatsachen. Ihr heilsgeschichtlicher Realismus steht allen Exegeten entgegen, für die die Weihnachtsgeschichte nur aus Legenden besteht, die zur Stützung theologischer Ideen nachträglich erfunden worden sind. Die apokryphen Evangelien sagen uns, dass wir die heilsgeschichtlichen Ereignisse ernst nehmen müssen. Wer die Apokryphen als Zeugnis einer früh einsetzenden einseitigen Marienfrömmigkeit versteht, hat nicht verstanden, dass es bei der Jungfrauengeburt um das Christusmysterium geht: Jesus Christus ist von seinem Ursprung her wahrer Gott und wahrer Mensch in einer Person. Sicherlich haben Neutestamentler und Prediger, die die Weihnachtsgeschichte insgesamt als Legende wegerklären, dem Glauben an die Menschwerdung Gottes mehr geschadet als die apokryphen Evangelien mit ihrer biblischen Glaubensgewissheit.

1 Vgl. Gerhard Schneider: Evangelia infantiae apokrypha. Apokryphe Kindheitsevangelien (Fontes Christiani 18), Freiburg i. Br. 1995.

Anbetung der Hirten, Beinschnitzerei, 1650, Berchtesgaden, Privatbesitz

Was treibt die Hirten zur Eile?

»Frohe Hirten eilt, ach eilt, eh ihr euch zu lang verweilt, eilt, das holde Kind zu seh'n.« Mit diesen Worten werden im Weihnachtsoratorium von Johann Sebastian Bach die Hirten zum eiligen Aufbruch nach Bethlehem angetrieben. Auch viele volkstümliche Lieder, die Pastorellen, die ehedem als weihnachtliche Hirtenmusik in den Kirchen gesungen und von den Hirteninstrumenten begleitet wurden, rufen die Hirten zur Eile auf. »Laufet, ihr Hirten, lauft eilends zu gleich, nehmt Schalmeyen und Pfeiffen mit euch: laufet gegen Bethlehem eini in Stall, begrüßet das Kindlein zu tausend Mal: Messias, Messias.« So heißt es etwa in dem Lied »Laufet, ihr Hirten« aus der von Konrad Ruhland herausgegebenen Sammlung »Weihnachtslieder aus Röhrnbach«. Während in dieser Strophe die Begleitinstrumente gleich in die Handlung einbezogen werden, spielt eine weitere Strophe auf Gaben und Geschenke an, die die Hirten traditionell, aber unbiblisch, dem Jesuskind darbringen: »Laufet, ihr Hirten, ihr seid angenehm, mehr als die Bürger von Bethlehem; ihr habt der Mutter ins Kindbett gebracht, was ihr gefunden in eurer Macht: Ihr Hirten, ihr Hirten.«

Nach Bethlehem

Das Lukasevangelium berichtet vom Lauf der Hirten durch die heilige Nacht. Als sie die Botschaft des Engels vernommen hatten, »eilten sie hin und fanden Maria und Joseph und das Kind, das in der Krippe lag« (Lk 2,16). Die Weihnachtsbotschaft setzt Himmel und Erde in Bewegung, und sie beschleunigt alle biblischen Akteure um so mehr, je näher die Geburt des Erlösers heranrückt. Die Gottesmutter eilt zunächst zu Elisabeth ins Bergland von Judäa. Darauf eilt sie mit Joseph nach Bethlehem, ganz profan, um ihre Steuerklärung abzugeben. Währenddessen eilen die drei Weisen aus dem Morgenland (von der Einheitsübersetzung zu »Sterndeutern aus dem Osten« verunstaltet), einem Stern hinterher. Der vielbeklagte Weihnachtsstress gehört also schon zur Weihnachtsgeschichte selbst. Vielleicht kommen wir dem Ziel unserer eigenen weihnachtlichen Eile näher, wenn wir das Laufen der Hirten zu verstehen suchen. Warum beeilen sich die Hirten so und rennen stolpernd durch die Nacht?

Als der Engel ihnen erschienen war, blieben sie nicht stehen wie Kinder vor dem weihnachtlichen Schaufenster. Auch verharrten sie nicht im passiven Selbstgenuss einer geistlichen Erfahrung. Sie ließen die göttliche Offenbarung der Engel im Rücken. Die Hirten werden zu Zeugen und Trägern einer göttlichen Botschaft. Sie werden dabei nicht überfordert, denn die Worte des Engels knüpfen bei ihrem religiösen Vorwissen an: »Heute ist in der Stadt Davids der Retter geboren; er ist der Messias der Herr« (Lk 2,11). Auch haben ihnen die Engel gesagt, auf welche Erkennungszeichen sie achten sollen: »Ihr werdet ein Kind finden, das in Windeln gewickelt in einer Krippe liegt« (Lk 2,12). Am Ziel ihrer nächtlichen Wanderung finden die armen Hirten nur noch ärmere Menschen, als sie selbst es sind. Sie haben auf dem Feld Außergewöhnliches erfahren und sind zum Allergewöhnlichsten gelaufen: zu einem armseligen Kind im steinernen Futtertrog. Auf byzantinischen Weihnachtsikonen steht der Trog wie ein Sarkophag in der schwarzen Nacht der Höhle von Bethlehem. Dieser deutet bereits auf das Felsengrab in Jerusalem hin.

Wer den Lauf der Hirten eilend mitvollzieht, der vollzieht die Abstiegsbewegung des menschgewordenen Gottes selbst mit: »So sehr hat Gott die Welt geliebt, dass er seinen einzigen Sohn hingab« (Joh 3,16). Gott selbst hat seine Herrlichkeit zurückgelassen und wird sterblicher Mensch in der unscheinbaren Gestalt eines Kindes.

Die Hirten eilen zum Ausgangspunkt der göttlichen Abstiegsbewegung. Sie wird über die Flucht nach Ägypten, das verborgene Leben in Nazareth und die Versuchung in der Wüste das Dasein eines ständig bedrängten und erschöpften Wanderpredigers bis an die Geißelsäule und das Kreuz führen. Darum hat Kierkegaard recht, wenn er in seinen Tagebüchern schreibt: »Auch dies ist mir eine unerklärliche Form von Geistlosigkeit, wie ein Mensch so auf Tag und Glockenschlag einen bestimmten Eindruck vom Religiösen haben kann: Weihnachten weihnachtsfroh sein und dann überhaupt nicht an Karfreitag denken, am Karfreitag tief traurig sein, und dann überhaupt keinen anderen Eindruck haben. Dies ist der Beweis dafür, dass das Religiöse einem etwas völlig äußerliches ist.«[1]

Unwiderruflich angenommen

Den Anforderungen Kierkegaards entspricht ganz die Weihnachtsbetrachtung im Exerzitienbüchlein des heiligen Ignatius von Loyola: »Schauen und erwägen, was Maria und Joseph tun, wie sie reisen, wie sie sich anstrengen, dazu hin, dass der Herr in größter Armut geboren werde, und am Ende von so viel Mühen, von Hunger und Durst, von Hitze und Kälte, von Schmähungen und Anwürfen, am Kreuz sterbe – und alles das für mich.«[2]

Die Hirten antworten mit ihrem Lauf auf einen Ruf, der ihnen gilt, und finden, was ihnen angekündigt wurde: »So eilten sie hin und fanden Maria und Josef und das Kind« (Lk 2,16). Das Kind ist nicht allein. Es ist bereits unwiderruflich in dieser Welt angenommen worden. Das Ja Gottes zur Welt ist endgültig Fleisch und Blut geworden aus Maria, dem Urbild der Kirche, als Jungfrau und Mutter. Maria ist Mutter, weil sie das von Gott gesprochene Ja der Liebe angenommen hat. Der Sohn Gottes hat sich ganz in die Endlichkeit preisgegeben und hat nichts für sich zurückbehalten. Die Mutter ist Jungfrau, weil Gott immer der größere bleibt und sich nicht in irdische Pläne hineinverschlingen lässt. Maria bleibt als Mutter stets die ledige Magd, da sie die Gabe nur hat, wenn sie sie nicht für sich hat, sondern im Dienst an den Vielen.

Die Gabe der erlösenden Liebe ist immer die Gabe für die Vielen, Brot (Bethlehem heißt »Haus des Brotes«) und Wein für das Leben der Welt. Nur in dieser marianischen Grundhaltung kann in der Kirche die Gabe weitergeschenkt werden: wenn der Geber sich nicht ständig selber sieht und meint. Von Geschenken der Hirten an das Jesuskind berichtet das Lukasevangelium nichts. Dennoch ist es nicht falsch, wenn Lieder und Krippenfiguren Gaben der Hirten bezeugen. Die Gaben gehören zum Weihnachtsfest, weil die Liebe sich freut, schenken und empfangen zu dürfen. Das Gegenstück zu den armen Hirten bei Lukas sind im Matthäusevangelium, das keine Hirten erwähnt, die Weisen aus dem Morgenland. Sie sind die Repräsentanten der heidnischen Völker. Zusammen mit den Hirten stellen sie die Einheit von Armut und Reichtum als das Geheimnis von Christi Geburt dar. »Denn ihr wisst, was Jesus Christus, unser Herr, in seiner Liebe getan hat: Er, der reich war, wurde euretwegen arm, um euch durch seine Armut reich zu machen« (2 Kor 8,9).

Der Choral nach dem Text von Paul Gerhardt im Weihnachtsoratorium von Bach trifft sehr genau die innere Haltung der Hirten und der Könige im Stall von Bethlehem. Mit diesem Gesang drücken auch die Gläubigen ihre Hingabe aus: »Ich steh an deiner Krippe hier, o Jesulein, mein Leben, ich komme, bring und schenke dir, was du mir hast gegeben. Nimm hin, es ist mein Geist und Sinn, Herz, Seel' und Mut, nimm alles hin, und laß dir's wohl gefallen.« Wer Gott eine Gabe gibt, wie die Könige, der opfert. Wie das Alte Testament sagt, ist das Opfer eine Weise der Begegnung zwischen Gott und Mensch. »Man soll das Angesicht Jahwes nicht mit leeren Händen schauen, sondern jeder mit seiner Gabe, die dem Segen entspricht, den Jahwe, dein Gott, dir gegeben hat« (Dtn 16,16 f.).

Wir selber und alles, was wir schon immer empfangen haben, das ist unsere Gabe. Erstaunlich ist die Übereinstimmung des Bach-Chorals mit dem »Suscipe« genannten

Gebet aus dem Exerzitienbüchlein des Ignatius: »Nimm dir, Herr, und übernimm meine ganze Freiheit, mein Gedächtnis, meinen Verstand und meinen ganzen Willen, mein ganzes Haben und Besitzen. Du hast es mir gegeben, zu Dir, Herr, wende ich es zurück; das Gesamte ist Dein; verfüge nach Deinem ganzen Willen, gib mir Deine Liebe und Gnade, denn das ist mir genug.«[3]

Auf ihrem Heimweg zurück zu den Herden und in ihre Alltäglichkeit wunderten sich die Hirten nicht über die Armseligkeit des Kindes, das sie gefunden hatten, sondern sie »rühmten Gott und priesen ihn für das, was sie gehört und gesehen hatten« (Lk 2,20). Sie waren erfüllt von großer Freude.

Dieses Thema der Freude durchzieht das gesamte Lukasevangelium: Wir hören von der Freude der so lange kinderlosen Elisabeth über ihre Schwangerschaft, der Freude bei der Begegnung zwischen Maria und Elisabeth (»In dem Augenblick, da ich deinen Gruß hörte, da hüpfte das Kind vor Freude in meinem Leib«, Lk 1,44), bis zur Freude der Apostel nach der Himmelfahrt des Auferstandenen (»Da kehrten die in großer Freude zurück und sie waren immer im Tempel und priesen Gott«, Lk 24,52 f.).

Die Hirten freuen sich, weil sie die Zuwendung Gottes erfahren haben, des Gebers selbst. Sie danken für die empfangene Gabe. Sie danken für die Verbundenheit mit Gott. Sie sind dankbar, weil sie wissen, wie wenig selbstverständlich die Gabe eigentlich ist. Die Hirten und die Könige wollten eine Antwort von Gott, darum eilten sie durch die Nächte. Sie wollten wissen, ob sie vor seinem Angesicht annehmbar sind. Sie sind nun dankbar und glücklich, weil sie erfahren haben, dass sie angenommen sind. So können sie auch sich selbst annehmen und die Mitmenschen. Daher ist die Feier der Weihnacht die Feier der Gemeinschaft zwischen Gott und Mensch: Gott schenkt uns die Gewissheit, angenommen zu sein: »Laufet, ihr Hirten, ihr seid angenehm, mehr als die Bürger von Bethlehem.«

1 Sören Kierkegaard: Die Tagebücher. Bd. 4, Düsseldorf / Köln 1970, S. 88.

2 Ignatius von Loyola: Die Exerzitien, Einsiedeln 1965, Nr. 116, S. 35.

3 Ebd. Nr. 234, S. 60.

III.

Zur Verkündigung des Weihnachtsgeheimnisses

Vater Silouan, Kloster Barnova, Rumänien, 2007, Privatbesitz

Die byzantinische Weihnachtsikone

Vielfach wird im Westen irrtümlich angenommen, dass in der russisch-orthodoxen Kirche das Weihnachtsfest erst am 6. Januar, dem Epiphaniefest, gefeiert wird. Auch in Russland wird am 25. Dezember Weihnachten gefeiert, nur beträgt die Differenz des älteren julianischen Kalenders zum gregorianischen Kalender inzwischen vierzehn Tage. An diesem »Fest der Geburt unseres Herrn und Gottes und Erlösers Jesus Christus dem Fleische nach« wird auch bereits der Anbetung der Weisen aus dem Morgenland gedacht. Der 6. Januar steht ganz im Zeichen der Taufe Jesu im Jordan als der Offenbarung des dreifaltigen Gottes und der großen Wasserweihe.

Die Weihnachtsikone ist ein Sammelbild, auf dem verschiedene Einzelereignisse zueinander in Beziehung gesetzt werden und die eine Fülle von typologischen Verweisen zwischen dem Alten und dem Neuen Testament enthält. In mittel- und spätbyzantinischer Zeit nahm sie ihre bis heute gültige kanonische Gestalt an, deren vielschichtiger theologischer Gehalt hier andeutungsweise entfaltet werden soll. Für den westlichen Betrachter eher ungewohnt findet die Geburt des Gottessohnes nicht in einem Stall, sondern in einer klaffenden Höhle statt. Hinter dem steinernen Futtertrog mit dem streng gewickelten Neugeborenen darin, über das sich Ochs und Esel beugen, liegt eine abgründig schwarze Finsternis. Über der Geburtsgrotte ragt ein zerklüfteter und gespaltener Berg auf, überspannt vom Himmelsgewölbe, aus dessen Unendlichkeit golden die Sterne blinken. Das Geschehen umgreift den ganzen Kosmos, die gesamte Schöpfung: Gott wird Mensch und steigt herab bis in die dunkelsten Abgründe menschlicher Existenz.

Als Ahas, der König von Juda, vom Propheten Jesaja im Namen Gottes aufgefordert wird: »Erbitte dir ein Zeichen, sei es von unten aus der Unterwelt oder von oben aus der Höhe« (Jes 7,11), weiß er nicht, worum er bitten soll. Da offenbart ihm der Prophet, wodurch Gott alle menschlichen Bitten erfüllen und Himmel und Erde verbinden wird: »Darum wird euch der Herr von sich aus ein Zeichen geben: Seht, die Jungfrau wird ein Kind empfangen, sie wird einen Sohn gebären, und sie wird ihm den Namen Immanuel

(Gott mit uns) geben« (Jes 7,14). Der Gottessohn kommt ganz als Geschenk von Gott und zwar so, dass er zugleich ganz Mensch ist.

Mit der sarkophagartigen Futterkrippe und dem mumienhaften Wickelkind wird schon auf die Grabeshöhle verwiesen: Der Abstieg des göttlichen Wortes in seiner Fleischwerdung schließt den stellvertretenden Sühnetod und den Höllenabstieg, wie ihn die Auferstehungsikone zeigt, mit ein. Die tiefe Symbolik der Geburtsgrotte schließt aber auch nicht aus, dass sie auf eine alte Ortsüberlieferung in Bethlehem zurückgeht, wo bereits Kaiser Konstantin eine Basilika errichten ließ. Man denke auch an die Schutzhöhlen für die Hirten und ihre Herden, die man bis heute dort sehen kann. Im Lukasevangelium wird weder ein Stall noch eine Höhle, sondern nur ein Futtertrog erwähnt. Die oftmals baufälligen und heruntergekommenen Stallungen auf westlichen Weihnachtsbildern haben ihren Ursprung ebenfalls in einem Prophetenwort, hier aus dem Buch Amos: »An jenem Tag richte ich die zerfallene Hütte Davids wieder auf und bessere ihre Risse aus, ich richte ihre Trümmer auf und stelle alles wieder her wie in den Tagen der Vorzeit …« (Am 9,11).

Bereits die ältesten Weihnachtsdarstellungen zeigen das Jesuskind – wie bis heute die Ikonenmalerei – in der Krippe zwischen Ochs und Esel ohne Maria und Joseph. Im griechischen Alten Testament heißt es beim Propheten Habakuk: »Inmitten der beiden Tiere wirst du dich kundtun« (Hab 3,2). Die zweite Begründung für die im Neuen Testament ungenannten, aber heute nicht mehr wegzudenkenden Krippentiere lieferte wiederum Jesaja, der die Enttäuschung Gottes über sein Volk so ausdrückte: »Der Ochse kennt seinen Besitzer und der Esel die Krippe seines Herrn; Israel aber hat keine Erkenntnis, mein Volk hat keine Einsicht« (Jes 1,3). In der Deutung der Kirchenväter steht der Ochse für Israel, das unter dem Joch des mosaischen Gesetzes lebt und der Esel für die Heidenvölker, die an der Last des Götzendienstes zu tragen haben. Die Fülle der Zeit ist nun gekommen, da Gott beschlossen hat, »in Christus alles zu vereinen, was im Himmel und auf Erden ist« (Eph 1,10).

Vor der Geburtsgrotte ruht halb aufgerichtet Maria, die Gottesmutter, auf einem purpurnen Liegepolster. Ihre Haltung drückt ihre ganze Sendung aus. Die weiblich empfangende marianische Grundhaltung ist für alle Glaubenden normativ und die Voraussetzung für alle Aktivität der Kirche. Das ganze Marienleben ist ein höchst aktives sich von Gott Verfügenlassen, wie Hans Urs von Balthasar gezeigt hat: »Die Begegnung mit dem Engel, die Verlegenheit mit Joseph, die Geburt, die Flucht, das verborgene Leben, der Abschied vom Sohn, Kana, die Abweisung, das Kreuz und die Kreuzabnahme, Ostern und Pfingsten, das verborgene Leben mit Johannes … Nichts davon wäre im Voraus von Maria für möglich gehalten worden, nichts wurde heimlich unbewusst angestrebt und herbeigeführt. Alle Bilder sind reines Geschenk von oben und nur als solches vollste, persönlichste Erfüllung ihres Lebens. Ihr Auftrag war kein anderer als die ganze Hingabe, die restlose Gelassenheit. In der marianischen Hingabe, dem höchsten Fall jeder christlichen und menschlichen Haltung vor Gott, liegt keine Passivität oder Resignation. Sie fordert im Gegenteil alle aktiven Kräfte des Menschen, die Anstrengung, alles fernzuhalten, was die reine Aufnahme der göttlichen Botschaft und Substanz und ihre Darlegung trüben könnte.« Am unteren rechten Bildrand wird der Neugeborene von den Hebammen gebadet. Das Badebecken erinnert an das Bad der Taufe: »Allen aber, die ihn aufnahmen, gab er Macht, Kinder Gottes zu werden, allen, die an seinen Namen glauben, die nicht aus dem Blut, nicht aus dem Willen des Fleisches, nicht aus dem Willen des Mannes, sondern aus Gott geboren sind« (Joh 1,12 f.). Bereits die Geburtsgeschichten bei den Evangelisten Matthäus und Lukas lässt kein Zweifel daran zu, dass die beiden Verfasser an die Jungfrauengeburt im real geschichtlichen Sinne geglaubt haben und diesen Glauben vermitteln wollten. Dieser Absicht der Evangelisten dient auch die Weihnachtsikone.

Unterhalb der Gottesmutter sitzt der heilige Joseph. Vielfach wird er mit dem Rücken zu einem Baumstamm dargestellt, der abgehauen wurde und einen neuen Trieb gebildet hat: »Aus dem Baumstumpf Isais wächst ein Reis hervor, ein junger Trieb aus Seinen Wurzeln bringt Frucht. Der Geist des Herrn lässt sich auf ihm nieder« (Jes 11,1 f.). Isai, in der lateinischen Bibel Jesse genannt, stammte aus Bethlehem und war der Vater des Königs David, dem verheißen war, dass aus seinem Geschlecht der Messias hervorgehen werde.

Der Prophet Jesaja kommt noch ein zweites Mal auf die Davidverheißung zu sprechen: »An jenem Tag wird es der Spross aus der Wurzel Isais sein, der dasteht als Zeichen für die Nationen, die Völker suchen ihn auf, sein Wohnsitz ist prächtig« (Jes 11,10). Darum wird Isai im Matthäusevangelium auch unter den Vorfahren Jesu genannt (Mt 1,6). Der Stammbaum Jesu endet mit Joseph, der mit der Annahme dieses Kindes ihm auch die Davidssohnschaft schenkt. In der Deutung der Väter ist Maria der Schössling aus der Wurzel Isai, mit Christus als Blüte oder Frucht. Der in sich versunkene Joseph denkt nach über das Geheimnis der jungfräulichen Empfängnis und Geburt Marias. Bereits der heilige Hieronymus nannte den Propheten Jesaja den fünften Evangelisten.

Die zentrale Rolle der Prophetien des Jesaja für die Deutung der byzantinischen Weihnachtsikone hat einige Ostkirchenkundler zu der Annahme geführt, in dem bärtigen Alten im dunklen Fellkleid, der sich vor dem heiligen Joseph auf einen Stock stützt, den Propheten Jesaja personifiziert zu sehen. Joseph erscheint dann von einem dichten Bezugssystem alttestamentlicher Typologien umgeben, die ihren Sinn nur in christologischer Deutung erschließen. Die ganze Heilsgeschichte Israels ist auf Christus hin angelegt und nur von ihm her verständlich. So mancher Bibelwissenschaftler besonders unter den Alttestamentlern sollte es wie der heilige Joseph machen und dem im Alten Bund verheißenen Sohn Davids den Namen Jesus geben.

Der Stern von Bethlehem empfängt auf der Ikone sein dreistrahliges Licht von Gott, aus dem Bereich über dem Himmelsgewölbe. In die finstere Grabeshöhle der seit Adam todesverfallenen Menschheit leuchtet das göttliche Licht: »Und das Wort ist Fleisch geworden und hat unter uns gewohnt, und wir haben seine Herrlichkeit gesehen, die Herrlichkeit des einzigen Sohnes vom Vater, voll Gnade und Wahrheit« (Joh 1,14). Bereits der heidnische Prophet Bileam hat den Messias mit einem Stern in Zusammenhang gebracht: »Ein Stern geht auf in Jakob, ein Zepter erhebt sich in Israel« (Num 24,17), und Christus sagt von sich selbst: Ich bin »der strahlende Morgenstern« (Offb 22,16). Er ist dieses Licht der Welt für alle Völker: »Das Volk, das im Dunkel lebt, sieht ein helles Licht; über denen, die im Land der Finsternis wohnen, strahlt ein Licht auf … Denn uns ist ein Kind geboren, ein Sohn ist uns geschenkt. Die Herrschaft liegt auf seiner Schulter; … Auf dem Thron Davids herrscht er über sein Reich; er festigt und stützt es durch Recht und Gerechtigkeit, jetzt und für alle Zeiten« (Jes 9,1.5–6).

Auf vielen Weihnachtsikonen kommen die drei Weisen aus dem Morgenland zu Pferd zum Gottesberg und zu Maria, der Mutter der Kirche, dem neuen Zion und fragen: »Wo ist der neugeborene König der Juden? Wir haben seinen Stern aufgehen sehen und sind gekommen, um ihm zu huldigen« (Mt 2,2). Damit wird gesagt, dass auch den Völkern in der Dunkelheit des Heidentums das Licht der Wahrheit aufstrahlt: »Völker wandern zu deinem Licht und Könige zu deinem strahlenden Glanz« (Jes 60,3). Dass die persischen oder babylonischen Magier, die dem Stern, vielleicht eine Konjunktion von Jupiter und Saturn im Jahre 7 v. Chr., gefolgt sind, Könige genannt werden, geht auf Jesaja zurück. Ebenso sind ihre Gaben und die Exotik ihres Gefolges, die Malerei und Krippenbaukunst seit Jahrhunderten immer neu inspirieren, im Buch Jesaja vorgebildet: »… die Schätze der Völker kommen zu dir. Zahllose Kamele bedecken dein Land, Dromedare aus Midian und Efa. Alle kommen von Saba, bringen Weihrauch und Gold und verkünden die ruhmreichen Taten Gottes« (Jes 60,5f.).

Die drei im Matthäusevangelium genannten Gaben nahm man als Hinweis auf die nicht genannte Zahl der Weisen. Die traditionelle Symbolik der Geschenke findet sich schon bei Basilius dem Großen: »So haben die Magier ihm als einem König Gold, als einem Sterblichen Myrrhe und als Gott Weihrauch geopfert.« Zu Beginn des Matthäusevangeliums kommen die Vertreter der Heidenvölker zu Christus, dem »Licht der Welt« (Joh 8,12) und bringen ihre Opfergaben. Am Ende des Evangeliums sendet der Auferstandene die Apostel in alle Welt: »Geht zu allen Völkern, und macht alle Menschen zu meinen Jüngern; tauft sie auf den Namen des Vaters und des Sohnes und des Heiligen Geistes« (Mt 28,19). Der Heilswille Gottes gilt allen Völkern: »Alles im Himmel und auf Erden wollte er zu Christus führen, der Frieden gestiftet hat am Kreuz durch sein Blut« (Kol 1,19f.). Dazu ist die Kirche in die Welt gesandt, und sie ist wahrhaft universal und katholisch, wenn man mit Jesaja von ihr sagen kann: »Deine Tore bleiben immer geöffnet, sie werden bei Tag und bei Nacht nicht geschlossen, damit man den Reichtum der Völker zu dir hineintragen kann, auch ihre Könige führt man zu dir« (Jes 60,11).

Während im Matthäusevangelium die drei Weisen als Vertreter der Völker den menschgewordenen Gottessohn anbeten, sind es im Lukasevangelium die Hirten als die Vertreter des Judentums, die als erste die Botschaft hören und glaubend annehmen. Die Hirten sind die Armen Israels, aber, weil sie Nachtwache halten, auch die adventlichen Menschen, die noch etwas von Gott erwarten. Der Hirte wendet sich den Verkündigungsengeln zu. Die neue und unerhörte Botschaft des Engels hat eine lange Vorgeschichte. Der Ort des Geschehens wurde bereits angekündigt: »Aber du Bethlehem-Efrata, so klein unter den Gauen Judas, aus dir wird mir einer hervorgehen, der über Israel herrschen soll. Sein Ursprung liegt in ferner Vorzeit, in längst vergangenen Tagen. Darum gibt der Herr sie preis, bis die Gebärende einen Sohn geboren hat. … Er wird auftreten und ihr Hirt sein« (Mi 5,1–3). Gemäß der Verheißung an den Hirtensohn David wird Gott selbst das Hirtenamt übernehmen: »Jetzt will ich meine Schafe selber suchen und mich selber um sie kümmern« (Ez 34,11). Der eine Hirte aller Völker ist gekommen und wird zum Vorbild aller Hirten (lateinisch: *pastores*): »Ich bin der gute Hirte. Der gute Hirte gibt sein Leben hin für die Schafe« (Joh 10,11).

Die Ikone fordert den Betrachter auf, in der Heiligen Nacht zusammen mit den himmlischen Heerscharen, mit Maria und Joseph, den Hirten und den drei Königen in das Gloria mit einzustimmen. Denn entgegen einer Erlösungslehre, die behauptet, dass Gott Mensch geworden sei, um so den Menschen zu vergöttlichen, muss man festhalten, dass nach christlichem Verständnis die Endgültigkeit des Menschen sich in der Anbetung Gottes erfüllt. Es fehlen noch die Tiere auf der Ikone. Es kann ein Rehbock darunter sein, der unter dem Stammbaum Isais friedlich ruht, weil der Herr verheißen hat: »Ich rotte die wilden Tiere im Land aus. Dann kann man in der Steppe sicher wohnen und in den Wäldern schlafen« (Ez 34,25). Auch spielt manchmal ein weidende Hirsch auf die messianische Endzeit an: »Dann springt der Lahme wie ein Hirsch … und die Bäche fließen in der Steppe« (Jes 35,6). An den Felsenhängen finden die Schafe Wasser: »Ihr werdet Wasser schöpfen voll Freude aus den Quellen des Heils« (Jes 12,3), die Fülle der Gnadengaben Christi vermittelt die Kirche in den Sakramenten.

Wie die Weihnachtsikone zeigt, ist Maria im orthodoxen wie auch im katholischen Glaubensverständnis nicht aus der Theologie gestrichen worden, sondern im Zentrum als der Zugang zu Christus zu finden. Maria wirkt immer an der Entstehung des Leibes Christi mit. So soll auch die Kirche in ihrer Ganzhingabe nach dem Vorbild der jungfräulichen Mutter Maria das Werk Christi in der Welt fortsetzen und an der Vollendung der Erlösung in Glaube und Liebe aktiv mitwirken.

Muttergottes Schutz und Fürbitte (Pokrov), Zentralrussland, Anfang 19. Jahrhundert, Ikonen-Museum Recklinghausen

Romanos der Melode und seine Weihnachtsdichtung

»Die Jungfrau gebiert heute den über allem Sein Seienden,/ und die Erde bietet dem Unzugänglichen eine Höhle dar./ Engel lobsingen mit den Hirten,/ die Weisen ziehen ihren Weg mit dem Stern:/ Denn geboren wurde für uns/ ein kleines Kind, der ewige Gott.« So beginnt das Weihnachtslied des byzantinischen Dichters Romanos, genannt der Melode (griech.: Lieddichter, Sänger). Die Einleitung erscheint wie die Zusammenfassung der auf der Ikone zum Geburtsfest Christi dargestellten Ereignisse: Engel und Menschen singen das Gloria, die Weisen reiten – dem Stern folgend – übers Gebirge. Alles wurde ausgelöst durch die Geburt des Gottessohnes in einer Höhle durch die Jungfrau Maria.

Zur Entstehung der Bildinhalte der Weihnachtsikone haben gleichermaßen die biblischen Lesungen der Weihnachtsliturgie wie der Hymnus des Romanos beigetragen. Als Romanos sein Lied schrieb, wurde das Geburtsfest Christi am 25. Dezember gerade einmal hundert Jahre gefeiert. Zwar hatte bereits Kaiser Konstantin eine Basilika über der Geburtshöhle in Bethlehem gebaut, aber offiziell wurde das Weihnachtsfest erst im Jahr 380 im byzantinischen Reich von Rom übernommen. Romanos, ein Mönchsdiakon, wurde um 485 in Syrien geboren und starb vor 562 in Konstantinopel. Man datiert den Kontakion genannten Hymnus in die letzten Jahre der Regierungszeit des Kaisers Anastasios I. (491–518).

Die literarische Gattung der Kontakia wurde nach dem Stab, griech. Kontakion, benannt, um den die Schriftrollen gewickelt wurden. Das Kontakion hatte die Aufgabe, den theologischen Festinhalt zu vermitteln, und folgte in der Liturgie auf das Evangelium. Romanos hat also mit seinem Weihnachtslied eine Art Predigt in Gedichtform geschrieben. Insgesamt 24 Strophen folgen auf die Einleitung. Alle Strophen enden mit dem Kehrvers: »Denn geboren wurde für uns/ ein kleines Kind der ewige Gott.« Bereits die erste Strophe schlägt den heilsgeschichtlichen Bogen zurück zur Vertreibung aus dem Paradies: »Bethlehem öffnete Eden … kommt lasst uns empfangen die Paradiesesgaben in der Höhle.«[1] Was Adam und Eva durch eigene Schuld verloren haben, erneuern nun der neue Adam Christus und seine Mutter, die neue Eva. Sodann betont Romanos die Jungfrauengeburt mit alttestamentlichen Bildern. Adam erwartet die Neuschöpfung des Menschengeschlechtes im neuen Adam. Im Stammbaum Jesu geht der Evangelist Lukas bis auf Adam zurück und sagt damit: Jesus ist ganz Mensch und doch zugleich allein der Sohn des himmlischen Vaters. Darum die Geburt aus der Jungfrau und Mutter: Eva hat die »Paradiesesgaben« selbst genommen, um von Gott unabhängig zu sein. Maria empfängt, ohne für sich etwas zu wollen, ohne über sich zu verfügen.

In der zweiten Strophe spricht Maria das Kind in der Krippe an als «mein Fleisch und Blut« und fragt: »Sag mir, Kind, wie wurdest du mir eingesät, wie eingepflanzt?« Jesus Christus verdankt sich als wahrer Mensch seiner Mutter, darum sagt das Apostolische Glaubensbekenntnis über ihn: »Geboren aus der Jungfrau Maria«. Das einmalige Verhältnis des Sohnes zum göttlichen Vater bedingt die Geburt aus der Jungfrau Maria.

In der dritten Strophe wird die Abstiegsbewegung Gottes in die Armut des Kindes mit vollzogen bis in die Erfahrung der Mutter, dass sie und das göttliche Kind auf Erden nicht willkommen sind: »Siehe, keinen Platz hat deine Dienerin in der Herberge:/ keinen Platz, sage ich, sie hat nicht einmal eine Höhle,/ denn selbst diese gehört anderen.« Mit dem Bezug auf das Patriarchenpaar greift Maria zurück auf den Beginn des Bundes Gottes mit Israel: »Als Sarah ein Kind gebar,/ wurden ihr große Ländereien zuteil, mir nicht einmal ein Lager.« Matthäus lässt den Stammbaum Jesu mit Abraham beginnen. Maria stellt sich selbst seiner Frau Sarah gegenüber: Mit dem Sohn der Verheißung erhielt die unfruchtbare Sarah zugleich von Gott das Land der Verheißung, während der Menschensohn aus der Jungfrau Maria für sich und seine Mutter »keinen Ort hat, wo er sein Haupt hinlegen kann« (Mt 8,20). Alle gnadenhaft geschenkten Kinder unfruchtbarer Frauen im Alten Bund von Sarah bis Elisabeth sind so Vorausbilder der Jungfrauengeburt. Zugleich ist Maria die Tochter Zion mit ihrem Jawort »Siehe ich bin die Magd des Herrn, an mir geschehe gemäß deinem Wort« (Lk 1,38) die vollkommen Glaubende, die Verwirklichung des Glaubens Abrahams und ganz Israels. Während Sarah ungläubig lachte, als ihr ein Sohn verheißen wurde, sprach Maria ihr uneingeschränktes Jawort zur jungfräulichen Mutterschaft. Im Glaubensgehorsam Marias sammelt Gott erneut sein Volk. Im Zueinander von göttlichem Sohn und menschlicher Mutter realisiert sich das Bundesverhältnis von Gott und Mensch, Bräutigam und Braut. Darum wird Maria zum Urbild der Kirche.

In der vierten Strophe treffen die Weisen vor der Höhle ein und fragen nach der Mutter des »vaterlosen Sohnes.« Wunderbar fasst Romanos in der fünften Strophe den Glauben der »Herrscher des Ostens« zusammen: »Ganz genau erklärte uns ja Bileam/ den Sinn der Worte, die er prophezeite,/ als er sagte, dass ein Stern aufgehen wird.«

Auch die Vertreter der Heidenvölker empfangen das Heil von den Juden, denn allein die biblische Prophezeiung Bileams lässt sie den Stern richtig deuten: »Ein Stern wird aufgehen aus Jakob, und ein Mensch wird aufstehen aus Israel …« (Num 24,17).

Maria ist in der sechsten Strophe erstaunt und zu Tränen gerührt über den Glauben der drei Weisen und spricht zum Kind: »Dein Antlitz zu sehen/ verlangen und flehen die Reichen deines Volkes;/ denn wahrhaft dein Volk sind diese, die in dir erkannten/ ein kleines Kind, den ewigen Gott.«

Daraufhin »berührte Christus unsichtbar die Seele seiner Mutter« und wünscht, dass die Vertreter der Heidenvölker zu ihm in die Höhle kommen dürfen: »Empfange, die mich empfangen haben!/ In ihnen ruhe ich wie in deinen Armen,/ die Vereinigung mit ihnen ist keine Trennung von dir.« Maria öffnet den Zutritt der Glaubenden zum Gottessohn, sie behält ihn nicht für sich, sondern wird Urbild der Kirche und Mutter aller Glaubenden, da sie allen die geistige Gottesgeburt im Raum der Kirche eröffnet. Maria führt zu Christus und nicht zu sich selbst, zugleich aber führt der Zugang zu Christus über Maria, das Urbild der Kirche: »Die Tür öffnete die Eröffnete,/ und doch des Schatzes der Unberührbarkeit nicht Beraubte.« Als die Weisen nach Jerusalem kamen, suchten sie »eine gewaltige Rechtfertigung«, doch fanden sie das Allerheiligste im Tempel leer ohne die »Bundeslade samt all den Gütern, die sie einst enthielt.« Maria ist die neue Bundeslade, aus der das Wort Gottes Fleisch geworden ist. Ihre Geschenke übergeben die Weisen in einer Opferhandlung an Christus: Sie hielten »die Geschenke in ihren Händen hoch und beteten/ das Geschenk aller Geschenke, das Salböl aller Salböle an.« Mit ihren Opfergaben bitten die Stellvertreter aller Heidenvölker darum, vom Messias, dem mit dem Heiligen Geist Gesalbten, angenommen zu werden, der sich selbst allen Menschen zum Geschenk macht. Romanos lässt die Weisen ihre Geschenke trinitarisch deuten: »Gold, Myrrhe, auch Weihrauch brachten sie Christus dar/ und riefen: Nimm an das dreifache Geschenk,/ wie den dreifach heiligpreisenden Hymnus der Seraphim!« War doch die erste Offenbarung der Dreifaltigkeit, als der Engel Maria die Botschaft brachte, die Botschaft, dass einer aus der Dreifaltigkeit Mensch werden wird. Die Weisen bitten durch Maria Christus um die Annahme ihres Opfers. Maria wird die Fürbitterin der in Christus geeinten Menschheit: »Da die Untadelige nun sah, wie die Magier/ neue, schimmernde Geschenke in Händen trugen und sich hinwarfen,/ wie der Stern erhellte, wie die Hirten lobpreisen,/ da flehte sie den Schöpfer und Herrn dieser aller an:/ Eine Dreifaltigkeit(!) der Geschenke nahmst du an, Kind,/ so gewähre mir deiner Gebärerin, drei Bitten!« Maria als die erste in der Gemeinschaft der Heiligen verwirklicht so dienend ihr Muttersein für die Glieder des Leibes Christi.

Auf das Leitthema der ersten Strophe »Bethlehem öffnet Eden« verweist nun in der vorletzten, Strophe Maria selbst zurück, wenn sie über ihre eigene heilsgeschichtliche Rolle nachdenkt: »Denn nicht nur deine Mutter bin ich, gütiger Erretter/ nicht vergebens stille ich den, der alle Milch gewährt,/ sondern für alle bitte ich dich/ du machtest mich zum Mund und Stolz meines ganzen Geschlechtes,/ hat doch in mir der ganze Erdkreis/ einen starken Schirm, Wall und Stütze./ Zu mir schauen alle auf, die verbannt wurden/ von den Freuden des Paradieses, da ich sie zurückführe,/ auf dass sie alle wahrnehmen durch mich, die dich geboren hat,/ ein kleines Kind, den ewigen Gott.« Mit einem Gebet der Gottesmutter beschließt Romanos seine große Weihnachtsdichtung: »Rette die Welt, Retter; denn deswegen kamst du!/ Richte all das Deine auf,/ denn deswegen erstrahlst du/ mir und den Magiern und der ganzen Schöpfung!« Die Rettung kommt vom Kreuz her, allein Christus ist der Erlöser. Maria hat mit der Darstellung des Kindes im Tempel dem göttlichen Vater den Sohn zurückgegeben. Scheinbar ein rein praktischer Gedanke steht ganz am Ende des Weihnachtsliedes: »Siehe, die Magier … bringen dir Geschenke dar,/ nützliche, gute, höchst begehrte,/ welcher ich bedarf, denn ich will/ nach Ägypten gehen, auf der Flucht mit dir um deinetwillen,/ mein Führer, mein Sohn, mein Schöpfer, der mich reich macht,/ ein kleines Kind, der ewige Gott.« Romanos gibt Maria die Initiative zur Flucht nach Ägypten und betont damit wie im gesamten Text nochmals ihre aktive Rolle im Heilsgeschehen. Aus der alltäglichen Muttersorge um den nächsten Tag heraus freut sich Maria über die Gaben der Weisen als notwendige Mittel, um in der Fremde zu überleben. Über den Verweis auf die Verfolgung Jesu durch Herodes hinaus will Romanos damit wohl sagen, dass das Opfer der Heiden angenommen wurde, dass sie am Heil der Welt mitwirken dürfen und so von Gott angenommen werden.

Von dem einzigen individuellen Ereignis aus dem Leben des großen Weihnachtsdichters berichtet das Synaxarion zum 1. Oktober, dem Todes- und Gedenktag des heiligen Romanos. Es ist die Legende über die Entstehung seines Weihnachtsgedichtes: Romanos war Mönch in einem der Gottesgebärerin geweihten Kloster in Konstantinopel, »wo er auch die Gnadengabe empfing, Kontakia zu dichten. Es erschien ihm nämlich die heilige Gottesgebärerin am Abend der Geburt Christi im Traum, reichte ihm ein Papyrusblatt und befahl ihm, dieses hinunterzuschlingen. Nachdem er es verschlungen hatte, erwachte er sogleich, bestieg den Ambon und begann höchst melodisch zu singen: ›Die Jungfrau gebiert heute den über dem Sein Seienden.‹« Dem Propheten Ezechiel wurde von Gott eine Schriftrolle zu essen gegeben, die innen und außen »mit Klagen, Seufzern und Weherufen beschrieben war« (Ez 2,10). Sie wurde in seinem Mund »süß wie Honig« (Ez 3,3). Wenn die Gottesmutter Romanos das Weihnachtslied selbst in den Mund legt, bedeutet dies, dass die Kirche dieses Gedicht als eine authentische Interpretation der Weihnachtsgeschichte angenommen hat, wie dies ja auch durch die Aufnahme des Hymnus in die Liturgie des Geburtsfestes Christi bestätigt wurde. Wenn schon für Ezechiel die bitteren Worte der Schriftrolle in seinem Mund »süß wie Honig« schmeckten (Ez 3,3), so gilt dies umso mehr für die Schönheit der um den Stab, das Kontakion, gewickelten Weihnachtsdichtung des Romanos: »Fülle dein Inneres mit dieser Rolle, die ich dir gebe, und sie wurde in meinem Mund süß wie Honig.«

1 Der Hymnus wird zitiert nach der Übersetzung von Maria H. Duffner: Romanos der Melode: … denn für uns wurde geboren ein kleines Kind, der urewige Gott, Gersau 2001.

Georg Halter (1860–1924), Christi Geburt, Mischtechnik auf Holz, 1903, Flügelaltar St. Peter und Paul, Ebrantshausen

Die Weihnachtsvisionen der heiligen Birgitta von Schweden und ihr Einfluss auf das westliche Weihnachtsbild

Die Altartafel des »Konstanzer Meisters« von 1420 (Hamburger Kunsthalle) stellt das Weihnachtsgeheimnis mit einer Reihe von Einzelzügen dar, die der Maler im Neuen Testament nicht gefunden haben kann. Der Schlüssel zum Bildinhalt ist die gegenüber den Gestalten der Heilsgeschichte demütig verkleinerte, anbetende Frau hinter der Gottesmutter.

Es ist die heilige Birgitta von Schweden (1302/3–1373), mit deren Augen wir in den Stall von Bethlehem blicken.[1] Der Pilgerhut und die Tasche am Pilgerstab verweisen auf den viermonatigen Aufenthalt der Gründerin des Birgittenordens im Heiligen Land 1372. Bereits zwanzig Jahre zuvor hatte ihr die Gottesmutter 1350 eine Wallfahrt zu den heiligen Stätten angekündigt: »Du wirst dann auch nach Bethlehem gehen. Dort will ich dir an Ort und Stelle die ganze Art und Weise erklären, wie ich diesen meinen Sohn Jesus Christus geboren habe.« Im »Buch der himmlischen Offenbarungen«, das Mitglieder des Erlöserordens nach handschriftlichen Aufzeichnungen Birgittas nach ihrem Tod zusammengestellt und in lateinischer Übersetzung 1492 in Lübeck erstmals drucken ließen, finden sich die Schauungen aus der Geburtsgrotte unter der konstantinischen Basilika in Bethlehem im siebten Buch der in insgesamt neun Bücher eingeteilten Schrift: »Als ich an des Herrn Krippe zu Bethlehem war, sah ich eine Jungfrau; dieselbe war gesegneten Leibes, mit einem weißen Mantel und einem feinen Rock bekleidet, durch welchen ich von außen ihr jungfräuliches Fleisch deutlich sah. Ihr Leib war voll und sehr stark, denn sie war im Begriffe, niederzukommen.« Als die siebzigjährige Birgitta in der Geburtskapelle kniete und das Geheimnis der Jungfrauengeburt betrachtete, war sie bereits 28 Jahre Witwe. Sie hatte 1344 ihren Mann Ulf Gudmarsson nach 28 Ehejahren kurz nach dessen Klostereintritt bei den Zisterziensern im schwedischen Alvastra verloren, acht Kinder hatten sie miteinander. Der Sohn Karl, der die Mutter zusammen mit den Geschwistern Birger und Katharina ins Heilige Land begleiten wollte, war vor der Überfahrt in Neapel verstorben, wo er sich zum Leidwesen

Birgittas in eine leidenschaftliche Affäre mit der Königin Johanna verstrickt hatte. Noch am Tag der Bestattung des Sohnes bestieg die Reisegruppe um Birgitta das Schiff nach Zypern. Kurz vor dem Zielhafen Jaffa strandete das Schiff, und die Pilger hatten, als sie das rettende Heilige Land erreichten, all ihr Hab und Gut verloren. Die Schilderung des heiligen Joseph in der Weihnachtsvision der heiligen Birgitta entspricht in einigen Details dem Altargemälde: »Bei ihr befand sich ein gar ehrbarer Greis, und beide hatten einen Ochsen und einen Esel bei sich. Als sie in die Höhle eingetreten waren, band der Greis den Ochsen und den Esel an die Krippe, ging hinaus und brachte der Jungfrau eine angezündete Kerze, befestigte dieselbe an der Wand und ging wieder hinaus, um nicht persönlich bei der Niederkunft gegenwärtig zu sein.« Bereits im Proto-Evangelium des Jakobus wird der Esel als mitgebrachtes Reittier der Gottesmutter und eine Höhle als Geburtsort genannt. Im Lukasevangelium werden weder Stall noch Höhle noch Ochs und Esel erwähnt, sondern nur der Futtertrog als Lagerstatt des Neugeborenen. Den Ursprung der Krippentiere findet man im griechischen Alten Testament beim Propheten Habakuk: »Inmitten der beiden Tiere wirst du dich kundtun« (Hab 2,3) und in einem Jesaja-Wort, mit dem der Prophet die Enttäuschung Gottes über sein Volk ausdrückte: »Der Ochse kennt seinen Besitzer und der Esel die Krippe seines Herrn; Israel aber hat keine Erkenntnis, mein Volk hat keine Einsicht« (Jes 7,11). Die Geburtshöhle geht, wenn nicht doch eine lokale Reminiszenz vorliegt, auf die Marientypologie im Buch Daniel (2,34 f.) zurück.

Der »Konstanzer Meister«, der das wohl früheste Weihnachtsbild nach den Schauungen der heiligen Birgitta nördlich der Alpen schuf, hat allerdings keine Höhle, wie von Birgitta geschaut, gemalt, sondern einen heruntergekommenen Stall, der auch auf ein Prophetenwort zurückgeht: »An jenem Tag richte ich die zerfallene Hütte Davids wieder auf und bessere ihre Risse aus, ich richte ihre Trümmer auf und stelle alles wieder her, wie in den Tagen der Vorzeit« (Am 9,11). Ganz nahe am Text der Vision bringt ein greisenhafter Joseph eine Kerze und geht dezent wieder aus dem Bild. Ebenfalls im siebten Buch der Offenbarungen spricht Maria zu Birgitta über den heiligen Joseph: »Doch sollst Du für ganz gewiss wissen, wie Joseph, ehe er sich mit mir verlobte, im Heiligen Geist erkannte, dass ich meine Jungfräulichkeit Gott geweiht, und unbefleckt in Gedanken, Worten und Werken war. Er verlobte sich in der Absicht mit mir, um mir zu dienen und mich zu seiner Gebieterin, nicht aber zur Ehegenossin zu haben. Auch ich erkannte im Heiligen Geist aufs Gewisseste, dass meine Jungfräulichkeit beständig und unverletzt bleiben würde, obschon ich nach Gottes geheimem Ratschlusse einem Manne verlobt war. Als ich aber dem Boten meine Einwilligung gegeben, und Joseph sah, wie in Kraft des Heiligen Geistes der Umfang meines Leibes zunahm, erschrak er heftig, nicht weil er wider mich einen bösen Argwohn gefasst, sondern sich der Worte der Propheten erinnerte, welche vorher verkündet hatten, der Sohn Gottes werde von einer Jungfrau geboren werden, und er sich unwürdig erachtete, einer solchen Mutter zu dienen, bis ein Engel ihm im Traume gebot, er solle sich nicht fürchten, sondern mir mit Liebe dienen.« Bei Birgitta werden durch die Gottesmutter alle vermeintlichen Zweideutigkeiten am Verhalten des Nährvaters ausgeräumt. Die Schilderung des eigentlichen Geburtsvorgangs beginnt mit zwei vorbereitenden Handlungen: »Nun zog die Jungfrau die Schuhe von ihren Füßen ab, entfernte den Schleier von ihrem Haupte, legte diese Gegenstände neben sich nieder und blieb nur im Unterkleid; ihre überaus schönen, wie goldenen Haare hingen ausgebreitet über ihre Schultern hinab.« Als Gott sich Mose im brennenden Dornbusch offenbarte, rief er ihm zu: »Komm nicht näher heran! Leg deine Schuhe ab; denn der Ort, wo du stehst, ist heiliger Boden. Dann fuhr er fort: Ich bin der Gott deines Vaters, der Gott Abrahams, der Gott Isaaks und der Gott Jakobs. Da verhüllte Mose sein Gesicht, denn er fürchtete, sich Gott anzuschauen« (Ex 3,5f.). Der Vergleich des Dornbuschs, der brannte und nicht verbrannte, mit der Jungfrauengeburt stammt aus der Vätertheologie. Der Vergleichspunkt ist dabei die Unversehrtheit der Natur bei der Selbstoffenbarung der Herrlichkeit Gottes. Maria legt im Gegensatz zu Mose den Schleier ab und öffnet ihr Haar, als die Mutter aber auch die Braut des Bräutigams.

Nicht wenige Weihnachtsbilder, die nach den Offenbarungen der Birgitta gemalt wurden, zeigen im Unterschied zur Konstanzer Tafel die ausgezogenen Schuhe Mariens. »Nachdem alles auf diese Weise vorbereitet worden war, beugte die Jungfrau mit großer Ehrfurcht die Knie und begab sich ins Gebet; dabei hatte sie den Rücken an die Krippe gelehnt, das Gesicht aber gen Morgen nach dem Himmel aufgehoben. Mit emporgehobenen Händen, mit auf den Himmel gerichteten Augen war sie wie in der Betrachtung verzückt und trunken von großer Süßigkeit. Als sie nun so im Gebete war, sah ich das in ihrem Schoße ruhende Kind sich bewegen, und in einem Augenblick, in einem Nu hatte sie ihren Sohn geboren«. Die schmerzlose Geburt wird schon im Pseudo-Matthäus-Evangelium stark hervorgehoben, und die kniende Haltung Mariens bei Birgitta betont ebenso, wie ungeschwächt die Gottesmutter nach der Geburt war. Auf den frühesten Weihnachtsbildern findet man sowohl Maria thronend mit dem Kind auf dem Schoß, wie auch die Wöchnerin, die neben der Krippe liegt. Die kniende Gottesmutter und das nackte Jesuskind auf dem Erdboden sind die charakteristischen Kennzeichen eines Weihnachtsbildes in Abhängigkeit von den Offenbarungen der heiligen Birgitta.

Ein zweites Kennzeichen ist die besondere Lichtsymbolik bei Birgitta: Vom Neugeborenen, »von welchem ein so großes, unaussprechliches Licht und Glanz ausging, dass die Sonne damit keinen Vergleich aushielte, noch weniger jene leuchtende Kerze, welche der Greis aufgesteckt hatte, weil jener göttliche Glanz den irdischen Schein der

Kerze ganz vernichtet hatte. Es erfolgte auch die Art des Gebärens so jäh und so plötzlich, dass ich weder bemerken, noch unterscheiden konnte, wie es zuging … vielmehr sah ich sogleich das glorreiche Kind nackt und ganz leuchtend am Boden liegen. Sein Fleisch war ganz frei von jeglichem Makel und jeder Unreinlichkeit.«

Das Lichtmotiv ist zuerst im Evangelium des Pseudo-Matthäus belegt: Ein Engel »ließ Maria von dem Reittier absteigen und in eine unterirdische Höhle eintreten, in der nie Licht war, weil das Tageslicht hier nicht eindrang. Beim Eintritt Mariens aber erhellte sich die ganze Höhle, und eine solche Lichtfülle verbreitete sich, als ob die Sonne hier gewesen wäre. Und als ob es die sechste Stunde des Tages gewesen wäre, so erleuchtete das göttliche Licht die Höhle. Weder bei Tag noch bei Nacht ließ das göttliche Licht nach, solange Maria hier weilte. Und hier gebar sie einen Sohn, den die Engel von Geburt an umgaben und anbeteten.« Das mystische Licht, das das Eintreten Mariens in die Höhle erleuchtet, wandelt sich bei Birgitta zum Licht, das vom Jesuskind ausstrahlt. Der »Konstanzer Meister« verbindet durch drei Lichtstrahlen, die von Gottvater ausgehen, diesen mit der Geisttaube und dem Sohn. Das Kind ist, wie das Große Glaubensbekenntnis sagt, »Gottes eingeborener Sohn, aus dem Vater geboren vor aller Zeit: Gott von Gott, Licht vom Licht, wahrer Gott vom wahren Gott, gezeugt nicht geschaffen, eines Wesens mit dem Vater; … Für uns Menschen ist er vom Himmel gekommen.« Auch die Gottesmutter wird von drei Lichtstrahlen des Vaters berührt: Er »hat Fleisch angenommen durch den Heiligen Geist von der Jungfrau Maria und ist Mensch geworden.« Dass Maria und Joseph Ochs und Esel mit sich führen, die Geburt schmerzlos und in kniend anbetender Haltung erfolgte, hat vor Birgitta schon Ende des 13. Jahrhunderts der Franziskanerpater Johannes de Caulibus in seinen »Betrachtungen über das Leben Jesu«[2] beschrieben. Die Haltung der Gottesmutter, die bei der Geburt an eine Säule angelehnt kniete, und das auf dem Boden liegende Kind waren etwas unerhört Neues in der Leben-Jesu-Literatur und bald auch in der christlichen Kunst.

Die meisten Motive der Weihnachtsvision der heiligen Birgitta sind bereits in den Apokryphen und den »Meditationes« vorgebildet gewesen. Schon zu Lebzeiten der Heiligen gab es in Italien erste Bilder mit der knienden Gottesmutter und dem Kind in Bodenlage. Ein Motiv hat aber einzig die achtfache Mutter Birgitta aufzuweisen: »Ich sah auch die Nachgeburtshaut neben demselben liegen; sie war zusammengewickelt und ganz glänzend. … Und alsbald zog sich der Leib der Jungfrau, welcher vor der Geburt sehr voll war, zusammen, und es erschien nun ihr Körper von wunderbarer Schönheit und gar zart.« Die Anbetung des Kindes durch Maria, die sich im Westen ganz durchgesetzt hat, wird von Birgitta eindrücklich geschildert: »Sobald die Jungfrau bemerkte, dass sie geboren habe, beugte sie sogleich das Haupt, legte die Hände zusammen, betete mit großer Ehrbarkeit und voller Ehrfurcht den Knaben an und sprach zu diesem: Willkommen, mein Gott, mein Herr und mein Sohn! Nun weinte das Kind und zitterte gleichsam vor Kälte und von der Härte des Estrichs, auf welchem es lag. Es wälzte sich ein wenig, streckte die Glieder aus und verlangte nach Labung und dem Erweis mütterlicher Zärtlichkeit. Da nahm die Mutter das Kind auf den Arm, drückte dasselbe gegen ihre Brust und erwärmte es mit großer Freude und unter zärtlichem, mütterlichem Mitleid an Wange und Brust.« Ohne Vorbild ist auch ein realistisches Detail der Geburt, von dem Birgitta berichtet: »Darauf setzte sie sich auf die Erde nieder, nahm ihren Sohn auf den Schoß und ergriff mit ihren Fingern leise seine Nabelschnur, welche alsbald abgeschnitten ward, ohne dass Feuchtigkeit oder Blut herausfloss, und sodann begann sie das Kind sorgfältig einzuwickeln.« Nach dem sehr ausführlich beschriebenen Wickeln folgt die Anbetung des heiligen Joseph: »Nachdem das alles vollbracht worden, trat der Greis herein, warf sich auf die Erde nieder, beugte seine Knie, betete das Kind an und weinte vor Freude.« Der gemeinsamen Anbetung durch Joseph und Maria geht die gemeinsame Krippenlegung voraus: »Nun aber erhoben sie sich, hielten den Knaben auf ihren Armen, und beide zugleich, nämlich sie selbst und Joseph, legten ihn in die Krippe, beugten ihre Knie und beteten ihn an.« Nachdrücklich bekräftigte Maria in den »Offenbarungen« die Schauungen Birgittas über das Geheimnis der Menschwerdung Gottes: »… so magst du doch als gewiss wissen, dass ich in jener Stellung geboren habe, wie du es jetzt gesehen, nämlich auf den Knien liegend und allein im Stall betend.« Die Anbetung der Hirten und der Weisen wird von Birgitta mit wenigen neuen Zügen beschrieben. Nach vier Monaten im Heiligen Land erhielt Birgitta von Maria den Auftrag, wieder nach Rom zurückzukehren. Kurz darauf stirbt Birgitta mit 71 Jahren in ihrem Haus in Rom an der Piazza Farnese. Vor ihrem Tod erlebte sie noch ihre mystische Einkleidung durch Christus: »Vor meinem Altar sollst du nun als Nonne eingekleidet und geweiht werden, und du sollst von nun an nicht nur meine Braut, sondern auch als Nonne und Mutter in Vadstena gelten.« 1346 erhielt Birgitta in einer Vision den Auftrag, im schwedischen Alvastra die neue Gemeinschaft »Orden des allerheiligsten Erlösers« zu gründen. Christus teilte Birgitta auch den Standort des ersten Klosters mit: das königliche Gut zu Vadstena, das ihr dann auch König Magnus für diesen Zweck schenkte. Nach Rom ging Birgitta 1349, um sich für die Anerkennung ihrer Gemeinschaft einzusetzen. An der Piazza Farnese führte sie 24 Jahre ein Haus, in dem noch heute ihr Sterbezimmer gezeigt wird.

Mit der Überführung ihres Leichnams nach Schweden entfaltete sich das klösterliche Leben in Vadstena unter der ersten Äbtissin Katharina, der Tochter Birgittas. Heute gibt es drei Zweige des Ordenslebens nach den Weisungen der heiligen Birgitta. Es ist wohl kein Zufall, dass das erste Visionsbild der Weihnachtsgeschichte nach

Birgitta nördlich der Alpen in Konstanz entstanden ist. Nach ihrer Heiligsprechung 1391 durch Papst Bonifatius IX. wurde Birgitta auch auf dem Konzil von Konstanz 1415 durch Gegenpapst Johannes XXIII. in dieser Ehre der Altäre bestätigt. Den Heiligsprechungen gingen genaue Prüfungen der »Offenbarungen« voraus, die letztlich alle zu Gunsten von Birgitta ausfielen. Über das Massenmedium Holzschnitt wurde das Weihnachtsbild nach den Schauungen Birgittas schnell verbreitet. Spätere Jahrhunderte haben ikonographisch kein neues Weihnachtsbild entwickelt, sieht man von wenigen Details ab, wie dem Verschwinden der Bodenlage des Kindes zugunsten des Liegens in der Krippe. Im königlichen schwedischen Schloss Vadstena hatte Birgitta ihre Vision zur Ordensgründung. Das Schloss wurde zum Kloster. Mit päpstlicher Erlaubnis wurde in Vadstena neben einem Schwesternkonvent auch ein Männerkonvent errichtet. Die Gesamtleitung lag bei der Äbtissin.

Einige Bemerkungen zum Stellenwert von Privatoffenbarungen sollen hier angefügt werden: Auch wenn die Kirche die Existenz von Privatoffenbarungen nicht leugnet, dürfen sie nicht als Ergänzung oder Ausweitung des Glaubensgutes angesehen werden. Sie sind kein Gegenstand der kirchlichen Lehrverkündigung, und doch beansprucht die Kirche, Privatoffenbarungen beurteilen und approbieren zu können und zu sollen. »Aber auch dann übernimmt die Kirche nicht die Bürgschaft für den göttlichen Ursprung der Privatoffenbarung. Die Anerkennung oder Approbation durch die Kirche besagt nur, dass solche Kundgaben nichts gegen den Glauben und die Sitten Gerichtetes enthalten und ohne Gefahr genutzt werden können«, meint Leo Scheffczyk[3], fügt aber hinzu, dass Privatoffenbarungen sehr wohl einen Bezug zur Gesamtkirche haben: »Wichtige Neuansätze und Entwicklungen im geistlichen Leben und in der Frömmigkeit sind durch Privatoffenbarungen angestoßen worden … Auch die für das Gesamtleben der Kirche bedeutsamen und religiös fruchtbaren Ordensgründungen sind in den meisten Fällen durch Privatoffenbarungen der Gründer ausgelöst worden (vgl. u. a. Birgitta von Schweden).« Wie alle Gaben des Heiligen Geistes so ist auch die besondere Gnadengabe an die heilige Birgitta vor allem ein Geschenk Gottes an die Kirche ihrer Zeit. Zahlreiche Offenbarungen sind darum an ihre christlichen Zeitgenossen und besonders an die Amtsträger gerichtet. Dabei wandte sich Birgitta niemals gegen die hierarchische Struktur der Kirche selbst oder die Glaubenslehre, vielmehr ging es ihr stets darum, dass Priester und Bischöfe ihrer Sendung entsprechen. Papst Johannes Paul II. hat Birgitta von Schweden 1999 als ausnehmende Frau der Kirche, vorbildliche Mutter und besonders begnadete Visionärin, zur Patronin Europas erhoben. Sie teilt sich diese Ehre zusammen mit Katharina von Siena und Edith Stein. In seiner Botschaft zum 700. Jahrestag der Geburt der heiligen Birgitta hat der Papst vier Punkte hervorgehoben, die Birgitta auszeichnen: »Die Heilige war ein Vorbild in ihrer Annahme des Kreuzes als zentraler Glaubenserfahrung, sie war eine beispielhafte Anhängerin der Kirche in ihrem Bekenntnis der vollen Katholizität, sie war Vorbild eines zugleich kontemplativen und aktiven Lebens und ein unermüdlicher Apostel in der Suche nach der Einheit der Christen.«

1 Zu Leben und Werk siehe Lars Bergquist: Die hl. Birgitta im Spiegel der Offenbarungen, Lindenberg 2011.

2 Vinzenz Rock OFM: Des Bruders Johannes de Caulibus Betrachtungen vom Leben Jesu Christi, 2 Bde., Berlin 1928.

3 Marienlexikon, Bd. 5, s. v. Privatoffenbarungen, S. 319 f.

Hl. Augustinus, Hinterglasbild, Augsburg, 1820, Privatbesitz

Die Weihnachtspredigten des heiligen Augustinus

Dass die Wintersonnenwende als Geburtstermin Jesu Christi kein Grund ist, sich verschämt rechtfertigen oder gar den Festinhalt in Frage stellen zu müssen, erklärt uns der heilige Augustinus. Hören wir in Nordafrika in der kleinen Provinzstadt Hippo Regius den Weihnachtspredigten des Kirchenvaters zu. In den dreizehn erhaltenen, aber undatierten Festansprachen, die Aurelius Augustinus nach seiner Priesterweihe 391 und ab 395 als Bischof bis zu seinem Tod im Jahr 430 in der römischen Provinz Numidien gehalten hat, entfaltete er eine eigenständige Theologie und Theorie des Weihnachtsfesttermins, die von ihrer Überzeugungskraft nichts verloren hat.[1] Augustinus greift die Lichtsymbolik auf und bezieht sie auf das Heilswirken Christi: »Denn gerade dieser Tag, ab dem das Licht nach und nach wieder zunimmt, bezeichnet das Werk Christi, von dem unser innerer Mensch von Tag zu Tag erneuert wird (2 Kor 4,16). Für den ewigen Schöpfer musste natürlich, als er in der Zeit geschaffen wurde, jener Tag sein Geburtstag sein, zu dem die zeitliche Schöpfung passt.«[2] Nicht die Astrologie, sondern die Christologie bestimmt den Geburtstag des Herrn, den er selbst souverän gewählt hat: Er »suchte sich nicht nur die Jungfrau aus, von der er geboren werden sollte, sondern auch den Tag, an dem er geboren werden sollte … jener konnte sich beides aussuchen, der auch beides erschaffen konnte. Auch suchte er sich den Tag nicht so aus, wie es diejenigen tun, die unsinnigerweise die Schicksale der Menschen von der Konstellation der Sterne abhängig machen. Nicht der Neugeborene wurde nämlich durch den Tag glücklich gemacht, sondern er selbst macht den Tag glücklich, an dem er geboren werden sollte. Denn auch sein Geburtstag birgt das Geheimnis seines Lichtes. So spricht nämlich der Apostel: ›Die Nacht ist vorgerückt, der Tag aber nahe; lasst uns ablegen die Werke der Finsternis und anlegen die Waffen des Lichtes, lasst uns wie am Tag ehrenhaft durchs Leben gehen‹ (Röm 13,12–13). Lasst uns den Tag erkennen und Tag sein. Wir waren nämlich Nacht, als wir ungläubig lebten. Und weil eben dieser Unglaube, der die ganze Welt wie eine Nacht bedeckt hatte, abnehmen musste, wenn der Glaube wuchs, deshalb beginnt am Geburtstag unseres Herrn Jesus Christus die Nacht abzunehmen und der Tag zu wachsen.« Im direkten Anschluss nennt Augustinus die heidnischen Anhänger des Sonnenkultes und argumentiert, dass Gott, der Urheber der kosmischen Gesetze, sich diesen zwar in seiner Menschwerdung freiwillig unterordnet, zugleich aber die zweite Person der Gottheit, das ewige Wort geblieben ist: »Lasst uns also, Brüder, diesen Tag festlich begehen, nicht wegen der Sonne, sondern um dessentwillen, der diese Sonne geschaffen hat. Was nämlich Wort war, wurde Fleisch, um unseretwillen unter der Sonne zu sein. Im Fleisch zwar unter der Sonne, in seiner Hoheit aber über der ganzen Welt, worin er die Sonne schuf. Jetzt aber auch im Fleisch über dieser Sonne, die diejenigen als Gott verehren, die in ihrer geistigen Blindheit nicht die wahre ›Sonne der Gerechtigkeit‹ sehen.«[3] Bereits vor der Entstehung des Weihnachtsfestes wurde die Lichtsymbolik auf Christus bezogen, auf den, der von sich sagt »Ich bin das Licht der Welt« (Joh 8,12). So deutete die frühe Kirche auch die alttestamentliche Stelle »Für euch aber, die ihr meinen Namen fürchtet, wird die Sonne der Gerechtigkeit aufgehen« (Mal 3,20) christologisch.

In einer weiteren Weihnachtsansprache setzt Augustinus den Geburtstag Johannes des Täufers (24. Juni) in Beziehung zum Geburtsfest des Herrn. Damit bezeugt er, dass bereits spätestens im 5. Jahrhundert ein Geburtsfest des Täufers im Westen gefeiert wurde. Beide Geburtstage werden auf die Sonne bezogen: Mit der Sommersonnenwende (25. Juni) nimmt die Länge der Tage ab und nach der Wintersonnenwende (25. Dezember) nimmt sie wieder zu. Hierin sieht Augustinus ein Symbol und eine kosmische Bestätigung der Aussage des Täufers: »Er muss wachsen, ich aber muss kleiner werden« (Joh 3,30). Vom Weihnachtsfest aus rechnete man wohl neun Monate zurück (Hochfest Verkündigung des Herrn am 25. März, im Osten schon für das 5. Jahrhundert belegt, für den Westen gibt es erst für das 7. Jahrhundert einen Nachweis) und zählte dann drei Monate hinzu, da Elisabeth zum Zeitpunkt der Verkündigung, wie der Engel Gabriel sagte, schon im sechsten Monat ihrer Schwangerschaft war: »Auch Elisabeth, deine Verwandte, hat noch in ihrem Alter einen Sohn empfangen; obwohl sie als unfruchtbar galt, ist sie jetzt schon im sechsten Monat schwanger« (Lk 1,36). So predigte der ehemalige Rhetorikprofessor, der sich unter dem Eindruck der Predigten des heiligen Ambrosius bekehrte und von ihm in Mailand taufen ließ: »Er sandte nämlich den Menschen Johannes voraus, der zu dem Zeitpunkt geboren wurde, als die Tage anfingen abzunehmen; und er selbst wurde geboren, als die Tage anfingen zu wachsen, um damit auf das hinzuweisen, was derselbe Johannes sagte: ›Jener muss wachsen, ich aber abnehmen‹ (Joh 3,30). Das menschliche Leben muss nämlich an sich abnehmen und in Christus wachsen, damit die Lebenden nicht mehr sich selbst leben, sondern für ihn, der für uns gestorben und auferstanden ist (2 Kor 5,15). Und ein jeder von uns sage, was der Apostel sagt: ›Nicht mehr ich lebe aber, sondern Christus lebt in mir‹ (Gal 2,20). ›Jener muss nämlich wachsen, ich aber abnehmen‹« (Joh 3,30). Der erste sichere Beleg für die Feier des Weihnachtsfestes ist eine Predigt des Bischofs Optatus von Mileve in Nordafrika, die um 362/363 gehalten worden sein muss. Um die dreißig Jahre danach stellt der nordafrikanische Bischof Augustinus das heilsgeschichtliche Ereignis der Menschwerdung Gottes in seinen Weihnachtspredigten dem orientalischen Sonnenkult des sol invictus gegenüber. Seine tiefe theologische Verbindung des Festdatums mit dem Mysterium der Inkarnation lässt in seiner genialen Eigenständigkeit alle Versuche der religionsgeschichtlichen Einebnung der christlichen Glaubensanschauungen um das Geburtsgedächtnis Jesu Christi vergeblich erscheinen. So ist dem bedeutenden Kenner der frühchristlichen Theologiegeschichte, Karl Prümm SJ, zuzustimmen, der bereits 1939 feststellte: Das Geburtsfest des Herrn habe seinen Gegenstand nicht geschaffen, und noch viel weniger vom Heidentum bezogen.

Die heute sogar innerhalb der katholischen Kirche bestrittene Glaubenswahrheit der Jungfräulichkeit Marias, wird von Augustinus in seinen Weihnachtspredigten vehement verteidigt. Die immerwährende Jungfräulichkeit der Gottesmutter ist für ihn das Zeichen für das wunderbare Eintreten Gottes in die Menschheitsgeschichte, mit der eine völlig neue Heilszeit beginnt. Ganz deutlich steht damit die Jungfrauengeburt im Dienst des Christusgeheimnisses: »Seine jungfräuliche Mutter gab allerdings einen Hinweis auf seine Majestät: wie sie Jungfrau war vor der Empfängnis, so war sie Jungfrau nach der Geburt; von einem Mann schwanger angetroffen, nicht gemacht; mit einem Sohne schwanger ohne Mann; glücklicher und wunderbarer durch den Gewinn der Fruchtbarkeit, ohne den Verlust der Jungfräulichkeit. Dieses so große Wunder wollen jene lieber als bloße Erfindung denn als Tatsache sehen. Weil sie so an Christus nicht als Gott und Mensch glauben können, setzen sie sich über das Menschliche hinweg; weil sie sich aber darüber nicht hinwegsetzen können, glauben sie nicht an das Göttliche. Für uns aber soll der menschliche Leib in der Demut Gottes um so willkommener sein, je mehr er von jenen verachtet wird; und je unmöglicher für jene die Jungfrauengeburt ist, desto göttlicher soll sie bei der Geburt des Menschen sein.«[4] Im Sinne der existenzialistischen Umdeutung des Glaubens, wie sie der protestantische Neutestamentler Rudolf Bultmann betrieb, sind Menschwerdung Gottes und Auferstehung ein Mythos. Demgegenüber betont Augustinus, dass die Menschwerdung heilsrealistisch verstanden werden muss. Dass die Menschwerdung nicht zur bloßen Idee verblasst, dafür steht theologisch das Festhalten an der Jungfrauengeburt. Darum ist der Vergleich zwischen der Erscheinung des Auferstandenen und der Jungfrauengeburt, den Augustinus verwendet, gar nicht so abwegig, wie er zunächst erscheinen mag: »So erfüllte sich, was der Psalm vorausgesagt hatte: ›Die Wahrheit entspross aus der Erde‹ (Ps 84,12). Maria war Jungfrau vor der Empfängnis und ist Jungfrau nach der Geburt. Denn da sei Gott vor, dass auf dieser Erde, das heißt an diesem Fleisch, aus dem die Wahrheit entspross, die

Unberührtheit verloren gehe. Denn er sagte doch nach seiner Auferstehung, als man ihn für einen Geist hielt: ›Fasst mich an und seht, denn ein Geist hat kein Fleisch und keine Knochen, wie ihr es an mir seht‹ (Lk 24,39). Und trotzdem hinderte die feste Form des Körpers eines jungen Mannes nicht daran, trotz geschlossener Türen bei seinen Jüngern einzutreten. Warum hätte also der, der als Erwachsener durch geschlossene Türen eintreten konnte, nicht auch als kleines Kind durch unversehrte Geburtsorgane herauskommen können. Die Ungläubigen wollen weder das eine noch das andere glauben. Deshalb glaubt der Glaube lieber beides, denn die Ungläubigkeit glaubt beides nicht.«[5] Bereits der theologische Lehrer Augustins, sein großes Vorbild, der heilige Ambrosius, hat die Glaubensüberzeugung grundgelegt, dass Maria Urbild und Typus der Kirche ist. Mit dem Titel »Maria, Mutter der Kirche« hat Papst Paul VI. die enge Beziehung Marias zur Kirche bekräftigt. Für Augustinus ist Maria gerade auch wegen ihrer Jungfräulichkeit das Urbild der Kirche: »Dieser ist ›schöner an Gestalt als alle Menschensöhne‹ (Ps 44,3), der Sohn der heiligen Maria, der Bräutigam der heiligen Kirche, die er seiner Erzeugerin ähnlich machte; denn er machte sie sowohl für uns zur Mutter und bewahrte sie für sich als Jungfrau. Zu ihr sagte allerdings der Apostel: ›Ich habe euch einem einzigen Mann angetraut, um euch als keusche Jungfrau Christus zuzuführen‹ (2 Kor 11,2). Über sie sagt er weiterhin, dass unsere Mutter keine Magd ist, sondern eine Freie, deren Söhne, obwohl sie verlassen ist, zahlreicher sind als derjenigen, die einen Mann hat. Auch die Kirche besitzt also wie Maria ewige Unberührtheit und unversehrte Fruchtbarkeit. Was nämlich jener im Fleische zustand, bewahrte diese im Geiste; abgesehen davon, dass jene einen gebar, und diese viele gebiert, um sie durch den einen zur Einheit zusammenzuführen.«[6] Die Kirche steht für Augustinus in einer gnadenhaften Lebensbeziehung mit Christus in Glaube und Liebe. Die Haltung der ganzheitlichen Christushingabe mit dem Ziel des Mitwirkens an der Erlösung sammelt sich in der jungfräulichen Mutterschaft der Kirche. Augustinus trennt dabei nicht zwischen leiblicher und geistiger Jungfräulichkeit. Jungfräuliche Mutterschaft der Kirche ist für ihn die Verbindung von apostolischem Glauben in seiner Reinheit mit der Ganzhingabe an Christus mit Leib und Seele. Darin liegt eine höchst aktive Haltung, die zur Mitwirkung an der Erlösung befähigt: »Wie aber könntet ihr nichts mit der Geburt der Jungfrau zu tun haben, wenn ihr Glieder Christi seid? Euer Haupt gebar Maria, euch die Kirche. Denn auch sie ist sowohl Mutter als auch Jungfrau durch die Unberührtheit des Glaubens und der Frömmigkeit. Völker gebiert sie, aber sie sind Glieder des einen, dessen Leib und Braut sie selbst ist; wobei sie auch darin jener Jungfrau ähnelt. Weil sie auch in der Vielzahl die Mutter der Einheit ist.«[7] Mit »geistiger Jungfräulichkeit« oder der »Unberührtheit des Glaubens« meint Augustinus, dass die Kirche den Glauben an Christus treu und vollkommen ganz bewahrt. Wenn die Kirche wie Maria eine immerwährende Jungfrau ist, kann sich in ihr die Untreue Evas nicht wiederholen. Genau das sagt mit anderen Worten auch die Lehre von der Unfehlbarkeit: In der Kirche als ganzer kann die wahre und unversehrte Lehre nicht verloren gehen.

Den Gedenktag von Adam und Eva am 24. Dezember und den Brauch, Weihnachtsbäume in den Wohnstuben aufzustellen, kann man auf die Weihnachtstheologie des Kirchenvaters Augustinus zurückführen. Die Adam-Christus und die Eva-Maria-Typologie verwendend, schlägt Augustinus einen heilsgeschichtlichen Bogen vom Sündenfall (Paradiesesbaum) bis zum Opfertod am Kreuz (Kreuzesbaum) und entwirft eine positive Deutung der Geschlechterdifferenz: »Die Männer sollen jubeln, die Frauen sollen jubeln. Christus wurde als Mann geboren, aus einer Frau wurde er geboren, und beide Geschlechter wurden geehrt. Jetzt soll daher in den zweiten Menschen übergehen, der im ersten Menschen verurteilt wurde.«[8] Die Menschwerdung ist der Anfang der Erlösung nicht von der Geschlechterdifferenz, sondern die Erlösung der Geschlechterdifferenz: »Ihr kennt ja den Fall des ersten Menschen; dass die Schlange es nicht wagte, mit dem Mann zu sprechen, sondern sich die Mithilfe der Frau zunutze machte, um ihn zu Fall zu bringen. Durch das schwächere Geschlecht überwältigte sie das stärkere; und indem sie bei einem von ihnen eindrang, triumphierte sie über beide. Deshalb, damit wir uns nicht über unserem durch die Frau verursachten Tod gleichsam mit dem Gefühl berechtigten Grolls entsetzten und glauben können, sie sei unrettbar verloren, kam der Herr zu suchen, was verloren war, und wollte beide ehrenvoll auszeichnen, weil beide verloren waren. In keinem der beiden Geschlechter dürfen wir demnach dem Schöpfer Unrecht tun; beide ließ die Geburt des Herrn auf Erlösung hoffen. Die Ehre des männlichen Geschlechtes besteht im Leib Christi; die Ehre des weiblichen Geschlechtes besteht in der Mutter Christi. Über die List der Schlange siegt die Gnade Jesu Christi. Beide Geschlechter sollen darum in dem, der heute geboren wurde, wiedergeboren werden und den heutigen Tag feiern.«[9] Wie sehr die Weihnachtsverkündigung des heiligen Augustinus geeignet ist, das Mysterium der Menschwerdung und auch unsere heutige Feierpraxis zu erschließen, zeigen bereits die wenigen hier angeführten Themen: »… so lasst uns in großer Zahl feiern, dass er zu nächtlicher Stunde aus der Jungfrau geboren wurde.«[10]

1 Die Übersetzung wurde der ersten, hervorragend kommentierten, vollständigen deutschen Übertragung entnommen: Hubertus R. Drobner: Augustinus von Hippo. Predigten zum Weihnachtsfest. Sermones 184–196, Frankfurt am Main 2003.

2 Sermo 186,3.

3 Sermo 190.

4 Sermo 184,1.

5 Sermo 191,2.

6 Sermo 195,2.

7 Sermo 192,2.

8 Sermo 184,2.

9 Sermo 190,2–3.

10 Sermo 194,4.

Hl. Bernhard, Hinterglasbild, Augsburg, 1780, Privatbesitz

Die Weihnachtspredigten des heiligen Bernhard von Clairvaux

Die Legenda aurea, geschrieben nach 1264, berichtet aus der Kindheit des heiligen Bernhard von Clairvaux (1090–1153) folgendes Ereignis: Einmal in der Heiligen Nacht wartete der junge Bernhard in der Kirche auf den Beginn der Christmette und als er sich danach sehnte zu erfahren, »zu welcher Stunde der Nacht Christus geboren sei, erschien ihm das Jesuskindlein, wie wenn es nochmals vor seinen Augen aus dem Mutterleib zur Welt käme. Darum glaubte er zeit seines Lebens, dass dies die Stunde der Geburt des Herrn gewesen sei. Seit jener Stunde wurde ihm ein tieferes Verständnis für alles, was mit jenem heiligen Geheimnis zusammenhängt, und eine reichere Redegabe verliehen.«[1]

Als Deckenfresko hat Cosmas Damian Asam 1720 diese Weihnachtsvision des heiligen Bernhard in der Klosterkirche Aldersbach gemalt. Zehn Jahre später stellte der Künstler die Szene noch einmal wesentlich kleiner in der Kirche des Zisterzienserklosters Fürstenfeld dar. Eine Uhr, von einem Engel getragen, zeigt dort Mitternacht an, die Geburtsstunde Jesu. Bereits in der Väterzeit wurde eine Stelle im Buch der Weisheit typologisch auf die Geburtsstunde Jesu hin ausgelegt: »Als tiefes Schweigen das All umfing und die Nacht bis zur Mitte gelangt war, da sprang dein allmächtiges Wort vom Himmel, vom königlichen Thron herab als harter Krieger mitten in das dem Verderben geweihte Land« (Weish 18,14 f.).

Der reale biographische Hintergrund dieser Vision sind die Weihnachtspredigten des Abtes von Clairvaux: Sechs authentische Ansprachen in der Weihnachtsvigil und fünf Predigten zum Festtag der Geburt des Herrn sind erhalten und haben den Ruf des Kirchenlehrers als bedeutenden Ausleger des Geheimnisses der Menschwerdung begründet. Einige Themen aus der Weihnachtsverkündigung des Zisterzienserabtes sollen im Folgenden die Bedeutung der Heiligen Nacht – »da uns schlägt die rettende Stund« – erschließen helfen.

Dem heiligen Bernhard ging es in seinen Predigten immer um die Aneignung der Heilsereignisse durch seine Zuhörer. Darum sagt er in der Weihnachtsvigil: »Bedenke schließlich, dass er in Bethlehem in Juda geboren wird, und richte deine Sorge darauf, wie auch du als ein ›Bethlehem in Juda‹ erkannt wirst; dann wird er sich gefallen lassen, auch in dir aufgenommen zu werden.«[2] Die Begegnung mit Christus ereignet sich im Hören des Wortes Gottes und in der Realgegenwart Christi im Sakrament der Kirche: »Bethlehem bedeutet ›Haus des Brotes‹, Juda heißt ›Bekenntnis‹. Wenn du also deine Seele mit der Nahrung des göttlichen Wortes sättigst und gläubig jenes Brot, das vom Himmel kommt und der Welt Leben gibt, den Leib des Herrn Jesus Christus, … aufnimmst, … dann bist du Bethlehem geworden und würdig, den Herrn aufzunehmen; nur darf das Bekenntnis nicht fehlen. Judäa sei also deine Heiligung: leg an den Schmuck des Bekenntnisses; es ist dies das Kleid, das Christus an seinen Dienern besonders gern sieht.«[3]

Das Heilswirken Jesu Christi ist für Bernhard keine bloße Erinnerung, sondern reale Gegenwart in seinem Wort und den Sakramenten. Die Eucharistie vermittelt das göttliche Leben in der Weise, wie dies seine sichtbare Menschheit im Land Israel tat. Mit den Worten von Papst Leo dem Großen (gest. 461) gesagt: »Was an Christus sichtbar war, ist in die Sakramente übergegangen.« Die Kirche als die geheimnisvolle Vereinigung mit dem menschgewordenen Christus vermittelt das göttliche Leben an die Welt. Bethlehem wird so zum Topos für das Geschenk der sakramentalen Christusbegegnung: »O kleines Bethlehem, wie groß bist du nun vom Herrn gemacht worden. Er, der in dir aus einem Großen klein geworden ist, hat dich groß gemacht. Freue dich, Bethlehem.«[4]

Allerdings darf das Bekenntnis – Bernhard übersetzt Juda mit »Bekenntnis« – nicht fehlen: Wer beim Kommunionempfang keinen Glauben mitbringt, kann das Sakrament weder würdig noch fruchtbar annehmen. Die Sakramente haben keine magische Wirkung, zum Brautgewand für die Hochzeit mit dem Bräutigam gehört der »Schmuck des Bekenntnisses, es ist dies das Kleid, das Christus an seinen Dienern besonders gern sieht.«[5] Die Formulierung der Wahrheit als Dogma in einer bekenntnishaften Formel ist für Bernhard ein Wert in sich. Die geschenkte Begegnung mit der Wahrheit Gottes in Christus führt den Menschen zur Anerkennung Gottes und zum Lob und zur Verehrung seiner Herrlichkeit.

Darum beschließt der Kirchenlehrer Bernhard das Loblied auf Bethlehem, den Glaubenden, in dem Christus wohnt, mit der freudigen Anbetung Gottes: »Freue dich, Bethlehem; auf allen deinen Gassen soll heute ein jubelndes Halleluja gesungen werden!«[6]

Ganz in der Tradition der Anwendung der Sinne als klassischer Betrachtungsmethode geht Bernhard auf die Einzelheiten der Weihnachtsgeschichte ein: »Auch ich erkenne, dass mich alles angeht: die Zeit und der Ort dieser Geburt, das Wimmern und die Tränen des Knäbleins, aber auch die Armut und die Nachtwache der Hirten, denen die Geburt des Heilands zuerst verkündet wird. Mich berührt dies alles, für mich geschieht es, mir wird es zur Nachahmung vor Augen gestellt.«[7] Den Winter als Zeit der Menschwerdung des Gottessohnes deutet Bernhard, fern jeder »White-Christmas-Stimmung«, als Ausdruck des demütigen Abstiegs Gottes in die Armut des Menschseins: »Als er, der Sohn Gottes, dem es frei stand, jede beliebige Zeit zu wählen, als er geboren werden wollte, wählte er eine Zeit, die besonders hart war, besonders für ein kleines Kind, den Sohn einer armen Mutter, die kaum Windeln hatte, um ihn einzuwickeln und nur eine Krippe als Lager.«[8]

Die absichtliche Verborgenheit ist Sinn der Geburt in der Finsternis der stillen Nacht: »Christus schweigt, er rühmt sich nicht, er verherrlicht sich nicht und macht nicht auf sich aufmerksam. Doch siehe, der Engel verkündet ihn, und die ganze himmlische Heerschar preist ihn. Auch du sollst darum den gefundenen Schatz verbergen, wenn du Christi Nachfolger sein willst. Finde deinen Gefallen darin, unbekannt zu sein. Ein fremder Mund mag dich loben, dein Mund aber schweige.«[9] Stall und Futterkrippe stehen für eine Umwertung der Werte, die mit der Inkarnation in diese Welt einbricht: »Was bedeutet es also, dass er einen Stall wählt? Gewiss doch, um den Glanz der Welt zurückzuweisen und die Torheit des irdischen Lebens zu verwerfen.«[10]

Mehrfach spricht Bernhard in seinen Weihnachtspredigten vom »Wort, das Kind geworden ist«. Das lateinische Wort für Kind, *infans*, bedeutet wörtlich »nicht sprechend«. Wenn das ewige Wort, der Logos, ein sprachloses Kind wird, spricht es durch sein Dasein, durch die Umstände seiner Geburt vom Ereignis der größten Nähe Gottes zu den Menschen: »Gewiss, er ist ein Kind, aber er ist das Wort, das Kind geworden ist (*verbum infans*), und so schweigt nicht einmal seine Kindheit. ›Tröstet euch, tröstet euch, spricht der Herr, unser Gott‹ (Jes 40,1). Dies spricht Immanuel, Gott mit uns. Dies rufen der Stall und die Krippe, dies rufen die Tränen und die Tücher.«[11]

Zu den Geheimnissen des Lebens Jesu, die zu uns sprechen, gehören seine Kindheit, seine Verborgenheit, sein Leiden und Verstummen im Grab, ebenso wie sein öffentliches Wirken, seine Taten und seine Gleichnisreden und Ansprachen. Aus dieser Einsicht heraus deutet der heilige Bernhard auch das in seiner Menschwerdung wortlos gewordene Wort Gottes und bringt es ins Wort: »Noch spricht seine Zunge nicht, doch alles an ihm ruft, verkündet, predigt. Selbst die kindlichen Glieder schweigen nicht. In allem wird das Urteil der Welt bloßgestellt, ins Gegenteil gekehrt, widerlegt.«[12] Der ewige Logos wird in seiner Menschwerdung absolut arm und schweigt im Gehorsam: »Geboren wird schließlich der Sohn des Allerhöchsten, der von Gott vor aller Zeit gezeugte Gott, geboren wird als Kind das göttliche Wort (*nascitur verbum infans*): Wer könnte darüber nicht erstaunen.«[13]

Bis in die Barockzeit ist in den Weihnachtspredigten der Zisterziensermönche immer wieder die Rede vom *verbum abbreviatum*, dem abgekürzten, verkürzten oder kurzgefassten Wort. Es handelt sich dabei um einen Vers aus dem Römerbrief (9,28), in dem ein Wort des Propheten Jesaja (10,23) zitiert wird: *Verbum abbreviatum faciet Dominus super terram* (Ein abgekürztes Wort wird der Herr auf Erden verwirklichen). Mit der Einheitsübersetzung ist diese Deutung nicht mehr nachvollziehbar, weil dieser nicht mehr der lateinischen Text der Vulgata zugrunde liegt.

Eine doppelte Bedeutung hat dieses Kleinwerden, Verkürzen des Logos. Zunächst einmal sah man darin die Mensch-Werdung des Logos im Alten Testament vorausverkündet: Der ewige Logos verkürzt sich auf die Gestalt eines menschlichen Geschöpfes. Eine zweite Deutung sah im *verbum abbreviatum* die vielen Worte der Offenbarung, wie sie im Gesetz des Mose und in den Schriften der Propheten stehen, gleichsam wie in einem Satz oder in einem Wort in der Person Jesu Christi zusammengezogen und zugleich unverkürzt gegenwärtig. »Durch alle Worte der Heiligen Schrift sagt Gott nur ein Wort: sein eingeborenes Wort, in dem er sich selbst aussagt« heißt es im »Katechismus der Katholischen Kirche.«[14]

Für die erste Deutung finden sich Belege in den Weihnachtspredigten des heiligen Bernhard, während die zweite Deutung sich erst in der zisterziensischen Theologie und Verkündigung nach Bernhard entfaltet. Der große Jesuitentheologe Henri de Lubac hat nachgewiesen, dass die gesamte Bibelexegese von den Kirchenvätern bis in die Neuzeit darin bestand, die vielen »Worte« des Alten Testaments auf das neue »abgekürzte Wort«, den einen »Satz« Jesu Christi hin auszulegen. Bei Bernhard heißt es: Gott der Vater hat »das göttliche Wort abgekürzt *(verbum fecit abbreviatum)*. Wollt ihr wissen, wie groß und wiederum wie klein er es gemacht hat? ›Ich erfülle‹ spricht dieses Wort, ›Himmel und Erde‹ (Jer 23,24), jetzt aber ist es Fleisch geworden und liegt in einer engen Krippe. ›Von Ewigkeit zu Ewigkeit bist du Gott‹ (Ps 89,2), sagt der Prophet, doch siehe, jetzt ist Gott ein Kind geworden, das einen Tag alt ist.«[15] Unter den Begriffen *verbum infans* und *verbum abbreviatum* betrachtet Bernhard immer aufs neue das Geheimnis, dass der unbegreifliche Gott in menschlicher Gestalt fassbar geworden ist, dass der Unbegrenzte sich in seiner Schöpfung selbst begrenzt, dass sich der Unbedingte in die vielen Bedingtheiten des Menschseins hineinverfügt. Eine weitere Stelle bei Bernhard über das *verbum abbreviatum* leitet zu einem seiner Attribute über: »Jesus Christus, der Sohn Gottes, wird zu Bethlehem in Juda geboren! O kurzes Wort über das abgekürzte Wort *de verbo abbreviato*, doch ein Wort voll himmlischer Süße! Mein Herz ist bedrückt, denn es verlangt, die Fülle der honigfließenden Süße (*mellifluae dulcedinis*) nach allen Seiten ausfließen zu lassen, findet aber keine Worte.«[16]

Bekannt ist der honigschleckende Putto mit einem Bienenkorb am Bernhard-Altar der Zisterzienser-Propstei Birnau bei Überlingen am Bodensee. Über seinen Ehrentitel *doctor mellifluus* (der honigfließende Lehrer) kam Bernhard zu seinem Attribut.

Honig ist zunächst das Sinnbild für das geistige Verkosten (»Kostet und seht, wie süß der Herr ist«, Ps 33,9), die Kontemplation, die Bernhard immer als grundlegend vor jeder scholastischen Zergliederung verteidigt hat. Daneben aber ist der Bienenkorb seit Origenes' Bild für das Alte Testament, das den von den Propheten gesammelten Honig des Logos birgt. In den Waben des Alten Testaments ist die ganze honigfließende Fülle des Gottessohnes verborgen. Dies sagt sogar das Alte Testament selbst im Buch Jesus Sirach: »An mich zu denken ist süßer als Honig, mich zu besitzen ist besser als Wabenhonig« (Sir 24,20).

In seinen Predigten und Schriften hat Bernhard diesen Honig für die inneren Sinne zum Genuss werden lassen. Höhepunkt seiner allegorischen, das heißt christologischen Schriftauslegung ist der Kommentar zum Hohenlied, der um 1135 als Predigtzyklus entstand. Die Menschwerdung Gottes ist Teil eines Heilsplans, der die gesamte Geschichte umfasst. Darum bezieht Bernhard auch den Sündenfall und den Zustand der gefallenen Menschheit in seine Weihnachtsverkündigung mit ein: »Einst wurdest du von einem ungetreuen Knecht überredet, heimlich die Königskrone zu entwenden und auf dein Haupt zu setzen … Jetzt bist du hinausgestoßen in die Verbannung.«[17] Die Wehrlosigkeit des Gottessohnes in der Gestalt des Wickelkindes offenbart die vorbehaltlose liebende Hingabe Gottes, vor der sich der Sünder nicht zu fürchten braucht: »Fliehe nicht, fürchte dich nicht! Er kommt nicht mit Waffen, nicht dich zu strafen sucht er dich, sondern um dich zu retten … Er ist ein Kind, er ist noch ohne Sprache (*infans est, et sine voce*). Die Stimme des Wimmernden erweckt eher Mitleid als Angst … Er ist ein kleines Kind geworden, die jungfräuliche Mutter wickelt die zarten Glieder in Windeln … Wenigstens daran solltest du erkennen, dass er nicht kommt um dich zu verderben, sondern dich zu erlösen.«[18]

Die Einigung von göttlicher und menschlicher Natur in Jesus Christus wurde unter empfangender Mitwirkung von Maria gewirkt. Die besondere Stellung der Gottesmutter ist für Bernhard ein unverzichtbarer Bestandteil der Verkündigung der Weihnachtsbotschaft: »Die Mutter ist ohne Verlust der Jungfräulichkeit, der Sohn ohne jeden Makel der Sünde. Auf die Mutter fällt nicht der Fluch Evas.«[19]

Zu Bernhard als betont marianischem Theologen passt daher auch die Überlieferung, dass er 1146 am Ende seiner Kreuzzugspredigt im Dom zu Speyer den vertrauensvollen Bittgruß des »Salve Regina« angestimmt habe und dort erstmals spontan diesem Hymnus die Worte *O clemens, o pia, o dulcis virgo Maria* (O gütige, o milde, o süße Jungfrau Maria) hinzugefügt haben soll. In Maria ist das Ja Gottes zur Welt Fleisch geworden, es kann aber von der Welt weder verbraucht, noch funktionalisiert werden, es bleibt immer die freie Gabe des Vaters in seiner absoluten Herrlichkeit. Für diese Wahrheit steht die reale Glaubenswahrheit der Jungfrau und Mutter Maria, die von

Bernhard immer aufs Neue betrachtet wird: »Wunderbar und einzigartig ist die Einheit von Jungfrau und Mutter … Diese allein ist es, in der Jungfräulichkeit und Fruchtbarkeit einander begegnen.«[20]

Als der Mitbegründer eines Reformordens war Bernhard bemüht, den Zisterzienserorden vor den Verstrickungen mit der feudalen Gesellschaftsstruktur seiner Zeit zu bewahren, um das Zeugnis der Nachfolge Jesu nicht im gesättigten Prälatentum und politischer Anpassung untergehen zu lassen. Seine Theologie der Armut prägt auch seine Weihnachtsbetrachtungen. So fragt er: Warum sind die Engel Gottes in der Heiligen Nacht »lieber den Schafhirten als den Königen der Erde, und den Priestern des Tempels erschienen? Warum erklärt auch der Erlöser selbst in seinem Leib die Armut für heilig? … Oder warum wird denn von den Engeln die Armut selbst so ausdrücklich hervorgehoben? Denn nicht ohne Andeutung eines bestimmten Geheimnisses wird der Erlöser in Windeln gewickelt und in eine Krippe gelegt, wenn er doch offensichtlich als Zeichen für uns vom Engel verkündet wird: ›Ihr werdet ein Kind finden, das in Windeln gewickelt ist‹ (Lk 2,12). Als Zeichen sind uns deine Windeln gegeben worden, Herr Jesus, aber als Zeichen dem bis heute von Vielen widersprochen wird.«[21]

Auch den Jüngern des Johannes wurde als Zeichen für die Ankunft des Messias gesagt: »Den Bettlern wird das Evangelium verkündet« (Mt 11,2–6) und in der Bergpredigt werden die Armen seliggepriesen (Mt 5,3). Die Armen, die »Zöllner und Sünder« werden von Christus durch seine barmherzige Vergebung zur wahren Umkehr befähigt. Die Hochschätzung der Armen und der Armut im Evangelium und in der Theologie des heiligen Bernhard darf aber nicht falsch verstanden werden. Es geht nicht um gesellschaftliche Umverteilung. Die Haltung der Armut meint nicht: Endlich bekomme ich, was mir zusteht, sondern die Gabe Gottes, dieses Kind, schenkt sich mir umsonst, freiwillig. Christus behält nichts für sich zurück, er gibt sich auch nicht unter Vorbehalt. Er liefert sich ganz aus, er öffnet sich auf den anderen hin. Die Haltung der Armut steht für diejenigen, die vorbehaltlos empfangen. Die Auslieferung Jesu schließt die Bereitschaft ein, stellvertretend und aus vorbehaltloser Hingabe für die Sünder den Weg durch den Tod zum Leben zu gehen.

Die Vision von der Geburtsstunde um Mitternacht deutet auch schon auf die »Stunde« voraus, in der Christus stellvertretend das Gericht über die Welt selbst vollzieht in Kreuz und Auferstehung. In der dunkelsten Stunde, auf die sein Leben zulief, brach der neue Morgen an, der geschenkte Neubeginn. Mit dem Anbruch des neuen Tages wird jeder, der Christus nachfolgt, auch an seiner Herrlichkeit Anteil gewinnen.

Darum gehören für Bernhard Krippe und Kreuz untrennbar zusammen, und seine Weihnachtsverkündigung schließt mit dem Loblied auf Krippe und Kreuz als Ausdruck des göttlichen Erbarmens: »Wir aber ehren ihn in der Krippe, wir ehren ihn am Kreuz, wir ehren ihn im Grab. Mit frommem Sinn nehmen wir ihn auf, der unseretwegen ein zartes Kind geworden ist, wir ehren ihn, der unseretwegen blutbefleckt war, der unseretwegen erbleichte und unseretwegen im Grab lag. Mit frommem Sinn beten wir ihn mit den Magiern an, mit frommem Sinn umfangen wir wie der heilige Simeon die Kindheit des Erlösers und empfangen, Herr, dein Erbarmen inmitten deines Tempels. Er ist es, von dem wir lesen: ›Das Erbarmen des Herrn währt von Ewigkeit zu Ewigkeit‹« (Ps 102,14).[22]

1 Jacobus de Voragine: Legenda aurea/ Goldene Legende, hrsg. von Bruno W. Häuptli, Freiburg 2014, Band 2, S. 1573.
2 Bernhard von Clairvaux: Sämtliche Werke, lateinisch/deutsch, Band 7, hrsg. von Gerhard B. Winkler, Innsbruck 1996, Erste Predigt am Vorabend des Festes der Geburt des Herrn, S. 139.
3 Ebd., S. 139–141.
4 Ebd., S. 137.
5 Ebd., S. 141.
6 Ebd., S. 137.
7 Ebd., Dritte Predigt zum Fest der Geburt des Herrn, S. 251.
8 Ebd., S. 253.
9 Ebd., S. 253–255.
10 Ebd., S. 255.
11 Ebd., Fünfte Predigt zum Fest der Geburt des Herrn, S. 269–271.
12 Ebd., Dritte Predigt zum Fest der Geburt des Herrn, S. 255.
13 Ebd., Erste Predigt am Vorabend des Festes der Geburt des Herrn, S. 133.
14 Nr. 102.
15 Ebd., Erste Predigt zum Fest der Geburt des Herrn, S. 225.
16 Ebd., Erste Predigt am Vorabend des Festes der Geburt des Herrn, S. 131.
17 Ebd., Erste Predigt zum Fest der Geburt des Herrn, S. 229.
18 Ebd., S. 229.
19 Ebd., Vierte Predigt am Vorabend des Festes der Geburt des Herrn, S. 183.
20 Ebd., Dritte Predigt am Vorabend der Geburt des Herrn, S. 173.
21 Ebd., Vierte Predigt am Fest der Geburt des Herrn, S. 263–265.
22 Ebd., Fünfte Predigt am Fest der Geburt des Herrn, S. 271.

Flucht nach Ägypten, Hinterglasbild, Augsburg, 1770, Privatbesitz

Das »abgekürzte Wort« – Papst Benedikt XVI. und die Weihnachtsverkündigung der Kirchenväter

In der Heiligen Nacht des Jahres 2006 predigte Papst Benedikt XVI. in der Christmette über das »abgekürzte Wort«.[1] In seiner Predigt greift der Papst auf die Schriftauslegung der frühen Kirche zurück: »Die Kirchenväter lasen in ihrer griechischen Übersetzung des Alten Testaments ein Wort des Propheten Jesaja, das dann auch Paulus zitiert, um zu zeigen, wie die neuen Wege Gottes im Alten Testament schon vorhergesagt waren. ›Gott hat sein Wort kurz gemacht, es abgekürzt‹, hieß es da.« Diese Aussage hätten die Väter in einem zweifachen Sinne auf die Menschwerdung des Gottessohnes angewendet. Zum einen sagten sie: »Der Sohn ist das Wort, der Logos; das ewige Wort hat sich klein gemacht – so klein, dass es in eine Krippe passt. Es hat sich zum Kind gemacht, damit uns das Wort fassbar werde.« Eine zweite Deutung des Satzes ›Gott hat sein Wort kurz gemacht‹ habe sich auf das Verhältnis des Alten Testaments zum Neuen Testament bezogen: »Das Wort, das Gott uns in den Büchern der Heiligen Schrift mitteilt, war lang geworden im Lauf der Zeit. Lang und unübersichtlich … Jesus hat das Wort ›kurz gemacht‹ – uns seine tiefste Einfachheit und Einheit wieder gezeigt.« Auch habe Christus selbst seine Botschaft und die des Alten Bundes in einem Satz zusammengefasst: »Alles, was Gesetz und Propheten uns lehren, ist vereinigt in dem einen Wort: ›Du sollst den Herrn, deinen Gott, lieben von ganzem Herzen, mit deiner ganzen Seele und mit all deinen Gedanken … du sollst den Nächsten lieben wie dich selbst‹ (Mt 22, 37–39). Das ist alles – der ganze Glaube ist bezogen auf diesen einen Gott und Menschen umfassenden Akt der Liebe.« Beide Deutungen, wie Gott sein Wort ›kurz macht‹, bilden das Geheimnis der Menschwerdung Gottes: »Er ist nicht mehr weit entfernt … Er hat sich zum Kind gemacht für uns … Er hat sich zu unserem Nächsten gemacht und so auch das Bild des Menschen wiederhergestellt«. Abschließend hat der Papst noch als dritte Bedeutung des »abgekürzten Wortes« die eucharistische Dimension angesprochen: »Und noch einmal sehen wir, wie klein er sich gemacht hat: In der demütigen Hostie, eines Stückchens Brot, gibt er sich uns selbst.« In der Einheitsübersetzung ist im Römerbrief das »abgekürzte Wort« nicht zu finden. Dort heißt es: »Denn der Herr wird handeln, indem er sein Wort auf Erden erfüllt und durchsetzt« (Röm 9,28). In einer katholischen Bibelübersetzung von 1763 ist das »abgekürzte Wort« noch enthalten: »Dann er wird das Wort vollenden, und abkürzen in Gerechtigkeit: dann der Herr wird ein abgekürzt Wort machen auf Erden« (Röm 9,28). Es handelt sich dabei um eine Übersetzung aus der lateinischen Bibel, der sogenannten Vulgata: *Verbum enim consummans et abbrevians in aequitate, quia verbum breviatum faciet Dominus super terram* (Ein zusammengefasstes und abgekürztes Wort in Gerechtigkeit hat der Herr über der Erde gemacht). Paulus zitiert im 9. Kapitel des Römerbriefes Jesaja nach dem griechischen Alten Testament. Wörtlich übersetzt: »Denn er wird das Wort vollenden und rasch beenden in Gerechtigkeit, denn ein rasch beendetes Wort wird er auf der ganzen Erde durchführen.« Die deutsche Einheitsübersetzung der Jesajastelle richtet sich demgegenüber ganz nach dem hebräischen Text: »Die Verurteilung ist beschlossen, die Gerechtigkeit flutet heran. Ja, Gott der Herr der Heere, vollstreckt auf der ganzen Erde die Vernichtung, die er beschlossen hat« (Jes 10,22–23). Bereits Origenes (gest. 253/254), der Begründer der christlichen Bibelauslegung, hat das *verbum abbreviatum* aus dem Römerbrief allegorisch, d.h. christologisch, gedeutet: »›Ein Wort, das erfüllt und verkürzt in Gerechtigkeit, ein verkürztes Wort wird der Herr auf der Erde vollbringen‹ ... Wir können auch das ganze Wort der Lehre ein verkürztes Wort nennen. Denn was das Gesetz und die Propheten zwar in aller Breite der Vorschriften enthielten, das verkündete der Herr bei seinem Kommen, indem er sagte: ›Du sollst den Herrn, deinen Gott, lieben mit allen deinen Kräften; und du sollst deinen Nächsten lieben wie dich selbst‹.« Die Auslegung von Papst Benedikt stimmt erstaunlich genau mit der von Origenes überein. Der Wiederentdecker des *verbum abbreviatum* war der von Joseph Ratzinger schon in der Studienzeit sehr geschätzte, französische Theologe und Jesuitenpater Henri de Lubac (1896–1991). Pater de Lubac hat die Auslegungsgeschichte des *verbum abbreviatum*, angefangen von Origenes, Hieronymus und Augustinus und von diesen dann in das lateinische Mittelalter zu Bernhard von Clairvaux und den Zisterziensertheologen Petrus Abaelard bis zu Rupert von Deutz und der Scholastik zurückverfolgt. Er hat herausgefunden, dass das »abgekürzte Wort« seit Bernhard von Clairvaux das beliebteste Thema der Weihnachtspredigten im Zisterzienserorden gewesen ist. Vor allem aber hat Lubac erkannt, dass die Lehre vom »abgekürzten Wort« der Schlüssel zur Schriftauslegung der Kirchenväter ist und als Basis einer eigentlich christlichen theologischen Bibelauslegung unverzichtbar ist. Diese Lehre besagt: In der Menschwerdung des Gottessohnes ist aus den vielen Worten der alttestamentlichen Schriften das eine Wort geworden. Im ewigen Logos hatte der Alte Bund bereits im Voraus seine Einheit gehabt, und erst mit seiner Menschwerdung ordnen sich die vielen widersprüchlichen Aussagen zu Hinweisen auf seine Person. Alle Inhalte des Gesetzes und der Propheten werden in Christus zusammengefasst und erhalten erst durch ihn ihren vollen Sinn. In der Gestalt eines Menschen erscheint das Wort verdichtet und abgekürzt. Wie der Papst in seiner Predigt unterscheidet Lubac eine zweifache Auslegung des »abgekürzten Wortes«: Die erste Bedeutung besagt, dass das göttliche Wort in dem Sinne abgekürzt wurde, dass der unfassbare ewige und allmächtige Gott sich klein gemacht, verkürzt hat zum Kind in der Krippe.

Die zweite Erklärung besagt, dass alle Worte der Schrift sich in Jesus Christus konzentrieren, erfüllen und von ihm verwandelt werden. Erst vom Christusereignis her wird der Sinn des Alten Bundes erschlossen. So ereignet sich im menschgewordenen Gottessohn eine doppelte Verkürzung und Zusammenfassung. Pater de Lubac konnte nachweisen, dass die Lehre vom *verbum abbreviatum*, auch wenn die Auslegung von Römer 9,28 umstritten bleibt, dem paulinischen Prinzip der allegorischen, das heißt christologischen Schriftauslegung entspricht, das der Völkerapostel an zahlreichen Stellen seiner Briefe exemplarisch angewendet hat: Christus ist die Mitte der Schrift, nur in ihm enthüllt sich der Sinn der Heilsgeschichte. Außerdem entspricht die Lehre vom abgekürzten Wort gänzlich dem Anfang des Hebräerbriefs, wo es heißt: »Viele Male und auf vielerlei Weise hat Gott einst zu den Vätern gesprochen durch die Propheten; in dieser Endzeit aber hat er zu uns gesprochen durch den Sohn« (Hebr 1,1–2). Ebenso muss auf die Übereinstimmung mit dem Prolog des Johannesevangeliums hingewiesen werden. Das auf Erden abgekürzte Wort ist der ewige präexistente Logos, der Mensch geworden ist (vgl. Joh 1,14). Es gibt eine ausdrückliche Bezugnahme auf das »Väterwort« vom *verbum abbreviatum* im Schrifttum des Papstes aus der Zeit vor seiner Wahl zum Pontifex maximus. In den Aufsätzen zur Eucharistielehre, die 2001 unter dem Titel »Gott ist uns nah« erschienen sind, fasste Kardinal Ratzinger die beiden Bedeutungsdimensionen zusammen: »Der Logos hat sich zusammengezogen, ist klein geworden. Dies gilt in doppelter Weise: Der unendliche Logos ist klein geworden, ein Kind. Aber auch: das unermessliche Wort, die ganze Fülle der Heiligen Schrift hat sich zusammengezogen in diesen einen Satz, in dem Gesetz und Propheten versammelt sind.« Mit seiner Weihnachtspredigt hat sich der Heilige Vater ganz in die Tradition der geistigen Schriftauslegung gestellt, wie sie von Pater de Lubac erforscht worden ist. Der Papst will damit die Unverzichtbarkeit einer theologischen Schriftauslegung, die nach der Lehre vom »abgekürzten Wort« nur die christologische Auslegung sein kann, für die Gegenwart herausstreichen.

Für die dritte Deutungsdimension, die eucharistische, die Benedikt XVI. in seiner Predigt berührt, gibt es in »Deus caritas est«, seiner ersten Enzyklika vom 25. Dezember 2005, einen erschließenden Kommentar: »Nun ist dieser Logos wirklich Speise für uns geworden – als Liebe. Die Eucharistie zieht uns in den Hingabeakt Jesu hinein.«

1 Benedikt XVI., Predigt in der Christmette 2006, auf: www.vatican.va/holy_father/index_ge.htm [01.08.2015].

Christi Geburt, Beinschnitzerei, Berchtesgaden, 1650, Privatbesitz

Der selige Kardinal John Henry Newman als Weihnachtsprediger

Zu Beginn seiner Predigt, die John Henry Newman als erster Rektor der katholischen Universität Dublin in der Weihnachtszeit 1857 in der Universitätskirche hielt, entschuldigte er sich bei den Zuhörern dafür, dass er ihre Feststimmung dadurch beeinträchtigen werde, dass er ihnen eine denkerische Anstrengung abverlange: »In dieser Weihnachtszeit, da wir jene freudigen Geheimnisse feiern, mit denen die Frohbotschaft anhebt, erscheint es beinahe als eine zudringliche Störung unserer Festzeit, die Vernunft irgendwie in Tätigkeit treten zu lassen, und geschähe es auch in der Absicht, die der heiligen Zeit eigenen frommen Empfindungen zu beleben.«[1] Was nun folgte, war eine sehr anspruchsvolle Zusammenfassung des Lebens Jesu unter einem für die Hörer sicherlich ungewohnten Gesichtspunkt.

Ausgangspunkt ist die Menschwerdung »wonach Gott Mensch, der Höchste der Niedrigste wurde, der Schöpfer unter seinen Geschöpfen seinen Platz einnahm, die Kraft zur Schwachheit wurde«. Zum christlichen Gottesbild gehört für Newman das Verständnis von Gott als einer »Allmacht, die sich zu gleicher Zeit in Schwachheit hüllen und die Gefangene ihrer eigenen Geschöpfe werden kann«. Newman nennt es das »Geheimnis der Allmacht in Banden«. Bereits der Entschluss, von einer Frau geboren zu werden, bedeutete eine Selbstentäußerung, eine Bindung an die Menschen und eine Auslieferung an sie. Newman nennt es den »Anfang einer wunderbaren Gefangenschaft«. Diese Gefangenschaft hat schon vorgeburtlich begonnen »im Schoß der Jungfrau Maria«. Nach der Geburt hat sich allerdings wenig geändert, Newman versteht das Wickeln des Säuglings als »Veranschaulichung und Bild seiner lebenslangen Gefangenschaft«. In dieser frei gewählten Selbstbindung als Wickelkind wird der Gottessohn auch auf vielen Weihnachtsdarstellungen abgebildet: »So liegt der Allmächtige gleich einem leblosen Bild von Holz oder Stein in der Krippe oder an ihrer Brust, doppelt hilflos, weil er ein schwaches Kind ist und weil seine Fesseln stark sind.« Als Wickelkind an die Menschen ausgeliefert wird der Gottessohn auch in der Weihnachtsgeschichte angebetet: »In dieser Gestalt wurde er den Hirten gezeigt; so wurde er von den Weisen angebetet; so wurde er im Tempel dargestellt, auf Simeons Arm genommen, des Nachts auf die Flucht nach Ägypten geschickt.« Nur von einem Moment der Freiheit berichtet die Kindheitsgeschichte, als der Zwölfjährige »seine Sendung vorwegnahm« und im Tempel bei den Priestern und Theologen saß. Allerdings wurde er schnell wieder »von den tadelnden Worten seiner Mutter zurückgerufen«. Gemäß dem Lukasevangelium kehrte Jesus mit den Eltern nach Nazareth zurück und »war ihnen gehorsam« (Lk 2,51). Den Zimmermannsberuf des Ziehvaters bis weit ins Mannesalter ausübend war Jesus »auch jetzt noch nicht sein eigener Herr«. Kaum hat er seine öffentliche Wirksamkeit begonnen, wird er »zur Vorbereitung auf seine Sendung« dem Satan ausgesetzt. Derjenige, der sich Gott nicht unterwerfen wollte, der »aufrührerische Erzengel« ist es nun, der »Hand anlegt an das ewige, fleischgewordene Wort« und ihn auf die Tempelmauer stellt und ihm die Herrschaft über die Erde anbietet. Für einen Augenblick hat der Teufel den Gottessohn in der Hand. Kaum der Bindung an die Familie entwachsen, wollen Verwandte seine Lösung aus dem Familienverbund nicht zulassen und ihn gewaltsam zurückholen und entmündigen lassen. Jesus soll gewaltsam von einem Felsen gestürzt und zum König gemacht werden. Mit der Passion erfährt die Selbstbindung und das Gebundenwerden die letzte Steigerung. Auch hier wählte Jesus die »Hände der Menschen«. Und was taten diese Hände, denen er sich auslieferte? Er wählte die Umarmung und »den ekelhaften Kuss des Verräters, er wählte die Prügel und Schwerter der Diener einer gefallenen Priesterschaft, er wählte lieber den Tod inmitten eines rasenden Pöbels, der ihn hin und her zerrte, unter den Fäusten und Geißelhieben und Hammerschlägen grausamer Henker, dann eingeschlossen in ein Verlies, dann vor den Richterstuhl geschleppt, dann an eine Säule gebunden, dann ans Kreuz genagelt und endlich, als das Schlimmste vorüber und seine Seele entflohen war, in Eile … in ein enges Felsengrab gelegt«. Dies ist nach Newman »das Geheimnis der Allmacht in Banden«.

Ist mit der Auferstehung die Selbstfestlegung Gottes, seine Bindung an die Menschheit zu Ende? Nein, sagt Newman: Jesus hat die Eucharistie als sichtbares Zeichen eingesetzt, »um dadurch das immerwährende Geheimnis seiner Allmacht in Banden lebendig zu erhalten«. Indem er der Kirche und ihren Priestern die Konsekrationsvollmacht übertrug, lieferte er sich erneut den Menschen aus: »Ein schwacher sündiger Mensch erzwingt durch die ihm verliehene priesterliche Gewalt die Gegenwart des Allerhöchsten, er bewahrt ihn auf in einem kleinen Tabernakel, er teilt ihn aus an ein sündiges Volk.« Diese Wahrheit von der »unendlichen Herablassung des Allerhöchsten« entspricht für Newman nicht nur einer »Ahnung der Seele«, in ihr erkennt er auch »den schrecklichen Gegensatz zum eigentlichen Begriff und Wesen der Sünde« bei Engeln und bei Menschen. »Denn was war die Sünde Luzifers anderes als der Entschluss, sein eigener Herr zu sein? Was war die Sünde Adams anderes als der Unwille gegen die

Unterwerfung und ein Verlangen, sein eigener Gott zu sein? Was ist die Sünde aller seiner Kinder anderes als die Regung nicht nur der Leidenschaft, der Selbstsucht und des Unglaubens, sondern des Stolzes, des Herzens, das sich gegen das Gesetz Gottes erhebt und darauf aus ist, von seinen Fesseln befreit zu werden?« Newman hat in seiner Weihnachtspredigt das Leben Jesu gemäß dem Hymnus des Philipperbriefes (»Er war Gott gleich, hielt aber nicht daran fest, wie Gott zu sein, sondern entäußerte sich und wurde wie ein Sklave und den Menschen gleich. Sein Leben war das eines Menschen, er erniedrigte sich und war gehorsam bis zum Tod, bis zum Tod am Kreuz« (Phil 2,6–8) in wunderbarer Weise ausgelegt: Zugleich hat er mit dem Hinweis auf die Sünde auch den heilsgeschichtlichen Bogen geschlagen, ohne den die Menschwerdung Gottes unverständlich bleiben muss. Im Anblick des gebundenen Wickelkindes in der Krippe wird das Geheimnis der Allmacht in Banden einsichtig: »Ist also das eigentliche Wesen der Sünde Auflehnung, liegt dann nicht ein erstaunlicher Sinn in der Tatsache, dass er, der Ewige, allein der Unumschränkte und Höchste ist, uns in eigener Person ein Beispiel jener liebenden Unterwerfung gegeben hat, die in ihm allein schlechthin freiwillig, für alle Geschöpfe jedoch eine elementare Pflicht ist?« Newman schließt seine Weihnachtspredigt mit einer kleinen Gewissenserforschung ab und fügt noch ein Gebet an: »Bitten wir ihn, der von uns allen unabhängig ist, der aber zu dieser Zeit gleichsam unser Gefährte und Diener geworden ist, er möge uns unseren Platz in seinem weiten Universum weisen und uns einzig das Begehren nach jener Gnade hienieden und nach jener Herrlichkeit im Jenseits schenken, die er uns durch seine eigene Erniedrigung erkauft hat.«

In seiner Ansprache im Hyde Park in London hat Papst Benedikt XVI. genau jene Wesenszüge von Newmans Denken und Leben auf den Punkt gebracht, die dem Leser auch aus seiner Weihnachtspredigt von 1857 entgegentreten: »Das Leben von Newman weist uns darauf hin, dass Leidenschaft für die Wahrheit, intellektuelle Aufrichtigkeit und echte Umkehr sehr anspruchsvoll sind. Wir können die Wahrheit, die uns frei macht, nicht für uns selbst behalten; sie ruft zum Zeugnis auf, sie will gehört werden, und letztlich kommt ihre Überzeugungskraft aus ihr selbst und nicht von menschlicher Beredsamkeit oder von Argumenten, in denen sie möglicherweise verborgen ist … Schließlich lehrt uns Newman, dass es keine Trennung geben kann zwischen dem, was wir glauben, und der Art, wie wir unser Leben gestalten, wenn wir die Wahrheit Christi angenommen und ihm unser Leben übergeben haben.«[2]

1 Alle Zitate aus der Predigt vom 1. Sonntag nach Erscheinung 1857: John Henry Newman: Predigten zu verschiedenen Anlässen. Bd. 10 der Gesamtausgabe, Stuttgart 1961, S. 95–111.

2 Die Ansprachen der apostolischen Reise von Papst Benedikt XVI. nach Großbritannien vom 16.–19. September 2010, darunter auch die Ansprache zum Abendgebet zur Seligsprechung von Kardinal John Henry Newman vom 18. September 2010 in London: www.vatican.va/holy_father/index_ge.htm [01.08.2015].

Anbetung der Hirten, Hinterglasbild, Seehausen 1830, Privatbesitz

Gilbert Keith Chesterton – der Verteidiger des Weihnachtsfestes

In mehr als dreißig Aufsätzen hat der katholische Publizist und Romanautor Gilbert Keith Chesterton (1874–1936) das Weihnachtsfest gegen seine Kritiker verteidigt.[1] Bedenkenswert sind seine Argumente auch für heutige Christen. Denn die Irrtümer und Selbstwidersprüche des modernen Bewusstseins, die von Chesterton treffend analysiert werden, bestimmen auch die geistige Atmosphäre der Gegenwart. Manche etwa finden Weihnachten vulgär, wobei sie »als Vulgarität bezeichnen, ... was in Wirklichkeit die Menschheit ausmacht«. Manche lehnen Weihnachten ab, »weil sie das Christentum hassen und ihren Hass als allumfassende Liebe für alle Religionen bezeichnen«. Daneben gibt es diejenigen, die die heidnischen Einflüsse auf das christliche Weihnachtsfest bedauern, »was lediglich heißt zu bedauern, dass das Christentum die vorausgegangene Sehnsucht der Menschheit erfüllt hat«. Die Behauptung, das Christfest sei eine Erfindung der Geschäftsleute, ist für Chesterton »so wahrscheinlich wie, dass die Süßwarenverkäufer die Kinder erschaffen«. Die Ursache für die Weihnachtsmüdigkeit »liegt nicht daran, dass wir zu sehr in Weihnachtsseligkeit schwelgen, sondern nicht genug«. Selbst als Familienfest verstanden ist Weihnachten für den modernen Menschen ungeeignet, weil es die Möglichkeit voraussetzt, »dass Familien vereint oder wieder vereint werden, und dass sogar die Männer und Frauen miteinander reden, die sich füreinander entschieden haben«. Außerdem halten diejenigen, die jederzeit bereit sind, jede »Eigenschaft bei Menschenfressern oder Teufelsanbetern zu tolerieren« es für unzumutbar, »eine Stunde, nein manchmal sogar zwei Stunden, in der Gesellschaft von Onkel George, irgendeiner Tante aus Cheltenham zu verbringen, die sie nicht besonders mögen«.

Für die moderne Welt ist Weihnachten unmöglich, denn »sein überliefertes Ritual ignoriert die gegenwärtige Konvention des Unkonventionellen«. Was am Weihnachtsrummel wirklich abzulehnen ist, hat seine Ursache in der »Vernachlässigung von Weihnachten«. Denn nicht der volkstümliche Glaube an sich, »sondern das volkstümliche Fehlen des Glaubens« macht die Weihnachtsbräuche zu einem Ärgernis. Der moderne Kritiker verwickelt sich schließlich in Widersprüche, wenn er sich nicht entscheiden kann »zwischen der Verleumdung von Weihnachten, weil es ein Kirchenfest oder rein päpstlicher Mummenschanz sei, und dem Versuch, gleichzeitig zu beweisen, es sei völlig heidnischen Ursprungs«. Sucht man über die unzähligen Einzelargumente gegen die modernen Kritiker der Weihnacht hinaus nach Chestertons eigener Weihnachtstheologie, findet man zwei Begriffe, die im Mittelpunkt stehen: die Höhle und das Paradox. Die Geburtshöhle in Bethlehem war für ihn ein wichtiger Zugang zum Weihnachtsgeheimnis: Er stellt sich die »heiligen Flüchtlinge« als Ausgestoßene und Heimatlose vor, »die es sogar unter die Erde verschlägt; als ob die Erde sie verschluckt hätte; die Herrlichkeit Gottes wie Gold in der Erde vergraben«. Chesterton, der eine Kunsthochschule in London besucht hat, wundert sich darüber, dass die Geburt in der Höhle in Kunst und Theologie keine Rolle spielt. Offensichtlich kannte er die byzantinische Weihnachtsikone nicht, die genau das darstellt, was er einerseits dargestellt wissen will und zugleich für nicht darstellbar hält: »Denn es dürfte für jede Form der Kunst schwierig sein, gleichzeitig das göttliche Geheimnis der Höhle und den Reiterzug der geheimnisvollen Könige darzustellen, der über die felsige Ebene stampft und die Decke der Höhle erzittern lässt«, schreibt er. Daneben ist das paradoxe Geheimnis der Menschwerdung Gottes, das darin besteht, dass der Schöpfer des Kosmos als Säugling in der Krippe liegt, für ihn der wichtigste Glaubenssatz der Weihnachtsgeschichte. Er findet das schöne Paradoxon, »dass die Hände, die Sonne und Sterne geschaffen haben, zu klein waren, um die großen Häupter der Rinder zu berühren«. Als ein mehr psychologisches denn theologisches Kennzeichen christlicher Erziehung überlebe diese Verbindung zwischen einem Neugeborenen und der göttlichen Allmacht jeden Glaubensabfall: »Weihnachten hat diese Vorstellung in unserer Seele geschaffen, weil wir Christen sind, weil wir Christen dem Geist nach sind, selbst wenn wir es nicht im theologischen Sinn sind.« Bethlehem ist und bleibt der einzigartige Ort, »an dem Extreme sich berühren,« der Ort, an dem »das Absolute einst von einem Kuhstall aus das ganze Universum regierte.« Seit zweitausend Jahren ist dieses einmalige Ereignis, das den Glauben zu einer »Religion kleiner Dinge« gemacht hat, nicht banal geworden. Einen Zugang zur Marienverehrung weist Chesterton auf ganz natürlichem Weg: »Man kann das Kind nicht denken, ohne gleichzeitig an die Mutter zu denken. Man kann das Kind nicht besuchen, ohne die Mutter zu besuchen. Auch im normalen menschlichen Leben kann man sich dem Kind nur durch die Mutter nähern.«

Ob Weihnachten ein Mythos sei? Seine Antwort entwickelt Chesterton über die Hirten an der Krippe. In der Hirten- und Bauernkultur entstand der Glaube, »dass Heiliges eine Wohnstatt haben kann und dass Göttlichkeit die Begrenzungen von Zeit und Raum nicht zu verachten braucht«. Genau in dem Moment, da die griechische Philosophie den antiken Götterhimmel als Illusion verwarf, erfüllte sich die Sehnsucht der einfachen Menschen nach der Wohnung Gottes unter den Menschen. »Mythologie ging vielfach in die Irre, aber darin hatte sie sich nicht getäuscht: So fleischlich zu sein wie die Fleischwerdung.« Mit der Menschwerdung Gottes hat sich für Chesterton die Suche aller Mythologie erfüllt, Bethlehem ist ein Ort, »an dem Träume wahr geworden waren. Seit jener Stunde sind auf Erden keine Mythen mehr ersonnen worden«.

Für Chesterton verkörpern die Heiligen Drei Könige die Suche nach Weisheit und Erkenntnis. Sie stehen für die Philosophie und die anderen Religionen, die im Stall von Bethlehem die Antwort finden auf das, was an ihrem Lehrgebäude noch unvollkommen ist. »Selbst wo wir den Christen kaum als größeren bezeichnen können, sind wir gezwungen, ihn als den Umfassenderen zu bezeichnen. Das trifft zu, gleich welcher Philosophie oder Häresie wir unser Augenmerk zuwenden mögen.« Die Entdeckung der Weisen aus dem Morgenland besteht darin, »dass Religion umfassender ist als Philosophie, und dass das, was jener enge Raum umschließt, die umfassendste aller Religionen ist«. Damit wird die Theorie des modernen Religionspluralismus von Chesterton abgewiesen, die Gott für unerkennbar, alle Wege zu Gott für gleichwertig und gleich gültig erklärt und die Einzigartigkeit, Einmaligkeit und universale Gültigkeit des Christusereignisses aus einem relativistischen Wahrheitsverständnis heraus ablehnt. Als Suchende nach der Wahrheit kamen die Hirten (die Mythologien) und die Weisen (die Philosophie und die Religionen) zur Krippe. Dort wurde ihre Sehnsucht nach Gott durch die Offenbarung beantwortet und erfüllt. Über die Geburtshöhle erschließt Chesterton auch das Erscheinen des Bösen im Drama von Bethlehem: »In dieser vergrabenen Gottheit liegt der Gedanke der Unterminierung der Welt, eines Erschütterns der Türme und Paläste von den Grundfesten her, wie ja auch der große Herodes dieses unterirdische Beben verspürte und in seinem wankenden Palast erbebte.« Bewegend schildert Chesterton die Soldaten auf dem Weg zum Kindermord: »Jene unterirdische Kammer war ein Versteck vor Feinden, und die Feinde durchstreiften bereits die steinige Ebene, … Und die Hufe der Rosse des Herodes tönten donnergleich über das in der Erde versteckte Haus Christi.« Weil das Christusereignis von Anfang an eine »Empörung gegen den Fürsten der Welt« darstellt, ist die Höhle ein »Versteck für etwas Wertvolles, nach dem die Tyrannen wie nach einem Schatz suchen.« Die Weihnachtsgeschichte hat revolutionäre Züge, da sie von einem Gott handelt, der die Niedrigen erhöht und die Mächtigen vom Thron stürzt. »Das mittelalterliche Weihnachtsfest existierte zwangsläufig in einer Feudalgesellschaft, und doch erzählten alle Weihnachtslieder und Legenden immer wieder die Geschichte, in der die Engel zu den Hirten reden und der Teufel den König inspirierte. Herodes erinnert im Heilsdrama von Bethlehem zugleich daran, dass die Kirche im Kampf gegen Verfolgung und Irrtum steht: Sie verkündet Frieden auf Erden und vergisst nie, weshalb

Krieg im Himmel herrschte.« Gemäß der modernen Methode »zuerst etwas mit Schmutz zu bewerfen und sich dann darüber zu beschweren, dass es schmutzig ist« wurde auch gegen das Weihnachtsfest vorgegangen: Zuerst wurde »Weihnachten zu etwas Vulgärem gemacht und es dann als vulgär angeprangert.« Diejenigen, die Weihnachten als zu kommerziell ablehnen, würden sie nicht »das verdorbene Weihnachtsfest abschaffen und den Kommerz beibehalten, der es verdorben hat?«

In gleicher Weise gehen die Entlarvungsstrategen vor, wenn sie unterstellen, dass Weihnachten eigentlich ein heidnisches Fest sei. Darauf antwortet Chesterton: »Wenn ein gelehrter Mann mir sagt, dass ich am 25. Dezember in Wirklichkeit astronomisch die Sonne anbete, dann sage ich ihm, dass ich es nicht tue. Ich praktiziere eine besondere persönliche Religion, deren Freuden (zu Recht oder Unrecht) nicht im Geringsten astronomisch sind.« Auf die Unterstellung, dass die Feier der Weihnacht eigentlich eine Sonnenanbetung sei, gibt Chesterton eine einfache Antwort: »Es fühlt sich ganz anders an. Wenn die Menschen bekunden, ›den Geist‹ hinter dem Symbol zu fühlen, so ist es das erste, was ich von ihnen erwarte, dass sie fühlen sollen, welcher Gegensatz das ist: die Sonne anbeten oder dem Stern zu folgen.« Wenn es eine Übernahme heidnischer Elemente gegeben hat, meint Chesterton, dann weil das Heidnische menschlich war oder eben noch nicht vollständig menschlich. Ein gängiges falsches Vorurteil besagt, »das Christentum müsse etwas nur darum ablehnen, weil es natürlich ist«. Im Übrigen zeige der Umgang des frühen Christentums mit der heidnischen Überlieferung nur, »wie gut die Christen etwas Christliches auf den ersten Blick erkannten«. In diesem Zusammenhang stellt Chesterton auch die These auf, dass Christentum und heidnische Antike sich viel näher stehen als Heidentum und Christentum zur Moderne. Darum könne auch das moderne Bewusstsein »aus keiner der beiden Tiefen etwas schöpfen«. Besonders skeptisch ist Chesterton, wenn behauptet wird, man wolle den ›Geist der Weihnacht‹ wiederbeleben: »Die Menschen sprechen darüber, dass man den Buchstaben opfern und den Geist bewahren solle; und dann gehen sie hin und tun genau das Gegenteil. Sie bewahren ein paar fragmentarische Buchstaben (die kein Wort mehr ergeben) und opfern dann den Geist ganz und gar.« Auf Weihnachten bezogen fragt er: Was meint einer, der sagt, »dass wir den Geist der wahren Weihnacht haben sollten, jenseits von allen Namen und Formen. Soweit ich es erkennen kann, meint er das genaue Gegenteil von dem, was er sagt. Er meint, dass wir weiterhin die Namen ›Christ‹ und ›Christentum‹ usw. für etwas benutzen sollten, dessen Geist eben gerade nicht christlich ist; etwas, was wie eine Art Kombination des grundlosen Optimismus eines amerikanischen Atheisten und des Pazifismus eines sanft gesonnen Hindus ist.« Ein verblüffend einfaches Kriterium rät Chesterton für diesen Fall zur Anwendung an: »Wenn sich daher neue geistige Strömungen mit der Beweisführung beschäftigen, dass ihnen der Geist und das Geheimnis eines christlichen

Festes innewohnt, müssen sie dies nicht durch abstrakte Behauptungen beweisen, sondern anhand von Dingen, die die Spur des Besonderen und Unverwechselbaren tragen, anhand der Tatsache, dass sie ein besonders intensives Aroma erzeugen, etwa durch die Fähigkeit, ein Weihnachtslied zu schreiben oder sogar einen Christstollen zu backen.«

In seinen Weihnachtsbetrachtungen hat Chesterton auch eine kleine Theorie des Festes entwickelt. Er vergleicht Weihnachten mit einem Hochzeitsfest: »Es ist die Hochzeit eines wilden Geistes menschlicher Freude mit dem höheren Geist der Demut und dem Sinn für Mystik.« Hochzeitsfeiern und das Weihnachtsfest sieht Chesterton heute zunehmend davon bedroht, vulgär zu werden. Eine Hochzeitsgesellschaft etwa, die nur aus Snobs besteht, die der eigentliche und ernste Zweck der Hochzeit nicht interessiert, gleitet zwangsläufig in die Frivolität ab. Frivolität wird von Chesterton definiert als das Verhalten »dort jubeln zu wollen, wo es nichts zu jubeln gibt«. Mit dem Ergebnis, »dass schließlich sogar die Frivolität allmählich aufhört, frivol zu sein. Die Menschen, die anfangs nur zusammenkamen, um Spaß zu haben, tun dies dann nur noch, weil es Mode ist; und es bleibt noch nicht einmal der leiseste Anflug von Laune, sondern nur noch Lärm«. Darum liegt auch die Ursache dafür, dass sich immer mehr Menschen an Weihnachten nicht freuen können, darin, dass sie das Fest für einen amüsanten Spaß halten. Sobald nämlich verloren geht, dass es beim Weihnachtsfest wirklich um etwas geht, »dann ergreift sie schubweise eine innere Leere und Verwunderung«. Als zentrale Aufgabe und Herausforderung in der Moderne sieht es Chesterton an, die Festfreude vor der Frivolität zu retten: »Das ist die einzige Möglichkeit, dass sie jemals wieder festlich wird«. Sehr erschwert wird diese Aufgabe dadurch, dass der Zauber der Weihnacht »durch die vulgäre Leichtigkeit der restlichen 364 Tage erstickt« wird. Ohne einen Anlass kann es Festfreude oder Weihnachtsstimmung nicht geben: »Die Forderung, sich am 25. Dezember zu freuen, ist als ob man jemanden auffordert, sich nächste Woche Donnerstag um viertel vor elf zu freuen. Man kann nicht auf einmal fröhlich sein, es sei denn, man glaubt, einen guten Grund dafür zu haben, fröhlich zu sein.« Ebenso wenig wie diejenigen ausgelassen eine Hochzeit mitfeiern können, die gerade dabei sind, sich scheiden zu lassen, kann man sich nicht »den Spaß erlauben, ein Wunder zu feiern, von dem man annimmt, dass es ein unechtes Wunder ist«. Der Grund der Freude muss aber der Natur des Menschen entsprechen und setzt darum voraus, »dass die Methode unserer Erlösung wirklich orts- und personengebunden war und nicht kosmisch und unpersönlich«. Es entspricht unserer geistigen Natur, »nach einem besonderen Ort oder einer besonderen Person zu suchen. Mit anderen Worten: Dass der eine Baum im Wald wirklich ein Weihnachtsbaum ist«. Auf die Häufung von kleinen und größeren Familiendramen zum Fest des Friedens wirft folgendes Argument ein neues Licht: »Die göttliche Seite von Weihnachten außen vor zu lassen und nur nach der menschlichen Seite zu verlangen, bedeutet schließlich, zu viel von der menschlichen Natur zu verlangen.« Weihnachten als häusliches Familienfest beruht für Chesterton auf dem Paradox, »dass nämlich die Geburt des Heimatlosen in jedem Heim gefeiert werden sollte«. Nach Charles Dickens hat die besonders ausgelassene und gesellige englische Form der Weihnachtsfeier keinen größeren Verfechter als Chesterton gefunden. Er wünscht sich ein kreatives und geistreiches Weihnachtsfest in der altenglischen Tradition. Darum sollte das Christfest unbedingt häuslicher werden statt weniger häuslich. Allerdings krankt die familiäre Feier daran, dass die modernen Menschen sich nicht mehr amüsieren können, »sie sind zu sehr daran gewöhnt, sich amüsieren zu lassen«. Ein Familienfest sollte Weihnachten aber überall sein können: »Wenn es Heiden sind, die nichts als das Winterfest akzeptieren können, so lasst es wenigstens ein Familienfest sein.« Denjenigen, die behaupten, sich als Erwachsene nicht mehr so auf Weihnachten freuen zu können, antwortet Chesterton, dass er sich als Erwachsener noch viel mehr über Weihnachten freuen kann, weil zum Beispiel ein Erwachsener Ehe, Häuslichkeit und das Privateigentum mehr schätzt als ein Kind. Zur Festtheorie des englischen Journalisten gehört auch die aktuelle und dringende Warnung: »Es gibt keine gefährlichere oder abstoßendere Gewohnheit als jene, Weihnachten schon zu feiern, bevor es da ist.« Für das Phänomen, dass man mit den Festvorbereitungen immer erst in letzter Minute fertig wird, hat Chesterton eine für alle beruhigende Erklärung: »Es gehört zum eigentlichen Wesen eines Feiertages, dass er glanzvoll und abrupt über einen hereinbricht, dass der Tag im Moment noch nicht da und im nächsten Moment schon da ist.«

Ohne das Thema Geschenke wäre eine Theorie des Weihnachtsfestes natürlich unvollständig. Chesterton leitet das Schenken von den Gaben der Weisen aus dem Morgenland ab: »Die Heiligen Drei Könige kamen nach Bethlehem mit Gold, Weihrauch und Myrrhe. Hätten sie nur Wahrheit, Reinheit und Liebe gebracht, so gäbe es keine christliche Kunst und keine christliche Kultur.« Die Gabe als Grundlage der gesamten Menschheitskultur steht auch über dem religionspädagogisch so strapazierten Teilen: »Weihnachtsgeschenke sind ein dauerhafter Protest für das Geben, anders als das bloße Teilen, das die modernen Moralvorstellungen als etwas Gleichwertiges oder Überlegenes zu bieten haben.« Gerade auch wegen des besonderen Verhältnisses von Geber und Gabe ist für den Denker der Heiligen Nacht Weihnachten »etwas viel besseres als eine Sache für alle, es ist eine Sache für jeden«. Mit einem wunderbaren Beispiel macht er dies sofort plausibel: »Man nehme beliebige hundert Internatsschülerinnen und beobachte, ob sie nicht einen Unterschied machen zwischen einer Blume für jede einzelne und einem Garten für alle.«

1 Alle Argumente für Weihnachten finden sich in: Gilbert Keith Chesterton: Die neue Weihnacht, hrsg. von Matthias Marx, Bonn 2004.

IV.

Die Feier des Weihnachtsfestes

St. Nikolaus verteilt Almosen an die Armen, Beinschnitzerei, Berchtesgaden 1650, Privatbesitz

Sankt Nikolaus und der Weihnachtsmann

»Eine schöne Bescherung«, sagt der Weihnachtsmann aus einer Rußwolke heraus, während er mit dem Kopf nach unten im Kamin steckt und in das festlich geschmückte Wohnzimmer schaut. Diese Fernsehwerbung einer Kaffeerösterei ist bei weitem nicht der Endpunkt der Geschichte des Missbrauchs eines der bedeutendsten und meist verehrtesten Heiligen der westlichen und östlichen Christenheit, des heiligen Nikolaus. Inzwischen haben die Werbefachleute sogar schon damit begonnen, sich von ihrem beliebtesten Werbeträger abzuwenden. Im vergangenen Advent sah man in der Fernsehwerbung eines Online-Versands den deprimierten Weihnachtsmann mit einem Strick. Der Kommentar dazu lautete: »Der Weihnachtsmann kann sich einen Strick nehmen, die Geschenke bringt jetzt …« Für den Brauchtumsforscher und Nikolausspezialisten Werner Mezger gehört der Wandel des wundertätigen Bischofs zum säkularisierten Weihnachtsmann zu den »ungeheuerlichsten Metamorphosen, die je eine Gestalt der europäischen Ideengeschichte durchgemacht hat«.[1]

Im 4. Jahrhundert wirkte in Myra in Kleinasien, dem heutigen Demre an der Südküste der Türkei, einen Bischof mit dem Namen Nikolaos. Als Tag seines Todes gilt der 6. Dezember. Mehr ist nicht zu belegen. Seine angebliche Teilnahme am Konzil von Nizäa (325) ist legendär. Im Unterschied zum heiligen Martin, dem zweiten herausragenden Heiligen der Vorweihnachtszeit, gibt es von Nikolaus keine zeitgenössische Lebensbeschreibung. Das älteste Textzeugnis über ihn stammt aus dem 6. Jahrhundert: die Legende der wunderbaren Rettung von drei unschuldig zum Tode verurteilten Feldherren durch das Eingreifen des Bischofs. In dieser Geschichte, die zu Lebzeiten des Heiligen spielt, erscheint er dem Kaiser Konstantin, um ihm ins Gewissen zu reden.

Die Gabe, schon zu Lebzeiten »engelsgleich« an verschiedenen Orten erscheinen zu können, trug zur außerordentlichen Verehrung des Bischofs von Myra bei. Ausgehend von dieser Wundertat verbreitete sich der Ruf, der heilige Nikolaus sei ein besonders wirksamer Nothelfer in jeder Gefahr. Durch die fälschliche Gleichsetzung des Bischofs von Myra mit einem gleichnamigen Abt des Sionskloster in Lykien aus dem 6. Jahrhundert wurde das Bild des Wundertäters um viele Legenden und Einzelheiten bereichert.

Die Verehrung des heiligen Nikolaus, der zu seinen Lebzeiten noch gegen die heidnischen Götter gekämpft haben muss, löste in Myra den Kult der Stadtpatronin und Landesheiligen von Lykien, Artemis, ab. In diesem Sinne wurde auch schon früh der Name Nikolaos als »Sieg des Volkes Gottes« verstanden. Bereits im 9. Jahrhundert folgte der Nikolaus in der Rangordnung der Heiligen unmittelbar auf die Gottesmutter. Bis heute ist im byzantinischen Ritus der Donnerstag dem besonderen Gedächtnis der Apostel und des heiligen Nikolaus geweiht. Außer der Gottesmutter wurde diese Ehre keinem Heiligen zuteil.

Die Verehrung von Sankt Nikolaus blieb aber nicht auf das oströmische Reich beschränkt. Im byzantinisch geprägten Süditalien breitete sich der Kult des Thaumaturgen (griechisch: Wundertäter) schnell aus. Auch die Benediktiner, die in Nikolaus einen ihrer Mönchsväter sahen, trugen zur Ausbreitung seiner Verehrung bei.

Im Jahre 1087 raubten Kaufleute aus dem italienischen Bari, die gerade noch den Venezianern zuvorkommen konnten, die Gebeine des Heiligen aus Myra. Die Einwohner hatten die Stadt aus Furcht vor Überfällen der Araber verlassen, die schon einmal im 9. Jahrhundert unter dem Kalifen Harun al Raschid die Basilika und das Nikolausgrab zerstört hatten. So war es den Räubern ein leichtes, die Reliquien an sich zu bringen. In der Ostkirche war der heilige Nikolaus zu diesem Zeitpunkt bereits so populär, dass der Reliquienraub der Verehrung dort nicht mehr schaden konnte. Mit der sogenannten Überführung der Gebeine in die italienische Hafenstadt Bari begann die große Blütezeit des Nikolauskultes im Westen. Während das antike Myra in der Provinz Antalya noch nicht ausgegraben ist, wurde die Basilika von türkischen Archäologen teilweise restauriert. Über Konstantinopel trat der heilige Nikolaus seinen Siegeszug auch durch die slawischen Länder an. In der gesamten Orthodoxie ist er bis heute der allgemeine Nothelfer, der Erbarmen mit jedem Menschen in Not zeigt. Auf den Ikonen wird er immer im byzantinischen Bischofsornat ohne Kopfbedeckung als hagerer Asket mit auffallend hoher Stirn dargestellt. Der Festgesang aus der Nikolausvigil der byzantinischen Liturgie fasst am besten die Bedeutung des Heiligen für die Ostkirche zusammen: »Als Richtschnur des Glaubens, als Vorbild der Sanftmut und Meister der Zucht, erweist sich deiner Herde die Wahrheit deiner Werke. Deshalb wird deine Demut mit Erhöhung belohnt und deine Armut mit Reichtum. Heiliger Vater Nikolaus, bitte Christus, unsern Gott, dass er uns errette.«[2]

Durch die Legenda aurea genannte Geschichtensammlung, die der Dominikaner Jacobus de Voragine wohl um 1264 in lateinischer Sprache zu allen Heiligen des Kirchenjahres verfasste, wurden die Nikolauslegenden auch im Westen bald weit verbreitet. Die

Entstehung von Legenden um einen Heiligen setzt immer seine Verehrung voraus. Auf die Legenden lassen sich dann in aller Regel die Bräuche eines Heiligenfestes und die Patronate des Heiligen zurückführen. So hat zum Beispiel die Legende von der heimlichen nächtlichen Geldspende des noch jugendlichen Nikolaus für die Aussteuer von drei verarmten Jungfrauen zu seinem Patronat für die Liebenden und die Heiratswilligen geführt. Das Beschenken der Kinder durch heimliches Auffüllen von Tellern, Schuhen, Strümpfen oder Papierschiffchen ist im Mittelalter in den Klosterschulen entstanden und geht ebenfalls auf diese Legende zurück. Die Stillung eines Seesturmes durch die Anrufung des Heiligen bestärkte seinen Ruf als Wundertäter unter Seefahrern und Fischern.

Auch die vom Seehandel lebende Stadt Bari hoffte Schutz und Segen durch die Reliquien zu erlangen. Darum finden sich auch viele Nikolaikirchen gerade in Hafenstädten. »Christoph Kolumbus sah in Sankt Nikolaus seinen persönlichen Schutzpatron, und als er auf seiner ersten Reise am 3. Dezember 1492 in Haiti landete, wo er eine Niederlassung gründete, gab er dort sowohl einer Mole als auch einem Vorgebirge den Namen des Heiligen« (Werner Mezger). Die Legende von der wunderbaren Kornvermehrung führte zum Patronat für die Getreidehändler und die Bäcker. Die Geschichte von der Heimführung eines verschleppten Kindes begründete das spezielle Kinderpatronat des Nothelfers. Die Legende von der Vertreibung der Göttin Diana, die als satanisches Wesen gedeutet wurde, hat wohl zur Beziehung zwischen dem heiligen Nikolaus und dem Teufel geführt, von der noch zu reden sein wird.

Die erst im Mittelalter in Nordfrankreich entstandene Legende von der Erweckung dreier Scholaren, die getötet und in einem Faß eingepökelt waren, begründete das allgemeine Schülerpatronat des Heiligen, das zuerst in den Klosterschulen gefeiert worden ist. Dort entstand auch der Brauch, am Tag des 6. Dezember einen Kinderbischof zu wählen, wobei die daraus entstandenen Umzüge und Festlichkeiten oft zu Ausschreitungen führten.

Erst durch die Forschungen von Dietz-Rüdiger Moser[3] wurde die Schlüsselrolle der kirchlichen Lesungen am Gedenktag eines Heiligen für die Entstehung des Brauchtums erkannt. So konnte auch das Rätsel um den Laternenumzug an Martini, dem 11. November, aufgeklärt werden. Hieß es doch im Evangelium dieses Tages bis zur neuen Perikopenordnung nach dem Zweiten Vatikanum: »Wenn dein ganzer Körper von Licht erfüllt und nichts Finsteres in ihm ist, dann wird er so hell sein, wie wenn die Lampe dich mit ihrem Schein beleuchtet« (Lk 11,36).

Das Evangelium am Nikolaustag war das Gleichnis von den Talenten (Mt 25,14–23). So wie der Herr im Gleichnis von seinen Knechten Rechenschaft fordert, entstand zunächst im Umfeld der Klöster der Brauch, an diesem Tag das gelernte Glaubenswissen abzufragen.

Die Auslegung des Evangeliums hat mit der Zeit zu einer folgenschweren Veränderung des Festcharakters im lateinischen Westen geführt: Aus dem heiligen Nothelfer wurde der »überirdische Schulinspektor« (Mezger). Das Abfragen von Religionskenntnissen wurde in der Zeit der Gegenreformation zu einem Auftritt des heiligen Nikolaus ausgestaltet, bei dem er mit Engeln und Teufeln in seiner Begleitung erschien. Wer die Lektionen gelernt hatte, wurde durch die Engel beschenkt, wer sie nicht konnte, der wurde von den Teufeln mit der Rute geschlagen, zur Erinnerung an die ewige Höllenstrafe. Bereits in mittelalterlichen Nikolausspielen trat der Teufel auf, in Erinnerung an die Legenden, in denen Nikolaus das Böse in seine Schranken weist. Belege für adventliche Teufelsauftritte finden sich erst für das 15. Jahrhundert und immer nur im Zusammenhang mit dem Nikolausbrauchtum. Darum hält Werner Mezger die »fixe Idee vom angeblichen Fortleben mitwinterlicher Lärmumzüge heidnisch-germanischer Männerbünde im Nikolausbrauchtum« für widerlegt.

Um 1500 zogen den ganzen Advent lärmende Schüler und Handwerksburschen mit dem heiligen Nikolaus umher, der aber zusehends von den dämonischen Nebenrollen an den Rand gedrängt wurde. Wie einige Verbote von Städten bis heute belegen, machten Schülerbischöfe und Teufelsauftritte die Fastenzeit vor Weihnachten zur zweiten Fastnacht. Daran erinnert heute nur noch der sogenannte Beginn der Fastnachtszeit am 11.11.

Die Meinung, dass der Reformator Martin Luther den Nikolaus als Gabenbringer abgeschafft und an seine Stelle den »heiligen Christ« gesetzt habe, trifft wohl so nicht zu. Schon vor Luther hat es mehrere »Bescherfiguren« gegeben. Sankt Nikolaus und das Christkind bildeten nämlich schon in der italienischen Malerei des 15. Jahrhunderts ein Figurenpaar. Dagegen war Luther eindeutig gegen den Nikolaus als Examinator des Katechismuswissens eingestellt. Gnadengaben durften ja gerade nicht durch einen Gnadenmittler an die Gläubigen gelangen. Der reformatorische Kampf gegen die Heiligenverehrung als »Götzendienst« führte in der Folgezeit aber zum ausdrücklichen Verbot einer Bescherung durch den heiligen Nikolaus. Trotz der Verbote hat sich der Nikolausbrauch aber auch in protestantischen Gebieten als äußerst zählebig erwiesen.

Erst im 17. Jahrhundert entwickelte sich aus dem heimlichen Einlegen der Gaben der Brauch des Besuches des heiligen Nikolaus in den Stuben. Bei seiner abendlichen Einkehr brachte er auch ein Gefolge mit. All die verschiedenen Nikolausbegleiter (Knecht Ruprecht, Bartel, Semper, Hans Muff, Hans Trapp, Krampus und wie sie alle heißen) stammen von den Nikolausspielen und Straßenumzügen. Dort hatten sie zunehmend dem Thaumaturgen die Schau gestohlen. Hier, bei der häuslichen Einkehr, tritt dagegen wieder mehr Sankt Nikolaus als bestimmende Gestalt in den Vordergrund. Gott und Teufel, Himmel und Hölle, Gut und Böse stehen sich in den Gestalten des Heiligen und seines Begleiters gegenüber.

Jedenfalls ist es für die neuere Forschung keine Frage mehr: All die Schreckgestalten gehören zur *civitas diaboli*, dem Reich des Bösen, und lassen sich ohne Not vollständig, ohne Rückgriff auf germanische Fruchtbarkeitsriten oder Wintervertreibung, aus der christlichen Tradition erklären.

Die Pädagogik der Aufklärungszeit hielt zwar nicht viel vom Abfragen des Katechismus, setzte aber den Nikolausbrauch »kindgerecht« ein. Das Vorbild der Sanftmut wurde zum vorweihnachtlichen Erziehungsmittel, zur Drohfigur, zur angsteinflößenden Schreckgestalt. Dabei geht die Drohung, ungezogene Kinder in den Sack zu stecken und mitzunehmen, auf den Teufel als Seelenfresser zurück, aus dem dann der Kinderfresser geworden ist. In manchen Gegenden trat schließlich nur noch Knecht Ruprecht alleine auf. »Der Gedanke, dass ‚Knecht Ruprecht' die Kinder in den Sack steckt, steht am Ende eines Säkularisierungsprozesses, bei dem die Gestalt des Gabenspenders Nikolaus mit der seines teuflischen und seelenfressenden Begleiters vereinigt worden war – ein klassisches Beispiel des Sinnverlustes christlicher Überlieferung.«[4]

Aus der Verschmelzung von Nikolaus und Knecht Ruprecht entstand zunächst zu Beginn des 19. Jahrhunderts die allegorische Figur des »Herrn Winter«, aus der sich zwischen 1840 und 1850 der Weihnachtsmann entwickelt hat: Vom bischöflichen Ornat ist einzig die rote Farbe des Gewandes geblieben, Kapuze und Pelzbesatz sind vom Knecht Ruprecht entliehen. Der solchermaßen weltanschaulich neutrale Weihnachtsmann konnte nun auch leicht vom 6. Dezember losgelöst werden. Seitdem wird er als Werbeträger immer neuen Produkten zugeordnet und fungiert als leicht seniler Opa mit Zipfelmütze und als himmlischer Gepäckträger. In Schweden degenerierte er sogar zum Weihnachtszwerg mit Grabenlampe.

Der Missbrauch und der Bedeutungsverlust des heiligen Nikolaus hat freilich schon innerhalb der christlichen Tradition angefangen und damit erst die neuen Funktionen ermöglicht. Wie sieht die Zukunft des Nikolausbrauches aus? Der Martinsbrauch, der kaum parodiert wird, erscheint gefestigter. Bedenkt man die These von Dietz-Rüdiger Moser, dass die Stabilität kirchennaher Bräuche wesentlich von der Rolle abhängt, die die Kirche im gesellschaftlichen Leben insgesamt einnimmt, bleibt uns nur noch der Ruf nach einem Nothelfer und Wundertäter, wie er uns ja, Gott sei Dank, mit dem Sankt Nikolaus geschenkt worden ist.

1 Werner Mezger: Sankt Nikolaus. Zwischen Kult und Klamauk, Ostfildern 1993.

2 Gertrude Sartory / Thomas Sartory: Der heilige Nikolaus – Die Wahrheit der Legende (Herderbücherei 897), Freiburg 1981, S. 132.

3 Dietz-Rüdiger Moser: Bräuche und Feste im christlichen Jahreslauf, Graz 1993.

4 Moser, S. 53.

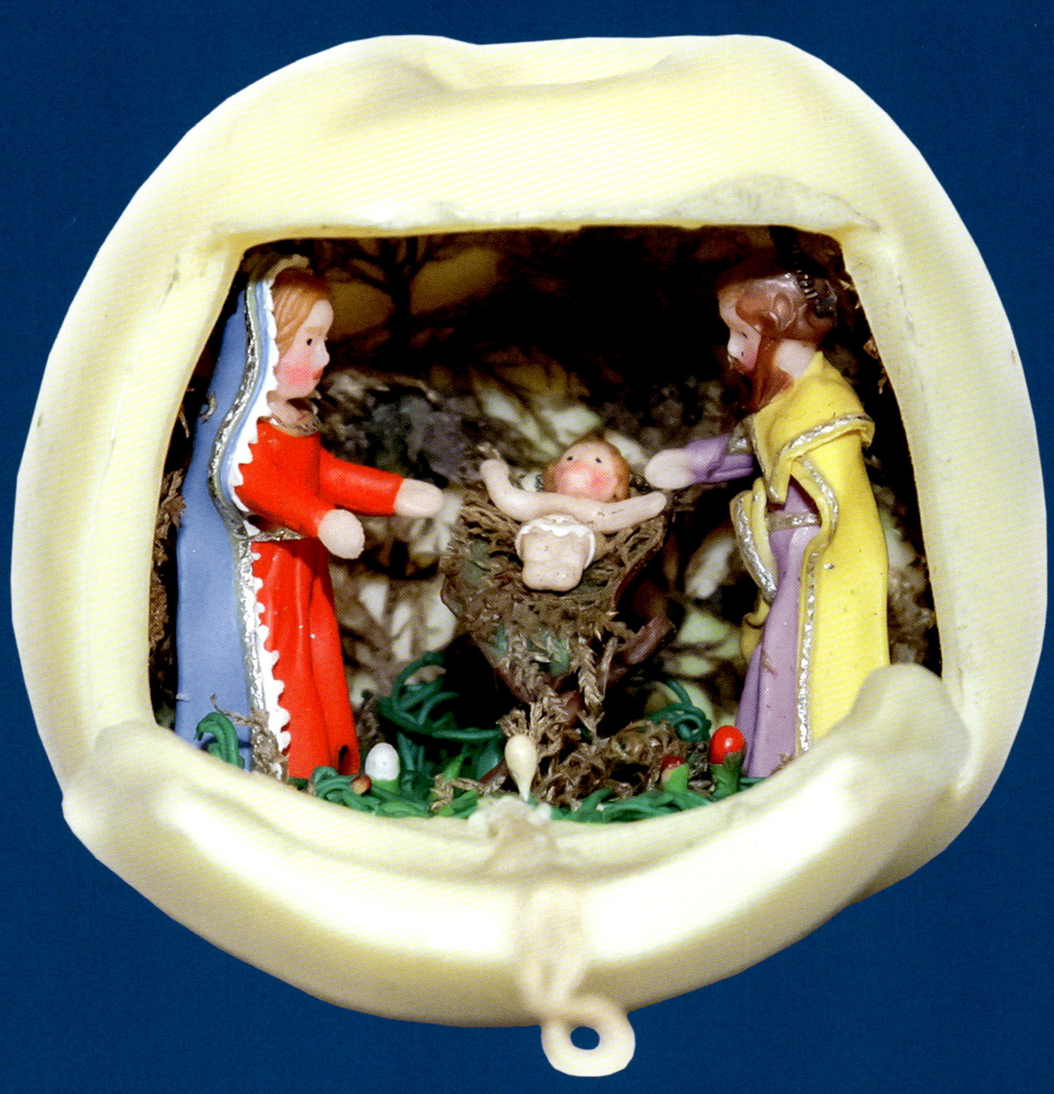

Krippe in Apfel, geöffnet, Wachs, Fa. Weinkamer, Salzburg, 19. Jahrhundert, Privatbesitz

Der Weihnachtsbaum

»Maria, Joseph, das Jesuskind, der Stall wurden ... listig verschmolzen mit dem Fest unserer Ahnen, der Wintersonnenwende, das heißt der zwölf Weihenächte, mit dem Tannenbaum als Sinnbild der Weltenesche. Aus diesem Fest unserer Ahnen wurde das jüdische Christfest, obschon solches Fest mit der christlichen Lehre ja überhaupt nichts zu tun hat. Die Gemütsbewegung, die das Fest unserer Ahnen in uns dank des Rasseerbgutes auslöst, wurde in den Dienst Jahwes gestellt, um das politische Wollen seiner Geweihten zu erleichtern. Der Tannenbaum als Sinnbild der Weltenesche steht aber noch heute in jedem Deutschen Haus. Daran mögen die Deutschen erkennen, wie beschränkt die Macht der Geweihten Jahwes gegenüber dem zähen Widerstand Deutschen Blutes ist, und wie zäh die Deutschen mit der Kirche um ihre, ihnen heiligen Gebräuche, gerungen haben ... Vertieft das jüdische Christfest die Knechtung der Deutschen, so weisen Deutsche Weihenächte dem Deutschen den Weg zur Freiheit.«

Diese Deutung des Weihnachtsfestes und des Weihnachtsbaumes aus dem Jahr 1934 stammt von General Erich Ludendorff. Er regierte zusammen mit Generalfeldmarschall Paul von Hindenburg Deutschland in den letzten Jahren des Ersten Weltkriegs faktisch als Militärdiktator. Nach dem verlorenen Krieg führte er zusammen mit Adolf Hitler am 9. November 1923 in München den gescheiterten Putsch gegen die bayrische Regierung an. Die Theorie von Ludendorffs von der Überformung des ursprünglich germanisch-deutschen Weihnachtsfestes durch das Christentum war zur Zeit des Nationalsozialismus Teil der Staatsideologie und wirkt auch heute noch in verschiedener Weise fort.

Diese sogenannte mythologische Schule der Volkskunde ist allerdings durch die Ergebnisse der neueren Brauchtumsforschung stark unter Druck geraten. Es sei hier vor allem auf die wegweisenden Arbeiten des Germanisten Dietz-Rüdiger Moser aufmerksam gemacht. Ein Zeugnis für die Entstehung des Weihnachtsbaumes aus dem Geist des Protestantismus sah man dagegen in dem weitverbreiteten Bild des Malers

Carl H. Schwerdgeburt (gest. 1878), das Martin Luther und Familie am Heiligen Abend 1536 in Wittenberg zeigt.

Der Reformator singt zur Laute Weihnachtslieder, während Frau und fünf Kinder zum erleuchteten Christbaum schauen, der auf einem reichen Gabentisch steht. Diese Szene ist aber völlig unhistorisch. Der Maler hat die häusliche Weihnachtsfeier des 19. Jahrhunderts in die Reformationszeit rückprojiziert. Der Christbaum breitete sich zwar schneller in den protestantischen als in den katholischen Gebieten Deutschlands aus, hat aber dort nicht seinen Ursprung. Die frühesten eindeutigen Belege für geschmückte Nadelbäume zu Weihnachten stammen aus dem Elsass des 16. Jahrhunderts. Den Verfechtern der Existenz eines vorchristlichen Weihnachtsbaumes ist es bisher nicht gelungen, einen älteren Beleg vorzuweisen. Die ersten Weihnachtsbäume wurden mit Äpfeln, Rosen, buntem Papier und Oblaten behängt. Sie wurden am 24. Dezember in den Stuben aufgestellt und am Weihnachtstag den Kindern zur Plünderung freigegeben. Wurde der geschmückte Baum aus einem anderen Zusammenhang in die häusliche Feier übertragen? Auf die richtige Spur führte die mancherorts übliche Bezeichnung »Paradeis« für die Stelle, an der der Christbaum aufgestellt wurde. Seit dem Mittelalter wurde vor dem eigentlichen Weihnachtsspiel, dem Christgeburtsspiel, das Paradiesspiel aufgeführt. Bei diesem Spiel wurde auf der Bühne ein mit Äpfeln geschmückter Nadelbaum als Baum der Erkenntnis von Gut und Böse aufgestellt. Der Weihnachtsbaum stellt also eigentlich den Sündenfallbaum aus der Paradiesgeschichte dar.

Durch die Aufeinanderfolge von Paradiesspiel und Christgeburtsspiel zur Weihnachtszeit wurde der theologische Zusammenhang von Sündenfall und Erlösung durch die Menschwerdung des Gottessohnes veranschaulicht. Diese Adam-Christus-Typologie geht auf den Apostel Paulus zurück: »Denn wie in Adam alle sterben, so werden in Christus alle lebendig gemacht werden« (1 Kor 15,22). Die Adam-Christus-Typologie wurde auch auf den kirchlichen Kalender übertragen: Der 24. Dezember ist der Gedenktag von Adam und Eva, auf den das Hochfest der Menschwerdung des Erlösers am 25. Dezember folgt. Somit gehört der Weihnachtsbaum als der Paradiesbaum zum 24. Dezember als dem Gedenktag des ersten Menschenpaares. Die Glaskugeln an unseren heutigen Weihnachtsbäumen gehen auf die Äpfel des Paradiesbaumes zurück. Die im Buch Genesis gar nicht näher bestimmte »Frucht« ist wahrscheinlich über die lateinische Wortgleichheit von *malum* (der Apfel) und *malum* (das Böse) zum Apfel geworden.

In der biblischen Paradiesgeschichte ist neben dem Baum der Erkenntnis von Gut und Böse, noch von einem zweiten Baum, dem Baum des Lebens, die Rede. Gott wollte Adam (»der Erdling«) und Eva (»die Mutter aller Lebendigen«) mit den Früchten von beiden Bäumen Erkenntnis ohne Irrtum und ein Leben ohne Tod schenken. Adam und Eva aber wollten die Gabe, letztlich sich selbst, nicht aus der Hand Gottes empfangen.

Der räuberische Ungehorsam aus Misstrauen Gott gegenüber wurde ihnen zum Verhängnis. So konnte es der Schlange, dem Versucher, gelingen, die Irrtumslosigkeit und die Unsterblichkeit der Stammeseltern zu verhindern: »Sobald ihr davon esst, gehen euch die Augen auf, ihr werdet wie Gott und erkennt Gut und Böse« (Gen 3,5).

Adam und Eva haben aus Angst und Misstrauen in der Versuchungssituation versagt. Der Legende nach verdorrte der Garten Eden, und unter dem abgestorbenen Baum des Lebens wurde Adam begraben. An der gleichen Stelle wurde dann das Schandholz errichtet, an dem der zweite Adam, der letzte Mensch, gekreuzigt wurde. Auf byzantinischen Kreuzigungsdarstellungen ist immer unter dem Kreuz in einer kleinen Höhle der Schädel Adams zu sehen. Durch die Verfehlung am Baum der Erkenntnis verdorrte der Lebensbaum. Durch den stellvertretenden Sühnetod Jesu wird das Holz des Kreuzes zum Baum des ewigen Lebens. Die beiden in der Paradieserzählung erwähnten Bäume werden eins im Baum des Kreuzes: Das lebensspendende Kreuz ist der wahre Lebensbaum und zugleich der Baum der Erkenntnis. Darum wird auch erst vom Kreuz her der Baum zu einem christlichen Symbol.

Bis heute wird am Karfreitag mit einem Hymnus von Venantius Fortunatus (gest. um 600) das Kreuz als Lebensbaum verehrt: »Trauernd ob des ersten Menschen / Überlistung, hatte Gott / Als der Biss des Schlangenapfels / Uns in Todesnot / Schon den Baum gezeigt der Sühnung / Für des Baumes Schulden bot.« Als einziges Weihnachtslied im Gesangbuch »Gotteslob« nimmt »Lobt Gott, ihr Christen alle gleich« (Nr. 247,4) den Zusammenhang von Menschwerdung und Sündenfall auf: »Heut schließt er wieder auf die Tür / zum schönen Paradeis; / der Kerub steht nicht mehr dafür. / Gott sei Lob, Ehr und Preis, / Gott sei Lob, Ehr und Preis«.

In den Texten der byzantinischen Weihnachtsliturgie spielt der Bezug auf den Fall Adams und die Erlösung in Christus eine weitaus größere Rolle. So heißt es etwa in einem Ephräm dem Syrer zugeschriebenen Hymnus zum Weihnachtsfest: »Kommet herbei, lasset uns jubeln dem Herrn, lasset uns verkünden das Wunder dieses Tages: die Trennwand wurde gestürzt, und das Flammenschwert wendet sich ab, der Cherub gibt den Baum des Lebens frei. Nun darf ich endlich die Frucht des Paradieses verkosten, von der mein Ungehorsam mich einst vertrieb. Denn das unwandelbare Bild des Vaters, das Bild seiner Ewigkeit, nimmt an die Gestalt des Knechtes und geht hervor aus der jungfräulichen Mutter.«

Im letzten Buch der Bibel, in der Offenbarung des Johannes, verbindet der Lebensbaum die Geschichte des Anfangs im Garten Eden mit dem himmlischen Jerusalem: »Und er zeigt mir einen Strom, das Wasser des Lebens, klar wie Kristall, er geht vom Thron Gottes und des Lammes aus. Zwischen der Straße der Stadt und dem Strom, hüben und drüben, stehen Bäume des Lebens. Zwölfmal tragen sie Früchte, jeden Monat einmal; und die Blätter der Bäume dienen zur Heilung der Völker. Es wird nichts mehr geben, was der Fluch Gottes trifft. Der Thron Gottes und des Lammes wird in der Stadt stehen, und seine Knechte werden ihm dienen« (Offb 22,1–3). Der neue Adam selbst verschenkt die Früchte des Baumes, denn er sagt von sich: »Ich bin das Alpha und das Omega, der Erste und der Letzte, der Anfang und das Ende. Selig wer sein Gewand wäscht: Er hat Anteil am Baum des Lebens, und er wird durch die Tore in die Stadt eintreten können« (Offb 22,13 f.).

Vor diesem Hintergrund erschließt sich auch die Bedeutung von Weihnachtsbögen und von pyramidenförmig stilisierten Bäumen, die mit Äpfeln geschmückt werden und unter denen ein aus Teig geformtes Menschenpaar steht. Es handelt sich dabei um verkleinerte Nachahmungen von Christbäumen, die aber viel deutlicher ihren Charakter als Sündenfallbäume bewahrt haben. Auch auf weihnachtlichen Gebildbroten wie dem Spekulatius und dem sogenannten Springerle findet man Abbildungen von Adam und Eva, die auf deren Gedenktag, den 24. Dezember, hinweisen.

Unter den Baumpyramiden und unter Christbäumen findet man auch heute noch kleine eingezäunte Gärtchen mit wilden und zahmen Tieren. Sie gehen auf eine Stelle beim Propheten Jesaja zurück, der davon spricht, dass mit dem Beginn der Herrschaft des kommenden Friedensfürsten alle Feindschaft ein Ende haben wird und der paradiesische Zustand von Gott wiederhergestellt wird: »Dann wohnt der Wolf beim Lamm und lagert der Panther bei dem Böcklein. Kalb und Löwenjunges weiden gemeinsam, ein kleiner Knabe kann sie hüten« (Jes 11,6).

All diese heilsgeschichtlichen Zusammenhänge, die in der Schrift und in ihrer geistlichen Auslegung durch die Kirchenväter begründet sind, haben unser Brauchtum geprägt. Inzwischen ist aber der Charakter des 24. Dezember als Gedenktag von Adam und Eva durch die Vorverlegung der Christmette zur Zeit der Reformation auf den Abend oder Nachmittag und die dadurch bedingte frühere Bescherung am Heiligen Abend verloren gegangen. Auch die Besucher einer mitternächtlichen Christmette haben ihre häusliche Weihnachtsfeier schon hinter sich. Im allgemeinen Bewusstsein gilt darum auch der Heilige Abend, der 24. Dezember, als Weihnachten. Die protestantische häusliche Weihnachtsfeier, die nach der Reformation an die Stelle der katholischen Krippenfeier getreten ist, hat sich allgemein durchgesetzt. Die Tendenz zur Privatisierung begünstigte auch die Loslösung des Weihnachtsfestes von der Verkündigung der Kirche.

Erst in der Mitte des 18. Jahrhunderts entstand der Brauch, am Weihnachtsbaum Kerzen anzuzünden. Erst jetzt wurde der Paradiesbaum zum Lichterbaum. Seit jeher gehörte die Lichtsymbolik zum Weihnachtsfest, denn sie findet sich bereits im Prolog des Johannesevangeliums, der zu den Weihnachtsevangelien gehört: »In ihm war das

Leben, und das Leben war das Licht der Menschen. Und das Licht leuchtet in der Finsternis und die Finsternis hat es nicht erfasst« (Joh 1,4 f.). Mit den Kerzen am Christbaum entstand aber auch die sogenannte Weihnachtsstimmung. In der Zeit der Romantik wandelte sich dann Weihnachtsfest zur gemüthaften häuslichen Familienfeier. Besteht dann das völlig privatisierte und säkularisierte Weihnachtsfest nur noch aus bestimmten Gefühlswerten, die man zu erzeugen versucht, hat man auch keine Kriterien mehr, um Neudeutungen des Weihnachtsfestes zu durchschauen. Das Ludendorff-Zitat zeigt die Indienstnahme der Weihnachtsstimmung für die Verbreitung der unmenschlichen Rassenideologie. Heute ist der Weihnachtsbaum das pervertierte Symbol des Festes der Geschenke geworden. Dabei bringt die westliche Gesellschaft zum Ausdruck, dass sie auch weiterhin ihre qualitative Veränderung – biblisch ausgedrückt: ihre Umkehr – verweigern will zugunsten der bloß äußerlichen Steigerung des Sozialprestiges.

Wer hat sich schon einmal bewusst gemacht, dass er mit dem Kauf eines Weihnachtsbäumchens den Sündenfallbaum erworben hat? Wer denkt beim Schmücken des Baumes daran, dass er den Baum der Versuchung dekoriert? Wer zündet die Lichter am Christbaum in der Freude an, dass er als leuchtender Lebensbaum unsere eigene Verwandlung durch die Kreuzesnachfolge verspricht?

Von der diffusen und kommerzialisierten Weihnachtsstimmung führt die ursprüngliche christliche Symbolik des Weihnachtsbaumes zurück zur Gesamtschau der Heilsgeschichte.

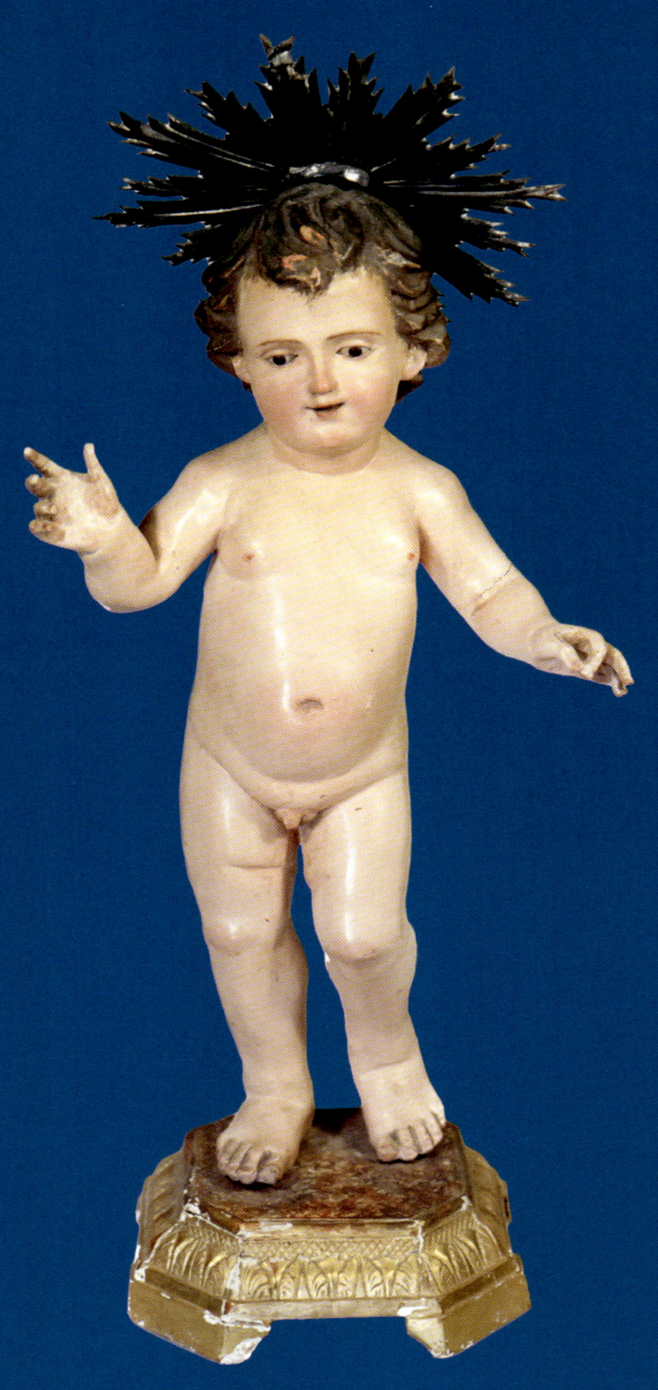

Jesuskind, um 1750, Italien, Privatbesitz

Die Verehrung des Jesuskindes

»Der allzu vertrauliche Umgang mit Jesus als einem Kind, Bräutigam und Bruder, kommt unfehlbar aus den Klöstern. In einem gewissen, nun aufgehobenen Kloster führten die Nonnen an Rekreationstagen das Jesulein in einem Wägelein an einem roten Bändelein durch alle Gänge des Klosters, und am Osterdienstag musste jede Nonne ihr Jesulein auf den Arm nehmen und ihn gen Emmaus spazieren führen. Das weibliche Geschlecht hat einen natürlichen, unwiderstehlichen Trieb, mit Kindern umzugehen, wenn es keine lebendigen hat, so schafft es sie aus Holz oder Lumpen. Die Nonne bleibt noch mit fünfzig Jahren selbst ein Kind, das mit einer heiligen Puppe wie ein dreijähriges Mädchen mit einer profanen Docke spielt.«

Diese Ansichten des Freiburger »Freimüthigen« spiegeln einerseits die späten Blüten der Jesuskindverehrung, andererseits das grobe Unverständnis eines aufgeklärten Rationalisten, das ihnen entgegenschlug. Die Verehrung des Jesuskindes wird hier als untauglicher Kompensationsversuch von Frauen verstanden, die von der Kirche zu »unnatürlicher Kinderlosigkeit gezwungen worden sind«, und gilt damit als psychologisch entlarvt.

Doch in dem zweckfrei-rührenden Spiel mit den Jesulein-Figuren geht es noch um etwas viel Anstößigeres, auf das die moderne Kritik zielt: die Anbetung Gottes in einem Menschenkind. Seit der Menschwerdung des Gottessohnes vor zweitausend Jahren lädt die Aufforderung »Kommt, lasset uns anbeten« Juden und Heiden zur Begegnung mit dem Kind in der Krippe ein. Armselige Hirten sind in der Heiligen Nacht in Bethlehem durch die Begegnung mit dem allmächtigen Gott in der Ohnmacht des Kindes reich geworden. Die reichen Könige wurden arm, um den Geber aller Gaben mit leeren Händen empfangen zu können.

Der Urreichtum jedes Menschen ist die Erfahrung der Einheit mit der Mutter. Am Anfang der Menschwerdung des Gottessohnes stand das Jawort Mariens. Als empfangende Fruchtbarkeit, die nichts für sich selber will, ist sie das Urbild des Glaubens der

Kirche. Was »empfangende Fruchtbarkeit« bedeutet, hat Hans Urs von Balthasar treffend am Beispiel der Muttermilch veranschaulicht: Wenn ein Kind geboren ist, »dann gehört ihm seine Mutter, und es kann über sie verfügen. Und diese herrliche Milch, die sie jetzt zu bieten hat, hat sie nicht nur für das Kind, sondern geradezu durch das Kind erhalten: ihr Reichtum hat gar keine andere Ursache und keine andere Daseinsberechtigung als das Kind«. Damit ist im Grunde alles über Maria als Gottesmutter und über die Kirche, deren Urbild sie ist, gesagt. Darum wurde das Jesuskind auf den frühesten Darstellungen des 3. und 4. Jahrhunderts in den römischen Katakomben immer auf dem Schoß seiner Mutter dargestellt. Die Vielfalt der Madonnensujets, die im byzantinischen Kaiserreich entstanden, sind einzelne Facetten des unerschöpflichen liebenden Zueinanders von Mutter und Kind. Zugleich stellt die zärtliche Innigkeit dieser Gemeinschaft die überschwänglichste Verehrung des Jesuskindes dar, die sich denken lässt.

Sobald das Jesuskind im 14. Jahrhundert erstmals alleine dargestellt wurde, bittet es den Betrachter, seine geistige Mutter zu werden. Die Hinwendung Gottes zum Menschen hat die Gestalt eines unwiderstehlichen Kinderblickes, der liebend darum bittet, angenommen zu werden: »Allen aber die ihn aufnahmen, gab er Macht, Kinder Gottes zu werden, allen, die an seinen Namen glauben« (Joh 1,12).

Auch wenn es immer wieder behauptet wird, ist die Weihnachtsfeier des heiligen Franziskus im Wald bei Greccio nicht der Ursprung der Weihnachtskrippe. Es lag wohl keine Figur des Jesuskindes auf dem Stroh zwischen den lebendigen Tieren in der Höhle. Die Abstiegsbewegung der Liebe Gottes wurde auf dem Altar in der Weihnachtsmesse gefeiert. Danksagend tauschte Franziskus irdischen Reichtum gegen das unausschöpfliche Geschenk der Armut des göttlichen Kindes. Die zahlreichen mittelalterlichen Visionen und Legenden vom wunderbar geopferten Hostienkind sind zutiefst mit dieser eucharistischen Frömmigkeit verbunden. Die ersten Jesuskindfiguren sind im 14. Jahrhundert im Umkreis der franziskanischen Bewegung in Siena entstanden: farbig gefasste, liegende Wickelkinder aus Holz oder Ton mit einer flachen Rückseite. Zu dieser Zeit übernahmen die Franziskaner die Betreuung der Pilgerstätten im Heiligen Land. Besonders ihre Präsenz in Bethlehem hat die Jesuskindverehrung entscheidend gefördert.

Das stehende, nackte Jesuskind erschien zuerst in der Andachtsgraphik im 14. Jahrhundert.[1] Aus dieser Zeit stammen auch die ältesten erhaltenen plastischen Jesusknaben: Das etwa ein bis drei Jahre alte Kind hat die rechte Hand segnend erhoben und trägt in der Linken einen Reichsapfel. Die drei Mystikerinnen des thüringischen Klosters Helfta bei Eisleben Mechthild von Magdeburg (gest. 1294), Mechthild von Hackeborn (gest. 1299) und Gertrud die Große (gest. 1302) haben in der Tradition der geistigen Auslegung des Hohenliedes in ihren Schriften Christus als König, Bräutigam und als ihr Kind verehrt. Neben der neuen, gefühlsbetonten Frauenmystik war die philosophische Mystik von Meister Eckehart (gest. 1327), Johannes Tauler (gest. 1361) und Heinrich Seuse (gest. 1366) von großem Einfluss auf die Entwicklung der Jesuskindverehrung.

Eine wichtige Quelle zur Jesuskindverehrung im 14. Jahrhundert in Deutschland sind die erhaltenen Zeugnisse der Mystikerin Margareta Ebner (gest. 1351), die im Kloster Maria Medingen bei Dillingen lebte. Die Ordensfrau erhielt 1344 ein hölzernes und unbekleidetes Jesulein in einer Wiege liegend, das sich bis heute erhalten hat. In ihren Visionen schildert sie die innige Gemeinschaft mit dem Jesuskind.

In Flandern entstand im 11. Jahrhundert der Brauch des Kindelwiegens. In der Weihnachtskomplet wurde das Christkind in einer Wiege liegend mit dem Lied »Resonet in laudibus« in den Schlaf gesungen. Später von tanzenden Kindern begleitet, wurde zum Kindelwiegen in den Kirchen das älteste deutsche Weihnachtslied »Joseph, lieber Neffe mein, hilf mir wiegen mein Kindelein«, eine Übersetzung des lateinischen »Resonet«, gesungen. Das um 1380 entstandene Lied ging mit dem Kindelwiegen auch in die Weihnachtsspiele des Spätmittelalters ein. Im Laufe des 15. Jahrhunderts wurde das Kindelwiegen durch das Aufstellen von Jesuskindfiguren auf den Altären verdrängt. Die zwanzig bis dreißig Zentimeter großen geschnitzten Kindlein mit lockigem Haar haben sich in ihrem Grundtyp bis in das 20. Jahrhundert kaum mehr verändert. Die vor allem in den Niederlanden hergestellten gotischen Jesulein erfreuten sich immer größerer Beliebtheit. Es wurden aber nicht nur kleine Könige mit Zepter und Reichsapfel geschnitzt, sondern auch sogenannte Passionsjesulein. Dabei reicht das Christuskind dem Betrachter zwischen Daumen und Zeigefinger eine Weinbeerentraube als Hinweis auf die leidenschaftliche Liebe Gottes zu den Menschen und das eucharistische Opfer. Zugleich bedeutet diese Geste aber auch eine Einladung an den Betrachter, dem Jesuskind auf seinem Weg nachzufolgen. So gesehen haben diese Figürchen keinerlei sentimentalen Beigeschmack. Auch der Apfel in der Hand des neuen Adam ist ein Hinweis darauf, wie teuer die Rettung des Menschen Gott selbst zu stehen gekommen ist. Holzschnitte mit dem nackten Jesuskind wurden zu dieser Zeit als beliebte Neujahrsgrüße verschenkt. Seit der Renaissance verlagerte sich die Herstellung der Figuren nach Italien, Spanien und Portugal. Die verschiedensten Materialien wie Holz, Ton, Wachs, Elfenbein oder Pappmaché fanden Verwendung.

Aus dem Besitz der heiligen Teresa von Avila (gest. 1582) sind mehrere Jesulein erhalten geblieben, etwa »El Peregrinito«, das Pilgerkind. Teresa beschenkte ihre neugegründeten Karmelitinnenklöster mit Jesuleinfiguren. Im Zeitalter des Barock entstand der Brauch, dass den Novizinnen beim Klostereintritt ein Jesulein mitgegeben wurde. Dieser »himmlische Bräutigam« wurde auch »Trösterlein« genannt, weil er die jungen Mädchen beim Abschied von der Familie trösten sollte. In den Frauenklöstern hat auch das Bekleiden der Figuren seinen Anfang genommen. Mit seidenem Spitzenhemdchen und Echthaarperücke trat das Jesuskind nun als absolutistischer Fürst auf.

Unter der Vielzahl von Jesuskindfiguren ragen wenige Jesulein heraus, die als Gnadenbilder überregionale Verehrung erlangten. Das bedeutendste italienische Jesuskind-Gnadenbild ist der Bambino von Aracoeli in Rom. Im Altar der Cappella del S. Bambino in der Franziskanerkirche S. Maria in Aracoeli (»Altar des Himmels«) steht heute eine Kopie. Das Original wurde 1994 gestohlen, und bis heute fehlt von seinem Verbleib jede Spur. Das 62 Zentimeter große Wickelkind wurde so gearbeitet, dass man es sowohl liegend wie stehend zeigen konnte. Über die Herkunft des Gnadenbildes gibt es keine zuverlässigen Angaben. Der Urtyp entstand wohl in Siena und wurde bei den franziskanischen Weihnachtsfeiern verwendet, die bald nach dem Tod des heiligen Franziskus im Orden eingeführt worden sind. Im 19. Jahrhundert entstand der bis heute übliche Brauch der Kinderpredigt vor dem Bambino in der Weihnachtszeit.

In der Karmeliterkirche Santa Maria del Victoria auf der Prager Kleinseite wird das Prager Jesulein, ein 47 Zentimeter großes Wachsfigürchen auf einem Holzkern, verehrt. Das Jesulein stammt aus Spanien und gelangte als Mitgift nach Böhmen. Die Wachsfigur kam zu den Unbeschuhten Karmeliten vom Kloster der siegreichen Jungfrau Maria. Nach der Plünderung des Klosters im Dreißigjährigen Krieg wurde das Figürchen ohne Arme und Hände im Abfall wiedergefunden. Mit seiner erneuten Präsentation begann sich im Zeitalter der katholischen Reform der Ruhm des »Gratiosus Jesulus Pragensis« in Europa und den Missionsländern rasch auszubreiten. Durch unzählige Andachtsbilder und Devotionalkopien erlangte das Prager Jesulein einen hohen Bekanntheitsgrad. Im Jahre 1651 hat der Ordensobere die Verehrung des Prager Jesuskindes allen Karmeliterklöstern zur Pflicht gemacht.

Daneben entstand in Frankreich die Verehrung des Jesuskindes als »Kleiner König« ebenfalls im Karmel. In den Karmel von Beaune trat 1630 ein elfjähriges Mädchen ein, das den Namen Marguerite du Saint-Sacrement erhielt. Es wurde zur Begründerin der neuzeitlichen Jesuskindverehrung. Marguerite wurde in Erscheinungen vom Jesuskind selbst darüber belehrt, wie es verehrt werden wollte. So entstand der »kleine Rosenkranz« mit 15 Perlen zu Ehren der ersten zwölf Lebensjahre Jesu. Marguerite begründete die Verehrung des Jesuskindes als »König der Könige«. Sie lehrte als wichtigste Tugend der Gotteskindschaft die vertrauensvolle Hingabe an den Willen des Vaters. Zweihundert Jahre später hat hier Therese von Lisieux mit ihrer Lehre angeknüpft. Seit 1643 wurde im Karmel von Beaune ein stehendes und gewickeltes Jesuskind mit Zepter und Krone verehrt.

Vergleichsweise winzig ist das nur zehn Zentimeter große Salzburger Loretokindl. Es stammt aus dem Besitz einer 1662 im St. Maria-Loreto-Kloster der Kapuzinerinnen von der Anbetung in Salzburg verstorbenen Ordensfrau. Der Ruhm des »Lauretanischen Gnadenprinzen« wurde durch ein im 18. Jahrhundert gedrucktes Mirakelbuch weithin verbreitet. Am Gnadenbild berührte kleine Hemdchen und Miniaturkopien des Kindls aus Wachs mit dem charakteristisch geneigten Kopf und mit Kreuzstab und Zepter bezeugen bis heute die Beliebtheit dieser Gnadenstätte.

Im bayerischen Raum ist das Münchner Augustinerkindl besonders verehrt und vielfach kopiert worden. Das wächserne, gewickelte, auf bayerisch »gefatschte« (von lateinisch *fasces* = Bündel) Jesuskind wurde dem Münchner Augustinerkloster geschenkt und dort seit 1634 als Gnadenbild verehrt. Nach der Säkularisation gelangte es auf Umwegen 1817 in die Bürgersaalkirche in München. Ausgehend vom Augustinerkindl haben Fatschenkindl in verglasten Kästen in Bayern eine weite Verbreitung gefunden. Sie wurden im Herrgottswinkel aufgestellt und gingen in der privaten häuslichen Andacht dem Aufstellen von Krippen voraus.

Durch staatliche Verordnung wurde in Bayern 1803 das Aufstellen von Krippen und Jesuskindern in den Kirchen als Frömmigkeitsform, die einer »niederen Stufe der Kultur« angehörten, verboten.

Der weiten Verbreitung der Jesuskindfiguren entsprach auch eine reiche Andachtsliteratur. Zum Jesuskind im Mutterleib, in der Krippe, zur Wöchnerin Maria, zur Beschneidung des Herrn gab es eigene Gebete. Als Beispiel sei das Andachtsbuch »Güldener Himmelsschlüssel« des Kapuzinerpaters und geistlichen Schriftstellers Martin von Cochem (gest. 1712) erwähnt, das bis in unser Jahrhundert 313 Auflagen erlebte und erstmals 1690 in Dillingen erschienen ist.

Die größte Verbreitung erreichten die Jesuskindfiguren im 18. und 19. Jahrhundert in Italien. Sie hatten kein bestimmtes Gnadenbild zur Vorlage und dienten der häuslichen Andacht in den Familien. Neben den Holzfiguren mit wunderbarer farbiger Fassung waren immer auch die Wachsjesulein gefragt. Das eingefärbte Wachs entspricht der menschlichen Hautfarbe, und eingesetzte Glasaugen lassen die Figuren natürlich erscheinen. Eine Besonderheit ist das erstmals im 16. Jahrhundert auf einem Kupferstich abgebildete Jesuskind, das von den Leidenswerkzeugen umgeben auf dem Kreuz schläft. Bereits die heilige Birgitta von Schweden (gest. 1373) schreibt in ihren »Revelationes«, dass die Gottesmutter unmittelbar nach der Geburt des Kindes in geistiger Schau die Wunden der Nägel an Händen und Füssen gesehen habe. Jesus brauchte kein ausdrückliches Wissen von seinem Kreuz zu haben. Trotzdem steckt ein theologisch richtiger Gedanke hinter den Darstellungen des schlafenden Knaben auf dem Kreuz, wenn man sie als Ausdruck des unverbrüchlichen Vertrauens darauf versteht, dass alles, was der Vater von ihm verlangen wird, aus Liebe geschieht. Dieser Geist der Kindschaft hat Christus nie verlassen: »Der Sohn kann nichts tun, sondern nur, wenn er den Vater etwas tun sieht. Was nämlich der Vater tut, das tut in gleicher Weise der Sohn« (Joh 5,19). Von seiner eigenen Kindheit spricht Jesus in den Evangelien nie. Allein die Geschichte vom Zwölfjährigen im Tempel erlaubt Rückschlüsse auf seine Kindesgesinnung, die ihn immer beim Vater sein lässt. Nicht anzunehmen ist, dass ihm seine Gottessohnschaft in irgendeinem Moment erst zu Bewusstsein gekommen ist. Vielmehr wird die Erfahrung der Einheit mit seiner Mutter immer schon auf die letzte Geborgenheit beim Vater durchsichtig gewesen sein. Womit die wichtigste Aufgabe christlicher Elternschaft angedeutet ist.

So haben all die genannten Formen der Jesuskindverehrung ihre theologische Legitimation darin, dass das ewige Wort Gottes nie etwas anderes sein wollte als das Kind des Vaters. Alle Lebensalter Jesu, seine Kindheit, sein Schweigen und Leiden sind jeweils Selbstoffenbarungen Gottes. Jedes Lebensalter Christi stellt umfassend Gott selbst dar, auch seine Kindheit.

In seiner Verkündigung macht Jesus darum auch das Kindsein zur heilsnotwendigen Voraussetzung für den Zugang des Menschen zum Reich Gottes: »Wer das Reich Gottes nicht annimmt wie ein Kind, wird nicht hineinkommen« (Mk 10,15). Der ganze Zweck der Schöpfung ist unsere Gotteskindschaft. Auf den Weg dorthin führt uns der Sohn durch die Erlösung in seinem Blut.

Diese Lehre von der Gotteskindschaft steht im größtmöglichen Widerspruch zur modernen Lebensauffassung. Diese propagiert doch gerade, dass die kindliche Abhängigkeit schnellstens überwunden werden muß, um sich das Dasein durch eigene Arbeit endlich selbst verdanken zu können. Keiner will ein »unvernünftiges« Kind bleiben, dem die nötige kritische Distanz zur Welt fehlt und das sich gegen die Einflüsse der Erwachsenen nicht absichern kann. Kindsein heißt aber, sich verdanken. Das Kind ist empfänglich, weil es nichts hat, sondern abhängig, unfrei und nutzlos, bedürftig und hilflos auf andere angewiesen ist. Das Kind ist immer ungeteilte Zuwendung, wenn ihm ein Du in Liebe begegnet. Es will dem Du ganz entsprechen und dankend empfangen, das heißt lieben.

Auf diese Weise ist das Kindsein Jesu die reinste Bitte darum, angenommen zu werden, und unsere Kindschaftsgesinnung die Freude darüber, dieser kindlichen Bitte entsprechen, das heißt Gott gefallen zu können. Die Unentbehrlichkeit der kindlichen Gesinnung für den Christen ist keine Mystifizierung des Kindseins und fördert auch nicht den Infantilismus. Die jüngste Kirchenlehrerin, die heilige Therese von Lisieux (1873–1897), hat mit ihrem »kleinen Weg der geistigen Kindheit« den entscheidenden Impuls für die Jesuskindverehrung heute gegeben. Umgeben von zeitgebundenen und fragwürdigen Frömmigkeitsformen ist ihr »kleiner Weg« nichts anderes als die Entfaltung der neutestamentlichen Lehre von der Gotteskindschaft: »In jener Stunde kamen die Jünger zu Jesus und fragten: Wer ist im Himmelreich der Größte? Da rief er ein Kind herbei, stellte es in ihre Mitte und sagte: Amen, das sage ich euch: Wenn ihr nicht umkehrt und wie die Kinder werdet, könnt ihr nicht in das Himmelreich kommen. Wer so klein sein kann wie dieses Kind, der ist im Himmelreich der Größte« (Mt 18,1–5).

Was es für Therese mit dem Klosternamen »vom Kinde Jesus und vom heiligsten Antlitz« bedeutet, vor Gott ein kleines Kind zu bleiben, soll darum am Schluss dieser Betrachtung zur Geschichte und Bedeutung der Jesuskindverehrung stehen: »Es bedeutet, sein Nichts anerkennen, alles von Gott erwarten. Es bedeutet, sich über nichts Sorgen machen, sich keine besonderen Verdienste ansammeln wollen. Sogar bei den armen Leuten gibt man dem Kind alles Notwendige. Sobald es aber erwachsen ist, lehnt sein Vater es ab, länger für es aufzukommen und erklärt ihm: ›Arbeite jetzt, du kannst nun für deinen Unterhalt selbst sorgen!‹ Nun, um das nie hören zu müssen, wollte ich nicht größer werden, denn ich fühlte mich unfähig, mir mein Leben, mein ewiges Leben selbst zu verdienen. Daher bin ich klein geblieben und habe keine andere Beschäftigung, als Blumen zu pflücken, die Blumen der Liebe und des Opfers, und sie Gott zur Freude anzubieten. Klein bleiben bedeutet darüber hinaus, sich nicht selbst die Tugenden zuzuschreiben, die man praktiziert, als halte man sich zu irgendetwas fähig, sondern erkennen, dass Gott diesen Reichtum in die Hände seines kleinen Kindes legt, damit es sich dessen bedient, wenn es seiner bedarf. Aber immer bleibt es Gottes Reichtum. Endlich bedeutet es, sich nicht wegen seiner Fehler entmutigen zu lassen, denn Kinder fallen oft, aber sie sind zu klein, um sich schwer zu verletzen.«

1 Zum Folgenden vgl. Lothar Zenetti: Das Jesuskind. Verehrung und Darstellung, München 1987.

Liebes Christkind.

Du schwebst bald auf die Erde hernieder. Du willst den Kindern Freude bereiten. Auch mir willst du Freude bereiten. Ich wünsche mir den Volks-Schott, ein grünes Meßkleid und ein Herz-Jesu. Ich will immer brav sein.

Schönen Gruß
von
Joseph Ratzinger.

Wunschzettel von Joseph Ratzinger, Advent 1934, Institut Papst Benedikt XVI., Regensburg

Der siebenjährige Joseph Ratzinger schreibt an das Christkind

Wunschzettel zu schreiben, gehört auch heute noch zu den Weihnachtsvorbereitungen der Kinder. Die Entstehung des Wunschzettels ist, wie die Volkskunde nachgewiesen hat, auf Umwegen verlaufen: Der Artikulation eigener Geschenkwünsche gingen schriftliche Festtagswünsche an die Eltern voraus. Am Anfang standen die ersten gedruckten Neujahrswünsche im ausgehenden 15. Jahrhundert. Erst im 18. Jahrhundert wurde es üblich, den Neujahrswünschen auch Wünsche zum Weihnachtsfest beizufügen. Mit dem Wandel des Weihnachtsfestes zum häuslichen Bescherfest für Kinder wurde es zuerst in Norddeutschland üblich, dass die Kinder ihren Eltern handschriftlich ausgefüllte vorgedruckte Weihnachtsglückwunschbriefe überreichten. Im Biedermeier setzte sich dieser Brauch immer mehr durch, und die Wünsche wurden auf immer aufwendiger gestalteten eigens gedruckten Schmuckbogen in Schönschrift eingetragen. Im Lauf des 19. Jahrhunderts boten dann viele Verlage eigens Bogen mit weihnachtlichen Bildmotiven an. Von Hauslehrern und Schulen wurde das Schreiben der Weihnachtswunschbriefe zum Vorweis von Fortschritten in den Schreibfähigkeiten ihrer Zöglinge Eltern gegenüber genutzt. Nach dem Ersten Weltkrieg wurden die Weihnachtswünsche immer häufiger unter Anleitung der Pädagogen von den Kindern selbst gestaltet, bis schließlich in der 1920er Jahren das Schreiben von Weihnachtswunschbriefen verschwand und sich der Wunschzettel durchsetzte.[1]

Im Nachlass der Eltern von Papst Benedikt fand sich ein kleiner gefalteter Briefbogen: Ein Wunschzettel ihrer Kinder Maria, Georg und Joseph. Er ist datiert mit »Aschau, 16. Dezember 1934«. Damals war Maria dreizehn, Georg zehn und Joseph sieben Jahre alt. Die beiden älteren Geschwister haben ihre Wünsche mit einer Schreibfeder zu Papier gebracht. Der kleine Joseph, damals in der zweiten Klasse, schrieb mit Bleistift. Nach der Anrede »Liebes Christkind« heißt es in seinem Text: »Du schwebst bald auf die Erde hernieder. Du willst den Kindern Freude bereiten. Auch mir willst Du Freude bereiten.« Dann folgen die eigentlichen Geschenkwünsche: »Ich wünsche mir den Volks-Schott, ein grünes Meßkleid und ein Herz Jesu. Ich will immer brav sein. Schönen Gruß von Joseph Ratzinger.«

Kurz vor Weihnachten 1932 war der bayerische Gendarmeriekommissär Joseph Ratzinger von Tittmoning, wo er drei Jahre im Dienst war, nach Aschau am Inn versetzt worden. Als Grund für die Versetzung seines Vaters nannte Kurienkardinal Ratzinger 1998 in seinen Erinnerungen: »Er hatte sich in Tittmoning wohl zu sehr gegen die Braunen exponiert.« Damit spielt Ratzinger auf die Nationalsozialisten und die zunehmende Radikalisierung in der letzten Phase der Weimarer Republik an. Amtsräume und Dienstwohnung waren in Aschau in einer geräumigen Villa untergebracht. Im Gartenteich wäre der kleine Joseph beim Spielen einmal fast ertrunken. Als der Brief ans Christkind geschrieben wurde, war Hitler bereits fast ein Jahr Reichskanzler. Nach Ostern 1933 war Joseph Ratzinger in die erste Klasse gekommen. Seine vierjährige Volksschulzeit in Aschau dauerte vom 2. Mai 1933 bis zum 24. März 1937. Am 15. März 1936 ging Joseph Ratzinger in Aschau zur Erstkommunion. Ein junger Lehrer war Parteimitglied und führte Sonnwendfeiern und andere vermeintlich urgermanische Bräuche ein, »als Hinkehr zur heiligen Natur und zur eigenen Herkunft anstelle der fremden Ideen von Sünde und Erlösung, die uns von jüdischer und römischer Fremdreligion aufgedrängt worden seien«. Bruder Georg war bereits Ministrant und trat ein Jahr später in Traunstein, wohin die Familie nach der Pensionierung des Vaters umziehen wollte, in das Erzbischöfliche Knabenseminar ein, wo er dann das örtliche Gymnasium besuchte. Familie Ratzinger lebte ganz aus dem Rhythmus des Kirchenjahres. »Ich habe das schon als Kind, ja, gerade als Kind mit großer Dankbarkeit und Freude empfunden«, schreibt Kardinal Ratzinger.

In diesen Zusammenhang gehört der »Volks-Schott«, den sich Joseph vom Christkind als erstes wünschte. In seiner Autobiographie geht Kardinal Ratzinger im Kapitel über Aschau ausführlich auf die Liturgie und den »Schott« ein.[2] Als Anhänger der Liturgischen Bewegung hatte der damalige Ortspfarrer sogenannte »Gemeinschaftsmessen« für die Schüler eingeführt. Dabei wurden »aus dem Schott die Messtexte vorgelesen und die Antworten gemeinsam gebetet«. Gemeinschaftsmesse war der Oberbegriff der liturgischen Erneuerungsbewegung für alle Messfeiern, in denen die bewusste und verstehende Teilnahme der Gläubigen gefördert wurde. In der sogenannten Singmesse ersetzten deutsche Lieder die lateinischen Messtexte, die eigentlich nach den Melodien des gregorianischen Chorals gesungen werden sollten. Ziel der Liturgischen Bewegung war die Erneuerung des Bewusstseins von der Liturgie als dem Wesensvollzug der Kirche. Erstaunlich ausführlich geht Ratzinger auf die Bedeutung des Schott für die liturgische Bildung und Frömmigkeit seiner Familie ein. Zu ihrer Eheschließung 1920 in Pleiskirchen hatten die Eltern von einem »fortschrittlichen Pfarrer« den Schott bekommen. »Schott« nennt sich die erstmals 1884 erschienene deutsche Übersetzung des Römischen Messbuches durch den Beuroner Benediktinerpater Anselm Schott (1843–1896). Als Instrument der Liturgischen Bewegung erlebte der »Schott« ab 1910 viele Auflagen. Seit 1928 war der »Schott« als Warenzeichen geschützt. Sehr genau beschreibt Kardinal Ratzinger, wie die Eltern den Kindern früh schon den Zugang zur Liturgie der Kirche erschlossen haben. Nach einem bebilderten Kindermessbuch gab es den ersten Schott für Kinder, dann den Sonntags-Schott mit den vollständigen Texten für die Sonn- und Feiertage und schließlich »das vollständige Messbuch für alle Tage«. Dann folgt die Aussage, die den Weihnachtswunsch von Joseph Ratzinger erst erschließt: »Jede neue Stufe im Zugehen auf die Liturgie war ein großes Ereignis für mich. Das jeweils neue Buch war eine Kostbarkeit, wie ich sie mir nicht schöner träumen konnte. Es war ein fesselndes Abenteuer, langsam in die geheimnisvolle Welt der Liturgie einzudringen, die sich da am Altar vor uns und für uns abspielte.« Hier scheint die große Offenheit des begabten Kindes auf, dem sich die Welt des Glaubens immer tiefer erschließt. Keineswegs diente der Schott bloß dem Messe-Spielen. Die spielerische Aneignung der Messfeier über den kindlichen Nachahmungstrieb gehörte ebenfalls zur tieferen Erschließung einer aktiven Mitfeier der Liturgie. Wenn also die Brüder Ratzinger Messe gespielt haben, geschah dies im Geist der Liturgischen Bewegung, von der sie geprägt waren. In diesem Zusammenhang ist auch der Wunsch nach einem »grünen Messkleid« in der Farbe für die gewöhnlichen Sonntage zu verstehen. Bruder Georg wünschte sich auf demselben Wunschzettel ein weißes Messgewand für die Feier der Herrenfeste. Benno Rieger aus Rimsting am Chiemsee, ein Bruder der Mutter, hatte für die Buben einen kleinen Altar mit einem drehbaren Tabernakel gebaut. Tanten aus Rimsting und eine professionelle Näherin fertigten die Messgewänder an. Dieser Onkel hat für die Familie Ratzinger auch eine Krippe gebastelt. Zusammenfassend blickt der Kardinal auf seine Kindheit zurück: »Mein Weg mit der Liturgie war doch ein kontinuierlicher Prozess eines Hineinwachsens in eine alle Individualitäten und Generationen übersteigende große Realität, die zu immer neuem Staunen und Entdecken Anlass wurde.« Dann formuliert er bleibende Grundeinsichten in das Wesen der Liturgie: »Immer klarer wurde mir, dass ich da einer Wirklichkeit begegnete, die nicht irgendjemand erdacht hatte. Dieses geheimnisvolle Gewebe von Text und Handlungen war in Jahrhunderten aus dem Glauben der Kirche gewachsen. Es trug die Fracht der ganzen Geschichte in sich und war doch zugleich viel mehr als Produkt menschlicher Geschichte. Jedes Jahrhundert hatte seine Spuren eingetragen: … nicht alles war logisch, es war manchmal verwinkelt und die Orientierung gewiss nicht immer leicht zu finden. Aber gerade dadurch war dieser Bau wunderbar und war er eine Heimat.« Exemplarisch dient die Erinnerung an die liturgische Schott-Frömmigkeit seiner eigenen Kindheit Ratzinger dazu, die nachkonziliare

Schwarz-Weiß-Malerei zu widerlegen, die behauptet, dass die Gläubigen vor der Liturgiereform während der Messfeier nur den Rosenkranz gebetet hätten und erst durch das Konzil eine aktive Teilnahme der Gläubigen ermöglicht worden sei.

Dies wird bestätigt durch eine zweite Stelle in den Erinnerungen, die vom Messbuch handelt. Zu Beginn von Ratzingers Lehrtätigkeit in Regensburg im Wintersemester 1969/70 wurde das neue Missale Pauls VI. veröffentlicht und gleichzeitig das alte Messbuch verboten. Darin sah Ratzinger eine beispiellose Fehlentscheidung: »Eine Revision des Missale, wie es sie oft gegeben hatte, vor allem wegen der Einführung der Muttersprache, war sinnvoll und mit Recht vom Konzil angeordnet. Aber nun geschah mehr: Man brach das alte Gebäude ab und baute ein anderes«. Bewusst greift Ratzinger hier erneut das Bild vom verwinkelten Haus des alten Ritus auf, das aber gerade in seinem organischen Gewachsensein zur Heimat geworden ist. Dass man einen »Neubau« an die Stelle der geschichtlich gewachsenen Liturgie gestellt hat, vermittle den Eindruck, als sei Liturgie das Produkt von Expertenrunden: »Aber wo Liturgie nur noch selbstgemacht ist, da eben schenkt sie uns nicht mehr, was ihre eigentliche Gabe sein sollte: die Begegnung mit dem Mysterium, das nicht Produkt, sondern unser Ursprung und die Quelle des Lebens ist.« Bereits 1998 forderte Ratzinger darum »eine Erneuerung des liturgischen Bewusstseins« und »eine liturgische Versöhnung, die wieder die Einheit der Liturgiegeschichte anerkennt, das Vatikanum nicht als Bruch, sondern als Entwicklungsstufe versteht«. Von hierher wird nun die Zulassung des alten Ritus als der »außerordentlichen Form« des römischen Ritus neben der »ordentlichen Form« verständlich, die Papst Benedikt inzwischen ermöglicht hat. Es ging ihm darum, die Übereinstimmung der Kirche mit sich selbst wieder herzustellen.

Wie ist der Weihnachtswunsch nach einer Herz-Jesu-Darstellung zu verstehen? In einer Weihnachtsbetrachtung vom Anfang der sechziger Jahre, die später in den Sammelband »Dogma und Verkündigung« (1973) aufgenommen wurde, geht der damalige Bonner Fundamentaltheologe auf das Schenken an Weihnachten ein. Er nennt das Schenken »jene innere Notwendigkeit der Liebe, die sie zwingt, sich mitzuteilen, vom Eigenen weiterzugeben an den anderen«. In diesem Zusammenhang zitierte Ratzinger aus dem Schott das Gabengebet der »Messe am Heiligen Abend«: »Wir bitten dich allmächtiger Gott, wie wir die Vorfeier der … Geburt deines Sohnes begehen, so lass uns seine ewigen Gaben (Geschenke) freudig erlangen.« Aus der Feier von Christi Geburt kommen uns ewige Geschenke zu. Urgestalt des weihnachtlichen Schenkens ist somit Christus selbst. Die eigentliche weihnachtliche Gabe ist, »dass Gott in dieser heiligen Nacht selbst zum Geschenk für die Menschen werden wollte«. In allem weihnachtlichen Schenken sollte nach Ratzinger »etwas von dem Urgeschenk Jesus Christus lebendig sein, von jenem Gestus der Liebe, die im letzten nicht weniger als sich selbst geben konnte und wollte«. Als sich der siebenjährige Joseph Ratzinger zu Weihnachten 1934 ein Herz-Jesu-Bild gewünscht hat, war darin bereits die Aussage enthalten: Das Geschenk ist Christus selbst: »Wer nicht ein Stück von sich selbst mitzugeben vermag, hat immer zu wenig gegeben.« Weihnacht erfüllt sich in der Herzensübergabe an Christus und zuletzt im Herzenstausch: »In seine Lieb versenken, will ich mich ganz hinab; mein Herz will ich ihm schenken, und alles was ich hab.«[3]

1 Vgl.: Roland Wohlfart: Der braven Kinder Weihnachtswünsche. Weihnachtsglückwunschbriefe des 19. und 20. Jahrhunderts. (= Schriften des Museums für Deutsche Volkskunde Berlin Bd. 17) Berlin 1991.

2 Joseph Kardinal Ratzinger: Aus meinem Leben. Erinnerungen (1927–1977), München 1998.

3 »Zu Bethlehem geboren«, in: Gotteslob, Nr. 239,2.

Barockkrippe der Benediktinerinnenabtei Frauenwörth, erste Hälfte 17. Jahrhundert.

Zur Geschichte der Weihnachtskrippe

Im Jahr 1759 haben die Portugiesen in Goa 137 Jesuiten gefangen genommen, sie nach Europa verschifft und in den feuchten unterirdischen Kasematten der Festung St. Julian in Portugal eingekerkert. Dies war der unmenschliche Auftakt zur Aufhebung des Jesuitenordens und ein Vorbote der Säkularisation. In seinem Augenzeugenbericht hat der deutsche Laienbruder Jakob Müller über die Zeit der Festungshaft auch Folgendes festgehalten: »Als ein italienischer Pater um Ostern und Weihnachten aus Kartonfiguren ein Heiliges Grab und eine Krippe herzustellen vermochte, kam der Kommandant persönlich, um sie anzuschauen; die Wärter und Buben, die das Essen verteilten, verrichteten dort ihre Gebete, und der Hauptmann ließ selbst die Kinder der Festungsgarnison in die düsteren Gewölbe hinabsteigen, die für kurze Zeit durch das Andenken an den Erlöser erhellt wurden.« So verwandelten die einzig wegen ihrer Zugehörigkeit zur Gesellschaft Jesu leidenden Patres das unterirdische Verlies in eine Geburtsgrotte und Grabeshöhle.

Dass es gerade ein italienischer Jesuitenpater war, der die Weihnachtskrippe und die Fastenkrippe aus Papier gefertigt hatte, führt unmittelbar zum Ursprung der Krippenkunst, der in Italien liegt, und zu ihren wichtigsten Förderern, den Söhnen des heiligen Ignatius von Loyola. Am Anfang der Verehrung des Kindes in der Krippe steht der Ruf der Hirten: »Kommt, wir gehen nach Bethlehem, um das Ereignis zu sehen, das uns der Herr verkünden ließ« (Lk 2,15).

Zu allen Zeiten sind die Glaubenden, vom Licht des Weihnachtssternes erleuchtet und geleitet, durch die Nacht nach Bethlehem geeilt, um den Gottessohn in der Krippe anzubeten. Im Wortsinn taten dies zuerst die Heiliglandpilger, die zur Geburtsgrotte nach Bethlehem kamen. Im Jahre 335 ließ Kaiserin Helena, die Mutter von Kaiser Konstantin, über der Felsenhöhle eine Basilika errichten. Auf sie sollen auch die Brettchen zurückgehen, die bis heute in Santa Maria Maggiore zu Rom als Überreste der wirklichen Krippe des Jesuskindes verehrt werden. Diese Kirche wurde von Papst

Sixtus III. (432–440) mit einer Nachbildung der Geburtsgrotte versehen und als das »römische Bethlehem« verehrt. Von Papst Nikolaus IV. erhielt der Architekt und Bildhauer Arnolfo di Cambio 1289 den Auftrag zur Umgestaltung der Geburtsgrotte. Die stark aus dem Relief heraustretenden Alabasterfiguren der von Arnolfo di Cambio geschaffenen Anbetung der Könige stehen am Übergang zur vollplastischen (beweglichen) Einzelfigur und werden darum häufig als Anfang der Krippenkunst verstanden. Nach einer Verlegung der Kapelle 1590 wurden die Figuren aus ihrem ursprünglichen Zusammenhang gerissen und neu aufgestellt. Die Marienfigur mit dem Jesuskind ist verloren und wurde durch eine thronende Gottesmutter mit Kind aus dem 16. Jahrhundert ersetzt. Erhalten sind der heilige Joseph, die anbetenden Magier und die Halbfiguren von Ochs und Esel.

Der lateinische Kirchenvater Hieronymus, Bibelübersetzer und in seinen Schriften ein entschiedener Verteidiger der Jungfrauengeburt, ließ 386 als Vorsteher einer Mönchsgemeinschaft in Bethlehem die Geburtsgrotte mit der Darstellung der Weihnachtsgeschichte ausmalen. Seit dem 4. Jahrhundert sind Abbildungen der Geburt Christi bekannt. Ein Sarkophagdeckel (um 320) zeigt das gewickelte Jesuskind in einem geflochtenen Futtertrog, dahinter Ochs und Esel, ohne Maria und Joseph. Die Darstellung der beiden Tiere geht auf das Pseudo-Matthäus-Evangelium zurück, wo es heißt: »Da erfüllte sich, was durch den Propheten Jesaja verkündet ist, der da sagt: Der Ochse kennt seinen Besitzer und der Esel die Krippe seines Herrn« (Jes 1,3).

Die Entstehungsgeschichte der Weihnachtskrippe stellt sich als ein komplexes Wurzelgeflecht dar. Eine dieser Wurzeln ist die italienische Steinplastik des 13. Jahrhunderts. Von fast vollplastischen Reliefdarstellungen der Anbetung der Könige ging die Entwicklung bis zum 16. Jahrhundert zu fast lebensgroßen Terracotta-Figuren und Altarkrippen aus Stein, die allerdings für eine dauernde Aufstellung konzipiert waren: Nördlich der Alpen können die spätgotischen Schnitzaltäre als Vorformen gelten. Vielfach stellte ein Krippenrelief im Mittelschrein die Anbetung der Könige dar, auf den Seitenflügeln umgeben von weiteren Szenen aus dem Marienleben. Allmählich lösen sich auch hier die Figuren aus den Reliefs und bilden veränderbare vollplastische Figurengruppen, die zunächst auch in den Altären aufgestellt wurden. In der italienischen Renaissanceplastik wurde erstmals die Weihnachtsgeschichte mit vollplastischen Figuren auf eigenen Altären und in eigenen Kapellen unveränderbar in einer Miniaturlandschaft aufgebaut. Eine weitere Wurzel der Weihnachtskrippe sind die kirchlichen Weihnachtsspiele innerhalb des Gottesdienstes. Die erste belegte szenische Aufführung soll im 12. Jahrhundert in Rouen stattgefunden haben.

Unter all diesen Ausdrucksformen der Frömmigkeit, die in den Umkreis der Vorbedingungen für die Entstehung der Weihnachtskrippe gehören, fehlt ein Ereignis, das bis in die Gegenwart hartnäckig als die Erfindung der Weihnachtskrippe angesehen wird: die Christmette des heiligen Franz von Assisi 1223 in einer Höhle in den Abruzzen bei dem Ort Greccio. Bereits vier Jahre nach dem Tod des heiligen Franziskus hat sein erster Biograph, Thomas von Celano, die Geschehnisse dieser nächtlichen Feier aufgezeichnet. Ein mit Franziskus gut bekannter Adliger mit Namen Johannes erhielt von diesem 14 Tage vor Weihnachten folgenden Auftrag: »›Wenn du wünschst, dass wir bei Greccio das bevorstehende Fest des Herrn feiern, so geh eilends hin und richte sorgfältig her, was ich dir sage. Ich möchte nämlich das Gedächtnis an jenes Kind begehen, das in Bethlehem geboren wurde, und ich möchte die bittere Not, die es schon als kleines Kind zu leiden hatte, wie es in eine Krippe gelegt, an der Ochs und Esel standen, und wie es auf Heu gebettet wurde, so greifbar als möglich mit leiblichen Augen schauen.‹ Als der gute und treu ergebene Mann das hörte, lief er eilends hin und rüstete an dem genannten Ort alles zu, was der Heilige angeordnet hatte. Es nahte aber der Tag der Freude, die Zeit des Jubels kam heran. Aus mehreren Niederlassungen wurden die Brüder gerufen. Männer und Frauen jener Gegend bereiteten so gut sie konnten freudigen Herzens Kerzen und Fackeln, um damit jene Nacht zu erleuchten, die mit funkelnden Sternen alle Tage und Jahre erhellt hat. Endlich kam der Heilige Gottes, fand alles vorbereitet, sah es und freute sich. Nun wird eine Krippe zurecht gemacht, Heu herbeigebracht, Ochs und Esel herzugeführt. Zu Ehren kommt da die Einfalt, die Armut wird erhöht, die Demut gepriesen, und aus Greccio wird ein neues Bethlehem.«

Wie auf den frühesten Weihnachtsdarstellungen hat sich der heilige Franziskus zur Vergegenwärtigung der Heiligen Nacht auf die Geburtsgrotte, die leere Krippe und die beiden Tiere beschränkt. Maria und Josef und das Jesuskind wurden nicht dargestellt. Als um 1295 Giotto auf einem Fresko in der oberen Basilika von San Francisco in Assisi die Christmette von Greccio darstellte, da legte er dem Heiligen das Jesuskind in die Hände. Durch die gleichzeitige Verlegung des Schauplatzes aus dem Wald in eine Kirche, erinnert die gesamte Szene sehr an die liturgischen Krippenfeiern der damaligen Zeit. Worin die eigentliche Neuheit der Krippenfeier des heiligen Franziskus bestanden hat, wurde von Papst Benedikt XVI. in einer Weihnachtspredigt (Christmette 2011) treffend dargelegt: »In der Auferstehung hat Christus die Türen des Todes aufgestoßen und so die Welt von Grund auf verändert. Für den Menschen hat er in Gott selbst Platz geschaffen. Nun, Franziskus hat diese objektive Rangordnung des Festes, die innere Struktur des Glaubens mit seiner Mitte im Ostergeheimnis nicht geändert, nicht ändern wollen. Aber etwas Neues ist dennoch durch ihn und seine Weise des Glaubens geschehen: Franziskus hat in einer ganz neuen Tiefe das Menschsein Jesu entdeckt. Dieses Menschsein Gottes wurde ihm am meisten sichtbar in dem Augenblick, in dem Gottes Sohn als Kind der Jungfrau Maria geboren, in Windeln gewickelt in eine Krippe gelegt wurde. Die Auferstehung setzt die Menschwerdung voraus, Gottes Sohn als Kind, als wirkliches Menschenkind – das hat das Herz des Heiligen von Assisi zuinnerst getroffen und Glaube zu Liebe werden lassen. … Man kann Gott sozusagen in dem Stall zu Bethlehem anfassen, liebkosen. So hat das Kirchenjahr eine zweite Mitte erhalten in einem Fest, das vor allem Fest des Herzens ist.«

Die erste Weihnachtskrippe und die Initialzündung zu ihrer Verbreitung war die Feier von Greccio gewiss nicht. Dagegen spricht auch, dass die Franziskaner weder mit den ersten italienischen Figurenkrippen in Zusammenhang zu bringen sind, noch an der Einführung der eigentlichen Krippenbauten beteiligt waren. Die Jesuiten haben in ihren Niederlassungen die Verehrung des Heiligen Grabes konsequent eingeführt oder erneuert. Analog zum Heiligen Grab wurde vielfach das Jesuskind an Weihnachten auf seiner Lagerstatt in einer Höhlenkonstruktion aufgestellt. Bald kamen auch über einen Meter große Holzfiguren von Maria und Joseph hinzu.

Die älteste bezeugte Krippe des Jesuitenordens wurde 1560 im Kolleg zu Coimbra errichtet. Bereits 1562 gab es eine Krippe in der Jesuitenkirche in Prag, mit der die große Tradition der Krippenkunst in Böhmen und Mähren ihren Anfang nahm. Im Jesuitenkloster im Marienwallfahrtsort Altötting wurde 1601 erstmals eine Krippe aufgestellt, gefolgt von München 1607, Innsbruck 1608 und Hall in Tirol 1609.

Die Krippen wurden von Künstlern, die die illusionistische italienische Barockmalerei erlernt hatten, mit gewaltigen gemalten perspektivischen Kulissen versehen. Die katholischen Höfe und Adelshäuser erfasste nach dem jesuitischen Vorbild die Krippenleidenschaft. Es entstanden die ersten Hauskrippen mit geschnitzten und beweglichen kleinformatigen Figuren. Für 1571 ist durch den Briefwechsel der Erzherzogin Maria, die aus dem Haus Wittelsbach stammt, mit ihrem Bruder, Wilhelm V. von Bayern, eine Hauskrippe in Graz mit zahlreichen beweglichen und geschnitzten Figuren bezeugt. Zur Krippe gehört auch die Miniaturlandschaft und die Architektur, die mit den in ihr arrangierten Figuren den Betrachter zum Augenzeugen der biblischen Ereignisse machen will.

Durch das Exerzitienbüchlein ihres Ordensgründers, des heiligen Ignatius von Loyola, in dem die Tradition der Leben-Jesu-Betrachtungen zur Grundlage der Frömmigkeit geworden ist, hatten die Jesuiten eine innere Beziehung zu jeder Form der bildlichen Veranschaulichung von Glaubensinhalten. Die Krippe wird allerdings nirgends von einem der Gründerväter des Ordens erwähnt, auch nicht von Petrus Canisius. Der heilige Ignatius wollte ursprünglich in der Nachfolge Jesu in Jerusalem bleiben, das er als Pilger vom September bis zum November 1523 besucht hat.

Seine erste heilige Messe feierte er zu Weihnachten 1538 im römischen Bethlehem von Santa Maria Maggiore »in der Kapelle, wo die Krippe steht, in welche das Jesuskind gelegt worden ist« (»Bericht des Pilgers«). Die Betrachtungsmethode der Exerzitien verlangt die »Zurichtung des Schauplatzes« (*compositio loci*), die darin besteht, »mit der Schau der Einbildungskraft den leiblichen Ort zu sehen, an dem sich die zu betrachtende Sache befindet«.

Über dem 16. und 17. Jahrhundert »erhebt sich das strahlende Konzil von Trient zugleich mit dem Petersdom« (Paul Claudel). Sein Reformstreben und seine Verteidigung der Abbildbarkeit der Glaubensinhalte und der für die Seelsorger gedachte *Catechismus Romanus* sind der theologische Hintergrund der barocken Frömmigkeit und auch der Krippenkunst. Den Satz aus dem Römischen Katechismus »Das Geheimnis der Menschwerdung muss dem Volke oft eingeprägt werden« konnte im 17. und 18. Jahrhundert jeder Pfarrer als direkte Aufforderung zum Krippenbau verstehen. Der Zuspruch, den die Jesuiten mit der Glaubensvermittlung durch ein »gefrorenes Theater« (Rudolf Berliner) mit Holzfiguren vor allem in Bayern und im ganzen Alpenraum, aber auch in ihren Missionen erhielten, ließ auch die anderen Ordensgemeinschaften die seelsorgliche Bedeutung der Krippe erkennen. Nach den Domkirchen wollten auch viele Pfarrgemeinden ihre Krippe haben.

Die Szenenfolge begann meist mit der Herbergssuche, am Weihnachtstag wurde die Verkündigung und die Anbetung der Hirten aufgestellt, es folgte meist die Beschneidung des Herrn am 1. Januar, die Anbetung der Könige am 6. Januar, oft zusammen mit den beiden anderen Epiphanien, Hochzeit von Kanaa und Taufe des Herrn. Nach der Schilderung des Kindermordes von Bethlehem – ihm wurde etwa in der Straubinger Jesuitenkrippe die Höllenfahrt des Herodes in einem Triumphwagen gegenübergestellt – folgte die Flucht der Heiligen Familie nach Ägypten mit dem Sturz der Götzenstatuen, um mit dem verborgenen Leben der Heiligen Familie in Nazareth abzuschließen. Die genannte Straubinger Krippe, deren Figuren zum größten Teil im Zeitraum zwischen 1830 und 1860 entstanden sind, umfasst heute noch 265 Personenfiguren und 59 Tiere. Neben Szenen zum Weihnachtsfestkreis gehört auch ein Passionszyklus, eine sogenannte Fastenkrippe, zum Bestand mit vielen typologischen Szenen aus dem Alten Testament, die auf die Erfüllung der Heilsgeschichte in Christus und die in ihm sichtbar gewordene Einheit des Alten und des Neues Bundes hinweisen, wie etwa die Opferung des Isaak, die eherne Schlange oder der Sieg Davids gegen Goliath.

Die Freude am Krippenbau wurde 1670 durch eine römische Ermahnung, sich auf die Kernszenen der Weihnachtsgeschichte zu beschränken, kaum gemindert. Im 18. Jahrhundert werden in den bayerischen und Tiroler Krippen Genreszenen aus dem Leben der Hirten und dem einfachen Volk immer beliebter. Die Gliederpuppen aus Holz oder mit Wachsköpfen und mit textiler Bekleidung tragen immer die Tracht ihrer Entstehungszeit und ihrer Entstehungslandschaft. Das Heilsgeschehen wird zur größeren Identifikation der Betrachter in die eigene Gegenwart verlegt.

Die Aufklärung wendete sich in ihrer Ablehnung der Volksfrömmigkeit auch entschieden gegen die Weihnachtskrippe als einer unernsten Spielerei. Ersten Verboten aus der Zeit von Maria Theresia und Josef II. von Österreich folgte mit der Säkularisation 1803 das vorläufig endgültige Aus für die Weihnachtskrippe. Hinter dem Verbot der zur Kinderei erklärten Weihnachtskrippe steht die Ablehnung der in der Menschwerdung grundgelegten christlichen Entscheidung für die bildhafte entgegen der bildlosen Meditation und letztlich gegen die Gottessohnschaft Jesu.

Zu dieser Zeit gelangten viele Krippen aus den zwangsweise aufgehobenen Klöstern mit der Versteigerung des Klosterinventars in Privatbesitz. Dadurch und durch das Verbot auch der Krippen in den Pfarrkirchen wurde das Aufstellen von Krippen in den Wohnhäusern gefördert. Für die Krippenschnitzer wurden Privatkunden zur einzigen Einnahmequelle. Aber erst die Verwendung von billigerem Ersatzmaterial wie Ton, Wachs, Papier und Brotteig zur Herstellung von Krippenfiguren machte deren Anschaffung für breitere Schichten erschwinglich. Das Aufstellen von Kirchenkrippen wurde in Bayern erst wieder am 22. Dezember 1825 durch König Ludwig I. genehmigt. In Böhmen dienten während des Josefinismus gemalte Tafeln, die sogenannten Weihnachtsbilder, die in den Altar eingesetzt wurden, als Krippenersatz zwischen Weihnachten und Lichtmess.

Der unbestrittene Höhepunkt der Krippenkunst sind die neapolitanischen Krippen aus dem 18. Jahrhundert. Die Figuren sind um die 38 cm groß, ihre Köpfe wurden aus Ton von bedeutenden Modelleuren der Porzellanmanufaktur Capodimonte zunächst im Auftrag des Königs, später auch des Adels und der Kirche hergestellt. Arme und Beine sind aus Holz, und um den beweglichen Körper aus Draht wurde Werg gewickelt. Die Ausdrucksstärke der Köpfe, in die Glasaugen eingesetzt wurden, und die wirklichkeitsgetreue Kleidung, die Fülle der Ausstattungsstücke, die Miniaturinstrumente der Hirten und des exotischen Gefolges der Heiligen Drei Könige sind nicht zu übertreffen.

Im 19. Jahrhundert wurden die Kastenkrippen hergestellt. Figuren aus Holz, Ton, Wachs oder Gussmasse wurden über eine Berglandschaft um die Geburtsgrotte verteilt, überragt von der Stadt Bethlehem. Die kolorierte Papierkrippe des Malers Josef Ritter von Führich (1800–1876) brachte den Nazarenerstil in die Krippenkunst. Durch die Massenproduktion von Ausschneidebögen, Falt- und Klappkrippen aus Papier erfuhr die Nazarenerkrippe zum Ende des letzten Jahrhunderts eine weite Verbreitung. Der ausgebildete akademische Bildhauer Sebastian Osterrieder (1864–1932) spezialisierte sich seit einem Romaufenthalt in München ganz auf die Krippenherstellung. Er wandte sich mit seinen realistischen orientalischen Krippen, für die er eigens Studienreisen in das Heilige Land unternommen hatte, gegen die bisherige alpenländische Krippentradition. Osterrieder kleidete seine Figuren in der sizilianischen Technik des Kaschierens:

In Leim getränkte Stoffe werden um die Figuren gelegt, nach dem Aushärten bleibt der Faltenwurf stehen und die Stoffmuster und Farben werden aufgemalt.

Mit den Hirten aus dem Lukasevangelium und den Weisen aus dem Morgenland, die vom Evangelisten Matthäus erwähnt werden, sind Juden und Heiden anbetend vor der Krippe vereint. Die »große Freude, die dem ganzen Volk zuteil werden wird« (Lk 2,10) verkündet heute die Weihnachtskrippe auf der ganzen Welt von der Makondeschnitzerei aus Tansania bis zur Tonkrippe aus Peru. Bethlehem liegt ebenso in Mexiko wie auf den Philippinen. Dass in der Weihnachtskrippe etwas Kindliches liegt, ist nicht zu bestreiten. Aber zum wahren und wirklichen Bethlehem kann auch nur ein Kinderglaube führen, denn es heißt: »Wer das Reich Gottes nicht annimmt wie ein Kind, wird nicht hineinkommen« (Mk 10,15).

Die Königin von Saba und König Salomo an der Krippe, Barockkrippe der Benediktinerinnenabtei Frauenwörth, erste Hälfte 17. Jahrhundert

Die Königin von Saba und König Salomo an der Krippe

Als die barocken Gliederpuppen der Krippe der Benediktinerabtei auf der Fraueninsel im Chiemsee in den achtziger Jahren erstmals fachkundig restauriert wurden, erhielten zwei der ausdrucksstärksten Figuren mit prächtiger Originalkleidung ihre wahre Identität zurück. Es waren der fürstlich strahlende König Salomo und die prächtige Königin von Saba, die jahrhundertelang als Namenlose dem Gefolge der Heiligen Drei Könige zugeordnet worden waren.

Die Entstehungszeit der Figuren liegt zwischen 1650 und 1700. Ein ähnliches Schicksal wurde den königlichen Hoheiten auch in anderen bedeutenden Barockkrippen zuteil. Der bayerische Kurfürst Ferdinand Maria schenkte 1678 der von Augustiner-Chorherren betreuten Wallfahrtskirche Tuntenhausen bei Rosenheim 250 Krippenfiguren für einen Weihnachtszyklus mit 15 Szenen. Im Krippenführer liest man zur Szene mit der Huldigung der Weisen: »Am Ende des Zuges ein Gefährt mit einer orientalischen Prinzessin.« In einem roten Prunkwagen, der von einem Dromedar gezogen wird, sitzt die schwarze Königin von Saba, aus Unwissenheit um ihre Identität zum Schlusslicht des Trosses der Heiligen Drei Könige noch hinter die Proviantwagen verbannt. In der sogenannten »Reisinger-Krippe« in der Jesuitenkirche zu Straubing, benannt nach dem Präses der marianischen Männerkongregation Johann Baptist Reisinger, findet man die vor 1750 geschnitzten Holzfiguren der Königin von Saba und des Königs Salomo korrekt beieinander und mit den Weisen aus dem Morgenland an der Krippe stehend. Allerdings ist auch hier der Kommentar im ausliegenden Krippenführer unbefriedigend: »Parallelszene aus dem Alten Testament, die zur phantasievollen Ausschmückung des Dreikönigszuges beigetragen hat.«

Das Schicksal der Königin von Saba und des Königs Salomo in der Weihnachtskrippe – wer weiß in welchen Barockkrippen sie noch immer inkognito darauf warten, wieder mit ihren Namen angesprochen zu werden – ist der sichtbare Ausdruck eines Traditionsbruchs, der seit der Aufklärung das theologische Denken bestimmt.

Die Konzeption der Barockkrippe orientiert sich an der Weihnachtsliturgie der Kirche, die wiederum das Alte Testament allegorisch, das heißt auf Christus hin auslegt, was seit dem 18. Jahrhundert als vorwissenschaftliche Methode der Kirchenväter abgelehnt wird. Mit dem Unverständnis gegenüber der typologischen Schriftauslegung verband sich die romantische Krippenauffassung mit ihrer Liebe zu idyllischen und volkstümlichen Genreszenen, im Historismus abgelöst von dem um ethnologische Genauigkeit bemühten sogenannten orientalischen Krippen im Nazarenerstil. Ergebnis war das Umkleiden aller typologischen Vorbilder, die auf Christus als den Höhepunkt der Heilsgeschichte hingewiesen haben: Aus den messianischen Propheten wurden Soldaten im Gefolge der Sterndeuter, aus den Kundschaftern mit der großen Traube, Vorausbild des Erlöserleidens Christi und der Eucharistie, wurden Hirten, aus der Königin von Saba wurde die Frau des Pilatus in der Fastenkrippe oder eine unbestimmte Randfigur der Epiphanieszene.

Wie kommt aber nun die Königin von Saba in die barocke Krippeninszenierung? Ist sie nur eine exotische Zutat wie der Sternanis in der Weihnachtsbäckerei? Im ersten Buch der Könige (1 Kön 10,1–10.13, mit geringfügigen Abweichungen noch einmal erzählt in 2 Chr 9,1–9.12) wird berichtet, dass die Königin von Saba von der Weisheit des Königs Salomo (Regierungszeit ca. 972–932 v. Chr.) hörte und mit großem Gefolge und Kamelen nach Jerusalem kam, um Salomo »mit Rätselfragen auf die Probe zu stellen«. Der König von Israel konnte alle ihre Fragen beantworten, und der Königin von Saba »stockte der Atem«, als sie »die ganze Weisheit Salomos erkannte, … den Palast sah, den er gebaut hatte, die Speisen auf seiner Tafel, … das Aufwarten seiner Diener und ihre Gewänder, seine Getränke und sein Opfer, das er im Haus des Herrn darbrachte«. Der Schnitzer der Figur auf der Fraueninsel hat die Königin mit staunend offenem Mund festgehalten. Weiter sprach sie: »Glücklich sind deine Männer, glücklich diese deine Diener, die allezeit vor dir stehen und deine Weisheit hören.« Die heidnische Herrscherin lobte sogar den Gott Israels: »Gepriesen sei Jahwe, dein Gott, der an dir Gefallen fand und dich auf den Thron Israels setzte.« Prophetisch auf den kommenden Messias hinweisend fügte sie noch hinzu: »Weil Jahwe Israel ewig liebt, hat er dich zum König bestellt, damit du Recht und Gerechtigkeit übst.« Überreich sind die Gastgeschenke der Königin: Gold, Balsam und Edelsteine. Bevor die Königin von Saba mit ihrem Gefolge in ihre Heimat zurückkehrte, wurde sie auch von Salomo großzügig beschenkt. Ihre Heimat ist Felix Arabia, das Weihrauchland in Südarabien, der heutige Jemen. Dort lebte das Handelsvolk der Sabäer, das durch den Fernhandel mit Weihrauch reich geworden ist. Im 8. Jahrhundert vor Christus war Saba ein mächtiger Staat, der aber im 4. Jahrhundert seine Vormachtstellung an Hadramaut verlor. Unter den vielen erhaltenen schriftlichen Zeugnissen findet sich allerdings kein Beleg für eine Königin der

Sabäer. Wie aber kommt die Königin von Saba in die Weihnachtsgeschichte? In Psalm 72 heißt es: »Die Könige von Tarschisch und von den Inseln sollen eine Gabe bringen, die Könige von Scheba und Saba sollen Tribut entrichten. Und es sollen sich niederwerfen vor ihm alle Könige, alle Nationen sollen ihm dienen« (Ps 72,10 f.). In Vers 15 steht: »Er lebe, und Gold von Saba soll man ihm geben.« Hier sahen die Evangelisten eine Vorausdeutung auf die Anbetung des Jesuskindes durch die heidnischen Pilger aus dem Morgenland (Mt 2,1–12).

Auch die Umdeutung der Sterndeuter zu Königen in der nachbiblischen Tradition ging von Psalm 72 aus. In den liturgischen Gesängen und Gebeten des römischen Ritus am Fest der Darstellung des Herrn wurde der Psalm mit der Prophetie der Völkerwallfahrt bei Jesaja verbunden: »Völker wandern zu deinem Licht und Könige zu deinem strahlenden Glanz. Blick auf und schau umher: Sie alle versammeln sich und kommen zu dir. … die Schätze der Völker kommen zu dir. Zahllose Kamele bedecken dein Land, Dromedare aus Midian und Efa. Alle kommen von Saba, bringen Weihrauch und Gold und verkünden die ruhmreichen Taten des Herrn« (Jes 60,3–6). Diese Stelle liest sich wie eine Anleitung zur Inszenierung der exotischen Aufzüge der Heiligen Drei Könige im Krippenbau. Aus der Liturgie des Epiphaniefestes heraus drängte die beschriebene Typologie zur Veranschaulichung. Wer kann da noch behaupten, die Katholiken hätten die Bibel nicht gelesen? Sie haben sie sich aus dem Gottesdienst der Kirche heraus bildhaft und bildnerisch anverwandelt. Südarabien als Herkunftsland der Königin von Saba und der Weisen und die Übereinstimmung der Gaben verband sich mit der messianischen Deutung von König Salomo, dem Sohn Davids, zur typologischen Deutung der Begegnung zwischen der Königin von Saba und König Salomo: Im Hinblick auf die Begegnung mit Christus, der Weisheit Gottes, huldigt die Heidenwelt dem göttlichen Licht des Davidsohnes. Diese Deutung wird von Christus selbst im Neuen Testament bestätigt: »Die Königin des Südens wird beim Gericht gegen diese Generation auftreten und sie verurteilen, denn sie kam vom Ende der Erde, um die Weisheit Salomos zu hören. Hier aber ist einer, der mehr ist als Salomo« (Mt 12,42). Den Schriftgelehrten, die von Jesus ein Zeichen seiner Legitimation sehen wollten, hält dieser die heidnische Königin entgegen, die die Weisheit Salomos erkannte und annahm. Jetzt stehen sie dem ewigen Logos selbst gegenüber und erkennen nicht, dass hier einer ist, »der mehr ist als Salomo«. Die Königin des Südens kann sogar als Richterin auftreten, denn sie hat prophetisch Gott für den kommenden Messias aus dem Haus David gedankt, als sie Salomo ehrte. Gott hat sich in Freiheit an das Haus David gebunden, als er den Hirtenjungen aus Bethlehem (Brothausen) als Anfang der messianischen Dynastie zum König salben ließ. Der Prophet Nathan verkündete David den messianischen Bund: »Wenn deine Tage erfüllt sind und du dich zu deinen Vätern legst, werde ich deinen leiblichen Sohn als deinen Nachfolger einsetzten und seinem Königtum ewigen Bestand verleihen. Ich will für ihn Vater sein, er soll für mich Sohn sein … Dein Haus und dein Königtum sollen durch mich auf ewig bestehen bleiben, dein Thron soll auf ewig Bestand haben« (2 Sam 7, 11–17). Dass Gott dabei ein universales Ziel im Hinblick auf alle Völker anstrebt, stellt die Begegnung zwischen Salomo und der Königin von Saba vorweg dar. Zugleich bestätigte sie im Heiligen Geist den durch Gottes Treue bestehenden messianischen Bund. Ebenso wenig wie König Saul die Königsherrschaft Davids, des erwählten Königs, verhindern konnte, war es König Herodes möglich, die Königsherrschaft Christi zu verhindern. Jerusalem, von David erobert, wird zur Stadt Davids, zur Stadt des Gesalbten des Herrn, der am Palmsonntag als Friedenskönig auf einem Esel einzieht, um am Karfreitag vor den Toren Jerusalems als »König der Juden« hingerichtet zu werden. Im »neuen Jerusalem, das von Gott her aus dem Himmel herabkommt« (Offb 21,2) herrscht er als das geopferte und verherrlichte Lamm auf dem Thron. Christus als »die Wohnung Gottes unter den Menschen« (Offb 21,3) erfüllt leibhaftig, was Salomo mit dem Tempelbau nur schattenhaft vorgebildet hat: »Er wird meinem Namen ein Haus bauen, und ich werde den Thron seines Königtums für ewig festigen.« Auch dadurch bestätigt sich: »Hier aber ist einer, der mehr ist als Salomo« (Mt 12,42). Am Beginn des Matthäusevangeliums heißt es: »Stammbaum Jesu Christi, des Sohnes Davids« (Mt 1,1). Joseph legitimiert den Sohn seiner Braut Maria für das Haus Davids. Gott übertrifft seine Zusage der Adoption eines leiblichen Sohnes Davids durch die Inkarnation des ewigen Wortes: »Joseph, Sohn Davids, fürchte dich nicht, Maria als deine Frau zu dir zu nehmen, denn das Kind, das sie erwartet, ist vom Heiligen Geist« (Mt 1,20).

»Hier aber ist einer, der mehr ist als Salomo.« Dass der Sohn Davids ganz von Gott kommt und zugleich ganz in die Menschheit und die Geschichte Israels eingeht, aber so, dass er immer der Herr der Geschichte bleibt, der auf kein menschliches Zeugnis angewiesen ist, thematisiert Christus selbst, als er die Pharisäer fragt: »Was denkt ihr über den Messias? Wessen Sohn ist er? Sie antworteten: Der Sohn Davids. Er sagte zu ihnen: Wie kann David ihn dann, vom Geist erfüllt, Herr nennen? Denn er sagt: Der Herr sprach zu meinem Herrn: Setze dich zu meiner Rechten, und ich werde deine Feinde dir unter die Füße legen. Wenn ihn also David Herr nennt, wie kann er dann Davids Sohn sein?« (Mt 22,14 ff.). Der Messias ist der Vermittler zwischen Gott und seinem Volk, aber er ist mehr als Mose. In diesem Menschen greift Gott selbst souverän in die Geschichte ein: »Hier aber ist einer, der mehr ist als Salomo.« Der in der Liturgie des Epiphaniefestes vielzitierte Psalm 72 ist über die typologische Deutung der Völkerwallfahrt auf die Heiligen Drei Könige hin und ihr Vorbild, die Königin von Saba, als Ganzes bedeutsam. Er enthält als Bittgebet formuliert das Vermächtnis Davids für seinen Sohn Salomo. Im griechischen Alten Testament wird der Titel »von Salomo«

wiedergegeben mit: verfasst »im Hinblick auf Salomo«. David spricht vom Messias, der die Gerechtigkeit in Person sein wird und der für die Armen eintritt. Er ist ein universaler König, dem die ganze Welt huldigt. Die Völker werden vom äußersten Osten (Scheba und Saba, d.h. Äthiopien und Südarabien) kommen und die Königsherrschaft des Sohnes Davids anerkennen, um der Gerechtigkeit Jahwes teilhaftig zu werden. Salomo erbaute den Tempel als Ort der Gegenwart Gottes und als Unterpfand dafür, dass Gott seine Schöpfung als Ort seiner Erscheinung (Epiphanie) wiederherstellen wird. Mit der Menschwerdung des ewigen Wortes erfüllen sich diese vorbereitenden Schritte des Heilsplanes Gottes: »Denn in ihm allein wohnt wirklich die Fülle Gottes« (Kol 2,9). Aus der Finsternis des Allerheiligsten tritt die Gestalt Jesu Christi: »Hier aber ist einer, der mehr ist als Salomo.« Mit seiner stellvertretenden Ganzhingabe für jeden Menschen hat Jesus den Tempel und alle Kulte der Religionsgeschichte abgelöst: »Der christliche Kult … sieht die Zerstörung des Jerusalemer Tempels als endgültig und theologisch notwendig an: An seine Stelle ist der universale Tempel des auferstandenen Christus getreten, dessen am Kreuz ausgestreckte Arme auf die Welt hin ausgespannt sind, um alle in die Umarmung der ewigen Liebe hineinzuziehen.«[1]

Die Barockkrippe auf der Fraueninsel inszeniert nach der Anbetung der Weisen auch noch das zweite Festgeheimnis von Epiphanie: Die Hochzeit von Kana. Mit welcher Begründung finden sich aber auch in dieser Szene die Königin von Saba und König Salomo? Eine Sammlung von Liebesliedern im Alten Testament wird das »Hohelied Salomos« genannt. Drei Paare finden wir bei dieser Hochzeit: Salomo und die Königin von Saba, das arme Brautpaar, dem der Wein ausgegangen ist, und Jesus und die Gottesmutter Maria. Das Hohelied und die Hochzeit von Kana feiern die Liebe zwischen Mann und Frau. Im Hohenlied heißt es: »Sechzig Königinnen hat Salomo, achtzig Nebenfrauen und Mädchen ohne Zahl. Doch, einzig ist meine Taube, die Makellose« (Hld 6,8 f.). Die Makellose ist Maria, die neue Eva. Sie ist als Jungfrau, Mutter, Jüngerin und Braut die Gehilfin bei der Neuschöpfung der Menschheit. Sie ist der personale Sitz der menschgewordenen göttlichen Weisheit. Sie überragt den Thron Salomos, denn sie trägt den, der von sich sagt: »Hier aber ist einer, der mehr ist als Salomo.« Die Königin von Saba wird nun zur Sulamith des Hohenliedes und zum Vorbild der Braut des neuen Bundes. In dieser Szene werden sie gleichsam zu Trauzeugen der Vermählung zwischen Christus und seiner Kirche. Durch das Wunder beim Hochzeitsfest von Kana wird die Ehe gesegnet und zum Bild für die Einigung zwischen Christus und seiner Kirche erhoben. Salomo steht allerdings auch für einen verschwenderischen Lebenswandel. Durch harten Frondienst und Schuldenmachen hat er sich seinen Luxus erkauft. Der ewige Sohn legte seine Herrlichkeit ab und wurde wie ein Sklave. In seiner Niedrigkeit offenbart sich unmittelbar seine Hoheit. Seine Erniedrigung zeigt die Erniedrigung der väterlichen Liebe und darin deren Größe. Sein Geist der Gotteskindschaft ist der Geist des Weizenkorns, das in die Erde fällt und stirbt und so reiche Frucht bringt. Diese Haltung erwartet Jesus auch von seinen Jüngern: »Und was sorgt ihr euch um eure Kleider? Lernt von den Lilien, die auf dem Felde wachsen: Sie arbeiten nicht und sie spinnen nicht. Doch ich sage euch: selbst Salomo war in all seiner Pracht nicht gekleidet wie eine von ihnen. Wenn aber Gott schon das Gras so prächtig kleidet, das heute auf dem Feld steht und morgen ins Feuer geworfen wird, wie viel mehr dann euch, ihr Kleingläubigen« (Mt 6,28–30). Zuerst geht es Christus um das Vertrauen in Gott den Vater und darum meint auch dies: »Hier aber ist einer, der mehr ist als Salomo.« Der von Gott so überreich beschenkte Salomo verfällt einer pessimistischen Lebensphilosophie. Mit den Worten des »Predigers«, des Davidsohnes, der König von Jerusalem war, spricht er ein schonungslos realistisches Urteil über sein Leben und das Leben jedes Menschen, das in der ewigen Dunkelheit des Todes endet: »Mein Wissen stand mir zur Verfügung und was immer meine Augen sich wünschten, verwehrte ich ihnen nicht. Ich musste meinem Herzen keine einzige Freude versagen. Denn mein Herz konnte immer durch meinen Besitz Freude gewinnen … Doch dann dachte ich nach über all meine Taten, … und über den Besitz … Das Ergebnis: Das ist alles Windhauch und Luftgespinst. Es gibt keinen Vorteil unter der Sonne« (Koh 2,9–11). Glücklich ist für den Prediger Salomo nur der, der gar nicht erst geboren wurde. Der Gottessohn unterwirft sich aller Nichtigkeit und Sinnlosigkeit des menschlichen Daseins und lässt nach seinem Kreuzestod und seiner Auferstehung einen neuen Windhauch wehen in der Welt: »Da kam plötzlich vom Himmel her ein Brausen, wie wenn ein heftiger Sturm daherfährt … alle wurden vom heiligen Geist erfüllt« (Apg 2,2–4). Der Geist Gottes bezeugt, dass der Tod besiegt und aus dem Minus vor der Klammer der Welt ein Plus geworden ist: »Hier ist einer, der mehr ist als Salomo.« Über die Polygamie verfällt Salomo dem Polytheismus. Er erlaubt seinen zahlreichen Frauen aus fremden Völkern die Ausübung ihrer Kulte in Jerusalem. Salomo fällt vom Gott seiner Väter ab und wird zum Anhänger der pluralistischen Religionstheorie, die die Gleichwertigkeit aller Religionen vertritt. Daraufhin muss er den Zerfall seines Reiches und den Aufstieg seiner Todfeinde miterleben. Er erfährt, dass das Heil nicht in einem politischen und nationalreligiösen Großreich besteht.

Nach vierzigjähriger Herrschaft und mit dem Versprechen Gottes, dass das Haus David nie ganz untergehen wird, stirbt Salomo. Durch den Propheten Amos erneuert Gott ausdrücklich seine Bindung an das Haus David: »An jenem Tag richte ich die zerfallene Hütte Davids wieder auf und bessere ihre Risse aus, ich richte ihre Trümmer auf und stelle sie wieder her, wie in den Tagen der Vorzeit« (Am 9,11). Auf vielen Weihnachtsdarstellungen steht die Krippe in der Ruine des Hauses David zwischen umgestürzten Säulen. Dies besagt, dass Gott selbst an die Stelle des zu schwachen Bundespartners Mensch treten muss, was nur gelingen kann, wenn und weil hier in der Krippe liegt, »der mehr ist als Salomo«.

Wie die Erlösung geschehen soll, deutet das Buch der Weisheit an, das in der griechischen Bibel »Weisheit Salomos« genannt wird. Darin heißt es: »Denn Segen ruht auf dem Holz, durch das Gerechtigkeit geschieht« (Weish 14,7) und an anderer Stelle: »Die Weisheit hat die Erde, die … überflutet wurde, wieder gerettet und den Gerechten auf wertlosem Holz durch die Wasser gesteuert« (Weish 10,4). Das Kreuzesholz macht gerecht vor Gott und ist Planke der Arche, die vor den Wassern des Todes rettet. Auch die Königin von Saba sah die Bedeutung des Kreuzesholzes voraus, so steht es jedenfalls in der Legenda Aurea zum Fest Kreuzauffindung zu lesen: Seth, der Sohn Adams, pflanzte einen Zweig des Paradiesesbaumes, an dem seine Elten gesündigt hatten, auf das Grab seines Vaters. Salomo ließ den Baum fällen. Da der Balken aus diesem Baum sich nicht verwenden ließ, wurde er als Steg über ein Wasser gelegt. »Als aber die Königin von Saba kam, um die Weisheit Salomons zu hören und den besagten Teich überqueren wollte, sah sie im Geist, dass der Erlöser der Welt an diesem Holz aufgehängt werden sollte, und wollte deshalb nicht über das Holz schreiten, sondern betete es sogleich an.«[2] Salomo ließ den Balken an der Stelle begraben, an der später der Teich Betesda entstand, in dem, wenn er von einem Engel aufgewühlt wurde, der erste, der hineinstieß geheilt wurde, »an welcher Krankheit er auch litt« (Joh 5,4). Zur Zeit des Prozesses Jesu in Jerusalem trieb das Holz empor und wurde als Kreuzesbalken verwendet. Darum traten Salomo und die Königin von Saba auch in mittelalterlichen Passionsspielen auf. Der tiefere Sinn dieser Legende ist auch, dass einzig das Kreuz, das Zeichen des Neuen Bundes, den Graben zwischen Juden und Heiden überwinden kann. Erst über das Kreuz Christi finden Salomo, der Repräsentant Israels, und die Königin von Saba, die Vertreterin der Völker, zusammen. Im sogenannten 2. Esther-Targum, einer Übersetzung des Alten Testamentes in die aramäische Volkssprache mit erklärenden und erbaulichen Zusätzen, bringt ein Wiedehopf Salomo die Nachricht von einem fernen Land, das sich ihm noch nicht unterworfen hat. Mit einem Brief des Königs fliegt der Wiedehopf zur Königin von Saba und übermittelt ihr die Aufforderung, nach Jerusalem zu kommen. Bevor die Königin von Saba aufbricht, schickt sie wertvolle Geschenke voraus. Als sie den Palast betreten will, hält sie den spiegelnden Boden für Wasser und hebt ihr Gewand, so dass ihre Beine zu sehen sind. Mit schwierigen Rätseln prüft sie die Weisheit des Davidsohnes.

In der 27. Sure des Koran wird die Begegnung zwischen Salomo und der Königin von Saba in Abhängigkeit vom Alten Testament und dem 2. Esther-Targum erzählt und abgeändert: Als sich alle Tiere vor Sulayman, dem Sohn Dawuds, versammelt hatten, fehlte der Wiedehopf. Als er endlich vor dem ungeduldigen König erschien, überraschte er diesen mit der Nachricht von der unermesslich reichen Königin von Saba, die nicht Allah, sondern die Sonne anbetet. Daraufhin überbrachte der Wiedehopf der Königin einen Brief des Königs mit der Aufforderung, nach Jerusalem zu kommen und sich zum Islam zu bekehren. Auf die zur Beschwichtigung geschickten Geschenke reagierte Sulayman gereizt mit einer Kriegsdrohung. Als die Königin von Saba schließlich den Palast betrat, hielt sie den gläsernen Fußboden für einen See und hob ihre Kleider, so dass ihre Beine sichtbar wurden. Sie sprach: »Mein Herr, siehe, ich sündige wider mich selbst, und ich ergebe mich mit Sulayman Allah, dem Herrn der Welt« (27,44). Die Erzählung bricht an dieser Stelle unvermittelt ab. In späteren islamischen Legenden tritt die Königin von Saba als *femme fatale* auf und wird sogar dämonisiert: Sie wurde als Dämonin entlarvt, als ihre behaarten Beine zu sehen waren, während sie über den Glasboden ging. Auch im Koran hat die Königin von Saba keinen Namen. Erst spätere Kommentatoren nennen sie Bilkis. Der Wiedehopf wurde wegen seines Luftpostbriefes für die Königin von Saba in der persischen Dichtung zum Liebesboten, mit Namen Hudhud, ernannt.

Im »West-Östlichen Divan« hat Johann Wolfgang Goethe in dem Gedicht »Gruss«[3] diesen Zusammenhang aufgegriffen: »Hudhud lief einher / die Krone entfaltend; / … ›Hudhud‹ sagte ich, fürwahr! / Ein schöner Vogel bist du. / Eile doch, Wiedehopf! / Eile, der Geliebten / Zu verkünden, dass ich ihr / Ewig angehöre. / Hast du doch auch / Zwischen Salomo / Und Sabas Königin / Ehemals den Kuppler gemacht« (27. Mai 1815). Goethe erhielt von Marianne von Willemer, an die das Gedicht gerichtet war, zum 70. Geburtstag am 28. August 1819 einen Spazierstock aus Stechpalmenholz mit einem geschnitzten Wiedehopf als Griff. Er steht noch heute in Goethes Arbeitszimmer in Weimar. Drei Jahre vor seinem Tod schickte Goethe am 30. September 1830 in einem Begleitbrief zur Übersendung von Weihrauch an Marianne von Willemer und ihren Gatten noch einmal den Wiedehopf in das Weihrauchland zur Königin von Saba: »… in einer Gegend, wo noch von früheren Zeiten her Hudhud im Eckchen seine Rechte behauptet, einigermaßen trauernd, dass er nicht immer fort und fort wie sonst mit anmutigen Aufträgen in Bewegung gehalten wird … Frisch aufgemuntert eilt er sogleich in die Weihrauchlande seiner alten Gönnerin, der Königin von Saba, und wird nächstens mit dem alldorten gewonnenen Gemisch von Körnern, Pulvern und Blättchen sich bei den Freunden einfinden, um diesen Winter manchmal höchst anmutige Erinnerungen aufzuwecken.« Im 13. Jahrhundert entstand in Äthiopien die Legende, dass aus der Verbindung von Salomo und der Königin von Saba der Gründer der äthiopischen Dynastie Menelik I. hervorgegangen sei. Darum nannte sich auch noch der letzte Kaiser von Äthiopien Haile Selassie »Löwe von Juda«.

Die Erfüllung des Alten Bundes durch den verheißenen Messias ist auch die Erfüllung der Erwartung aller Völker. Die Königin von Saba staunt über die Weisheit Salomos und erkennt, dass das Heil von den Juden kommt. Zugleich verweist die Größe und Tragik Salomos auf eine neue und größere Initiative Gottes. Darum stehen die Königin von Saba und König Salomo als Vorbild der Kirche aus Juden und Heiden an der Krippe, und sie staunen über den, der von sich sagt: »Ich bin die Wurzel und der Stamm Davids, der strahlende Morgenstern« (Offb 22,10).

1 Joseph Ratzinger: Theologie der Liturgie (JRGS, Bd. 11), Freiburg 2008, S. 59.

2 Legenda aurea, Bd. 1, S. 941.

3 Johann Wolfgang Goethe: Sämtliche Werke, Bd. 3, S. 312.

Sebastian Osterrieder (1864–1932), sog. Kaiserkrippe, Stadtmuseum Abensberg

Sebastian Osterrieder – der Erneuerer der künstlerischen Weihnachtskrippe

Mit der Berufung von Jesuiten nach München durch die Wittelsbacher kam auch die Krippenkunst nach Bayern. Entsprechend den Anleitungen des Exerzitienbüchleins des heiligen Ignatius von Loyola förderten die Patres alles, was der Veranschaulichung des Heilsgeschehens und seiner Verinnerlichung diente. Obwohl die große bayerische Krippentradition der Barockzeit durch die Agitation der Aufklärer gegen die Frömmigkeitspraxis der Gläubigen zerstört worden war, lebte die Freude am Krippenbau weiter. Man kann mit Recht sagen, dass mit dem akademischen Bildhauer Sebastian Osterrieder (1864–1932) im Zeitalter der entstehenden Massenproduktion die Krippenkunst in München sogar erst ihren künstlerischen Höhepunkt erreichte. Hermann Vogel, Ehemann einer Enkelin von Osterrieder, hat, aus dem gesamten Nachlass schöpfend, eine umfangreiche Lebens- und Werkbeschreibung mit dem Schwerpunkt auf dem Krippenschaffen Osterrieders vorgelegt.[1]

Osterrieder, ein Niederbayer aus Abensberg, hatte im elterlichen Betrieb eine Bäckerlehre gemacht und insgesamt elf Jahre in der Backstube gestanden. Schon früh zeigte sich seine Begabung für das Schnitzen von Krippenfiguren und das Zeichnen. Nach dem Tod des Vaters konnte Osterrieder eine Bildhauerlehre beginnen und nach dem Besuch der Gewerbeschule seine Aufnahme in die Bayerische Akademie der Künste erreichen. Durch seine Bekanntschaft mit dem Krippensammler Max Schmederer lernte Osterrieder die barocke italienische Krippenkunst kennen. Besonders die Begegnung mit den Krippenfiguren des Sizilianers Giovanni Antonio Matera (1653–1718) war ein entscheidender Schritt auf dem Weg zur Osterrieder-Krippe. Von Matera übernahm Osterrieder die Bekleidungsmethode des Kaschierens. Dabei werden die Figuren mit in Leim getauchtem Stoff bekleidet. Der Faltenwurf erstarrt beim Trocknen und behält so auf Dauer die vom Künstler gewollte Gestalt. Gönner wie der konvertierte Großindustrielle Theodor von Cramer-Klett, Albert Fürst von Thurn und Taxis und der Münchener Erzbischof Antonius von Thoma halfen Osterrieder, sich als Bildhauer in kirchlichen Kreisen zu etablieren. Daneben entwickelte Osterrieder ein Hartgussverfahren zur Halbserienproduktion von Krippenfiguren. Vollplastische Figuren des Künstlers wurden mit einer Gussmasse abgegossen, das innere mit Drahtarmierungen verstärkt, Glasaugen eingesetzt, die Bekleidung mittels leimgetränkter Stoffe drapiert und abschließend farbig gefasst. Unterschiede in Faltenwurf und Bemalung machten jede Figur zu einem Unikat. Sehr werbewirksam war die Aufstellung einer Krippe aus Lindenholz 1907 im Berliner Schloss, die zunächst von der Kaiserin bestaunt worden war, anschließend von einem Stifter Kaiser Wilhelm II. geschenkt und jährlich im Neuen Palais in Potsdam aufgestellt wurde. Hier hatte Osterrieder erstmals die Figuren verwendet, die seine orientalischen Krippen so berühmt gemacht haben. Heute steht die »Kaiserkrippe« im Abensberger Heimatmuseum.

Ein besonderer Großauftrag war die Erstellung einer geschnitzten Krippe für den Linzer Dom 1908. Als Teilnehmer einer Palästinaexpedition des damaligen Domkapitulars und späteren Bischofs von Regensburg Michael Buchberger konnte Osterrieder die orientalische Lebenswelt studieren, die dann in seine »ethnographische Krippengestaltung« Eingang fand. Hier verbanden sich Wissenschaftspositivismus, Pilgerromantik und aufkommende historisch-kritische Bibelwissenschaft zum Gesamtprojekt der orientalischen Krippe. Seine 1913 Papst Pius X. übergebene Krippe folgte allerdings in der Gestaltung der Architektur einem komplexen theologischen Programm, das auf die Mitwirkung von Dominikanern schließen lässt, zu denen Osterrieder durch den Nuntius in München und späteren Kardinal Andreas Franz Frühwirt OP in nähere Beziehung gekommen war. Leider fehlt von der »Papst-Krippe«, die Pius X. dem Pilgerwohnheim St. Marthahaus in Rom übergeben hatte, nach 1930 jede Spur. Mit einem eigenen Katalog warb Osterrieder für seine verschiedenen Szenen, die man bei ihm samt Kulissen und Bodenplatte erwerben konnte: Herbergssuche, Christi Geburt, Verkündigung an die Hirten, Anbetung der Hirten, Anbetung der Könige mit großem Gefolge, Flucht nach Ägypten und Leben der Heiligen Familie in Nazareth, der 12-jährige Jesus im Tempel und die Hochzeit von Kana. Wahlweise war eine Ruinenkulisse oder eine Felsengrotte zu beziehen. Kleinere Formate mit weniger Figuren wurden als Hauskrippe angeboten. Zahlreiche Engel und Putti ergänzten das Angebot. Osterrieder lieferte auch immer eine Anleitung zur sachgerechten Aufstellung der Szenen mit. Neben der ständig laufenden Krippenproduktion arbeitete Osterrieder an Außenfiguren für die St. Anna-Basilika in Altötting oder an lebensgroßen Figuren für einen Kalvarienberg in Biberbach im Bistum Augsburg.

Bereits 1902 begann die Planung eines Reiterstandbildes des kaiserlichen Feldmarschalls Tilly. Ein Guss nach Osterrieders Modell wurde erst 2005 auf dem Kapellplatz aufgestellt. Über Bayern hinaus verbreitete sich der Ruf der Osterrieder-Krippen verbreitete sich über Bayern hinaus. Bestellungen aus Pfarreien in ganz Deutschland und dem Ausland trafen in München ein. Auch der Freisinger Dom konnte aus Spendenmitteln eine für damalige Verhältnisse teure Osterrieder-Krippe anschaffen. Sie ist heute ganzjährig in der Krippenabteilung des Diözesanmuseums auf dem Domberg zu sehen. In den Jahren nach dem Ersten Weltkrieg und während der Inflation war es für Osterrieder nicht leicht, Krippen zu verkaufen. Der deutschstämmige Bischof von Ohio bestellte eine Krippe, die er seiner Kathedralkirche schenkte.

In seinen letzten Lebensjahren erhielt Osterrieder noch einmal einen Auftrag aus Rom. Er sollte eine Krippe mit Schnitzfiguren für die Kirche der Deutschen S. Maria dell'Anima erstellen. Seine letzte große Krippe verkaufte Osterrieder an die Pfarrkirche in Schwarzrheindorf bei Bonn. Nach einem Schlaganfall verstarb Sebastian Osterrieder am 5. Juni 1932 in München. Kardinal Faulhaber, ein Gönner und Bewunderer Osterrieders, hatte 1927 bei einem Atelierbesuch in das Gästebuch geschrieben: »Für Meister Osterrieder sind Glaube und Kunst wirklich zwei Geschwister.« Erst 1999 gelang es dem Bayerischen Nationalmuseum, aus Privatbesitz eine sehr gut erhaltene Osterrieder-Krippe für die Krippenabteilung zu erwerben. Jetzt kann der Besucher den Bethlehemitischen Kindermord von Matera aus der Sammlung Schmederer, die den Grundstock der Krippensammlung des Nationalmuseums ausmacht, mit den Figuren von Osterrieder vergleichen.

1 Hermann Vogel: Sebastian Osterrieder. Der Erneuerer der künstlerischen Weihnachtskrippe, Lindenberg 2009.

Anbetung der Hirten, Glassturz, Tragant, süddeutsch, um 1850, Privatbesitz

Johannes Daniel Falk – der Dichter von »O du fröhliche«

»Wer ein Kind aufnimmt in meinem Namen, der nimmt mich auf«, dieses Motto aus dem Matthäusevangelium (18,5) gab sich die »Gesellschaft der Freunde in der Not«, die der Publizist Johannes Daniel Falk 1813 in Weimar gründete, um den vielen bettelnden und verwahrlosten Kindern und Jugendlichen zu helfen, die, durch die napoleonischen Kriege verwaist, überall umhervagabundierten. Wendepunkt im Leben des Schriftstellers Falk war die Schlacht von Jena und Auerstedt am 14. Oktober 1806. Als das mit Preußen verbündete Weimar von französischen Truppen besetzt und geplündert wurde, setzte sich Falk, der als Sohn einer hugenottischen Mutter fließend Französisch sprach, todesmutig und mit viel Geschick für die den angetrunkenen Soldaten wehrlos ausgelieferten Bürger ein. Falk erwarb sich großes Ansehen auf beiden Seiten: Für den französischen Stadtkommandanten dolmetschte er und wurde Sekretär des Generalintendanten in Naumburg. Ein Angebot, ganz in französische Dienste zu treten, lehnte Falk allerdings ab. Herzog Carl August ernannte ihn zum Legationsrat und betraute ihn mit der heiklen diplomatischen Mission, die Kriegskontributionen Napoleons in Grenzen zu halten. In diesen Zusammenhängen wurde Falk, der sich als satirischer Autor und Herausgeber in viele Debatten stürzte, mit dem Elend der Landbevölkerung bekannt und versuchte, das Schicksal der mehrfach von durchziehenden Truppen ausgeplünderten Bauern zu mildern. Als Mitglied einer Kommission für Erziehung und Bildung des Herzogtums Sachsen-Weimar konnte Falk seine Reformvorstellungen vortragen.

Als Falk 1813 damit begann, Kinder und Jugendliche in sein Haus aufzunehmen, verlor er selbst vier seiner eigenen Kinder durch Typhus. Seine große Empathie für die Not der Kinder lag auch in seiner eigenen Biographie begründet: Falk, geboren 1768, war Sohn eines kleinen Perückenmachers in Danzig. Vom Vater wurde das begabte Kind bereits mit zehn Jahren von der Schule genommen, um in der Werkstatt mitzuhelfen. Erst ein aufgeklärter Pastor, der die geistigen Fähigkeiten des Kindes erkannte, konnte den pietistisch strengen Vater überzeugen, den Sohn das Gymnasium besuchen zu lassen. Mit einem Stipendium der Stadt Danzig sollte Johannes Falk in Halle Theologie studieren. Er wandte sich aber sehr bald der Altphilologie und der Literatur zu. Seine satirischen Beiträge gefielen Christoph Martin Wieland, der Falk förderte und ermutigte, sich in Weimar niederzulassen. Nach seiner Eheschließung mit Caroline Rosenfeld aus Halle zogen die Falks 1797 nach Weimar. Bald entwickelte sich ein freundschaftliches Verhältnis zu Goethe, das Höhen und Tiefen hatte: Im Epilog des Stückes »Die Prinzessin mit dem Schweinerüssel«, das Falk 1804 für eine Marionettenbühne geschrieben hatte, kritisierte er heftig die Hofschauspieler des Weimarer Theaters. Intendant Goethe wünschte daraufhin die sofortige Ausweisung von Falk. Vom Herzog wurde Goethes Forderung als Überreaktion angesehen und man beließ es bei einem Aufführungsverbot. Antifranzösische Artikel von Falk sah Goethe 1806 für so provozierend gefährlich an, dass er die Zeitschrift des Verfassers verboten und Falk abermals aus Weimar ausgewiesen wissen wollte. Allerdings hatte das machtpolitische Vakuum nach der verlorenen Schlacht von Jena den Vollzug verhindert.

Falks Verdienst, die völlige Zerstörung und Brandschatzung Weimars mit verhindert zu haben, wurde ihm von Goethe hoch angerechnet. Bereits 1802 hatte Falk, der Goethe sehr verehrte und nie ein böses Wort über ihn gesagt hat, in einem Brief seine freie und unerschrockene Haltung beschrieben: »Allerdings gehöre ich nicht zu den jungen Leuten, die mit eingezogenem Atem den Worten des Meisters lauschen … ich … widerspreche offen, falls ich anderer Meinung bin. Auch einem Goethe.« Aufzeichnungen seiner Gespräche mit Goethe hat Falk zu einem Manuskript ausgearbeitet, über das es bereits 1824 mit dem Verleger Brockhaus zu einem Vertragsabschluss kam. Unmittelbar nach Goethes Tod 1832 erschien das Buch unter dem Titel »Goethe aus näherm persönlichen Umgang dargestellt«. Von Goethes Berater Riemer wohl wegen Falks Absicht, an Goethe christliche Inhalte heranzubringen, als Fälschung bezeichnet, gelten die Aufzeichnungen in der heutigen Forschung durchaus als authentisch.

Falk kam aus einem pietistischen Elternhaus und wandte sich, von der französischen Revolution begeistert, der Aufklärung zu. Als Gesellschaftskritiker und satirischer Moralist trat er in Verbindung mit der Erweckungsbewegung. Stark beeinflusst wurde er von den Schriften des französischen Bischofs und Schriftstellers François Fénelon und der christlichen Mystik. Heute ist Johannes Falk nur noch als der Dichter des Weihnachtsliedes »O du fröhliche« bekannt. Dieses Lied ist Teil seines wegweisenden sozialpädagogischen Wirkens in Weimar gewesen. Bisher wurden jugendliche Herumtreiber und Vagabunden ins Zuchthaus gesteckt und klopften als Zwangsarbeiter Steine. Falk suchte für die Jugendlichen eine Pflegefamilie und eine Lehrstelle. Durch Subskribenten für jeden einzelnen seiner Zöglinge wurden Schulausbildung,

Ausbildungsplätze, Pflegefamilien und Heimkosten finanziert. Auch der Geheimrat Goethe spendete regelmäßig für ein Soldatenkind den Pflegeplatz in einer Familie. Falk gründete eine Flachsspinnerei und eine Weberei, die über dreißig Familien ernährten. Die Seminaristen seiner Lehrerbildungsanstalt sammelten in der Arbeit mit den schwer erziehbaren Straßenkindern erste Erfahrungen in der Sozialarbeit und für ihren künftigen Beruf. Von zentraler Bedeutung war für Falk der Religionsunterricht. In den Lehrverträgen verpflichteten sich die Lehrherren, ihren Lehrlingen den Besuch der Sonntagsschule zu ermöglichen. Für die Zöglinge bestand eine Anwesenheitspflicht. Falk lehrte keine verwässerte, moralisierende Aufklärungstheologie, sondern seine katechetischen Mittel waren die Bibel, Luthers Kleiner Katechismus und eine Auswahl klassischer Gesangbuchlieder, vor allem die von Paul Gerhardt. Im Januar 1817 legte Falk den zweiten Rechenschaftsbericht über sein Institut im Namen der »Gesellschaft der Freunde in der Not« vor, zu denen neben Goethe und vielen anderen auch der regierende Herzog gehörte. In diesem Jahresbericht ist das Lied »O du fröhliche« abgedruckt. Es wurde von Falk für seine Sonntagsschulen geschrieben und bestand ursprünglich aus drei Strophen zu den Festen Weihnachten, Ostern und Pfingsten. Es wurde von seinem Verfasser darum auch das »Allerdreifeiertagslied« genannt:

»O du fröhliche,/ O du selige,/ Gnadenbringende Weihnachtszeit!/
Welt ging verloren,/ Christ ist geboren,/
Freue, freue dich, Christenheit!«

Nach der Weihnachtsstrophe kommt die Osterstrophe:

»O du fröhliche,/ O du selige,/ Gnadenbringende Osterzeit!/
Welt liegt in Banden,/ Christ ist erstanden,/
Freue, freue dich, Christenheit!«

Die dritte und letzte Strophe ist dem Pfingstfest gewidmet:

»O du fröhliche,/ O du selige,/ Gnadenbringende Pfingstenzeit!/
Christ unser Meister,/ Heiligt die Geister,/
Freue, freue dich, Christenheit.«

Die Melodie gehört zu dem noch heute in Italien beliebten Marienlied »O sanctissima,/ O purissima/ dulcis virgo Maria«. Falk entdeckte das Lied in Johann Gottfried Herders Sammlung »Lieder der Völker«. Zu Herder, dem Weimarer Landesbischof, hatte Falk ein ausgesprochen gutes Verhältnis, besonders in Erziehungsfragen arbeiteten sie eng zusammen. Falk ging es wohl vor allem um eine schnell zu lernende und einprägsame kurze Zusammenfassung des Weihnachtsgeheimnisses. Dieser weihnachtlichen Kurzformel fügte Heinrich Holzschuher, er war ein halbes Jahr Praktikant im Falkschen Institut und gründete später in Bayreuth und Kulmbach Heime nach Weimarer Vorbild, zwei weitere Strophen hinzu: »Christ ist erschienen,/ uns zu versühnen/« und »Himmlische Heere/ jauchzen Gott Ehre«.[1]

Einen Einblick in Falks Innenleben gibt sein hinterlassenes »Geheimes Tagebuch«. Hier wird der Beter Falk ansichtig, und hier klagt er über die ständigen finanziellen Sorgen seiner Gründung, die mangelnde staatliche Unterstützung und unzählige Schikanen und Verhinderungsmaßnahmen. Vor allem zeigt das Tagebuch, dass Falk ganz biblisch vor aller Sorge um den Nächsten und sich selbst an erster Stelle aus der Gottesliebe lebte. Im Tagebuch findet sich auch eine Zusammenfassung des christlichen Glaubens, die von der Menschwerdung Gottes ausgeht: »1. Der Glaube an einen in die Zeit gekommenen, erbarmenden Gott, der uns allen ein Beispiel und Vorbild der Heiligung geworden ist; so dass die Christen nicht bloß sagen: ›Wir sind durch Gott‹ sondern: ›Wir sind auch in Gott. In ihm leben, weben und sind wir.‹ 2. Die praktische Nachfolge dieses Vorbilds, das sich an seinen Freunden, ja selbst an seinen Feinden zu Tode liebete; also ernstliche Nachfolge Jesu Christi in seinem Werk der Liebe bis zur blutigen Selbstaufopferung.«[2] Einen tiefen Eindruck von Falks Charakter, seinen Lebensumständen und seiner Frömmigkeit vermittelt ein Eintrag in seinem Tagebuch von Heiligabend 1824: »Ich hatte kein Geld, gar keins. Meine Frau wollte Leuchter aufs Pfandhaus schicken, um sich nur etwas für die Dienstleute zum Heiligen Christ zu verschaffen, aber ich ließes nicht zu. Ich will einen andern Gang tun, sagte ich, und sehe, wie ich helfen kann. Es schlug aber schon neun Uhr; es wird zu spät auf dem Markt. Da klopft jemand an der Tür. Ein Brief kommt von Professor Schmidt aus Kloster Schulpforta mit Einschluß von 5 Talern Pränumerationsgeldern auf den ›christlichen Glauben‹. – Ich danke dir, Herr, denn du bist sehr gütig: Um elf erscheint der Zimmermann Bischof aus Steindorf. Ich hatte mir vorgesetzt, weil er sich ein Stück vom Daumen abgehauen hatte, so daß er die Woche nicht arbeiten konnte, sondern zu Hause bleiben musste, ihm etwas zu Weihnachten zu schenken, so klein die Gabe ist, so will ich doch die Gabe mit ihm teilen. Der Herr wird schon wieder helfen und mir Mittel und Wege anzeigen. Ich fragte ihn: ›Hast du heute keinen Lohn bei Meister Spittel abgeholt? Es ist Sonnabend!‹ ›Ich bekomme keinen, weil ich die Woche nicht gearbeitet habe.‹ – ›So will ich dir hier einen Zettel auf unsern christlichen Nachbarn, Herrn Kaufmann Rinder, geben, der zahlt dir gleich einen Taler dafür.‹ Es war ein Königlich Preußisches Kassenbillet, Bischof wünschte mir tausend Gotteslohn und ging. Ich bin überzeugt, obgleich ich mein kleines Scherflein mit einem Armen geteilt habe: Gott wird mich die Feiertage mit den Meinigen auch nicht vergessen.«[3]

Als Johannes Falk im Februar 1826 starb, waren um die fünfhundert Zöglinge von ihm in Elementarschule, Nähschule, Spinnschule, einer Lehre, in der Sonntagsschule, im Lehrerseminar und weiteren Einrichtungen betreut worden. Seine wegweisende Erziehungsarbeit mit gefährdeten Jugendlichen war beispielhaft für viele Neugründungen. Den Modellcharakter des »Falkschen Instituts« belegen auch Äußerungen von Johann Heinrich Wichern, der sich bei der sozialen Ausrichtung der Inneren Mission stets an Falk als seinem großen Vorbild orientiert hat. Unmittelbar nach dem Tode Falks regte Goethe im April 1826 an, »die Biographie unseres guten Falk zu schreiben«, und es solle ihm selbst »angenehm sein beizutragen, daß einem so vorzüglichen Manne ein würdiges Denkmal gesetzt werde …«. Seine Grabinschrift hat Falk selbst verfasst, sie schließt mit dem Satz: »Weil er Kinder aufgenommen,/ lass ihn einst mit allen Frommen/ als dein Kind auch zu dir kommen.« Über Falks letztes Weihnachtsfest 1825 berichtet seine Frau Caroline: »Am Weihnachtsheiligen Abend schien er auch auf dem besten Weg zu sein, er ließ sich in die Nebenstube führen, wo den Kindern eine kleine Weihnachtsbescherung errichtet war, und sagte: Seht Kinder, hier bringe ich euch allen eine Weihnachtsbescherung.«

1 Im Gesangbuch »Gotteslob« finden sich alle drei Strophen unter der Nummer 239.

2 Johannes Daniel Falk: Geheimes Tagebuch 1818–1826. Aus dem Nachlaß herausgegeben von Ernst Schering, Stuttgart 1964, S. 113 f.

3 Ebd., S. 271 f.

Besuch Marias bei Elisabeth, Collagenbild, süddeutsch, um 1780, Privatbesitz

Der Advents- und Weihnachtsteil im neuen Gesangbuch »Gotteslob«

In unseren Advents- und Weihnachtsliedern spiegelt sich die gesamte Entwicklung des Kirchengesangs: Von den Hymnen und Antiphonen der frühen Kirche und des Mittelalters führte der Weg über die Anfänge des deutschsprachigen Singens in kleinen Wechselgesängen, zu musikalischen Spielen, die der Liturgie entwachsen sind, wie die Herbergssuche, das Krippenspiel oder das Sternsingen. Seinen Höhepunkt erreichte das deutsche Liedschaffen mit Paul Gerhardt und Friedrich Spee im 17. Jahrhundert. Auf die historisierende Distanz des Klassizismus und den Moralismus der Aufklärung folgten die Restauration zu Beginn des 19. Jahrhunderts und die Blüte der weihnachtlichen Hausmusik. Eine Annäherung an die Liturgie und eine Hinwendung bedeutender Dichter zum Weihnachtslied kennzeichnen die Zeit bis kurz nach dem Zweiten Weltkrieg. Weltweiten musikalischen Einflüssen öffnete sich das Lied in der Nachkonzilszeit. Engagierte Dichtung und sozialrevolutionäres Pathos machten in den Siebzigerjahren auch vor dem Weihnachtslied nicht halt. Zu allen Zeiten sind dabei aber auch Lieder mit hoher Textqualität und zeitlos schönen Melodien entstanden. Zuletzt wurde 1975 mit dem katholischen Einheitsgesangbuch «Gotteslob« (GL1) eine Neusichtung und Bewertung der Liedtradition vorgenommen. In der Zwischenzeit sind zahlreiche ausgeschiedene Lieder bei Neuauflagen der Eigenteile der einzelnen Bistümer wieder in das GL1 zurückgekehrt. Nach nun fast vierzig Jahren war die Zeit für ein neues Gebet- und Gesangbuch gekommen, zumal die Lutheraner bereits 1995 mit ihrem »Evangelischen Gesangbuch« neue Standards gesetzt hatten. Dem neuen »Gotteslob« von 2013 (GL2) ging wiederum eine völlige Neuprüfung des gesamten Kirchenliedschaffens voraus. Im Blick auf den Advents- und Weihnachtsteil soll hier in Auswahl eine kleine Gewinn- und Verlustbilanz aufgemacht werden.

An den letzten sieben Tagen des Advents wird Christus in den sogenannten O-Antiphonen unter Verwendung alttestamentlicher Bilder angerufen. Eine neue Melodie hat die Übertragung der O-Antiphonen »Herr send herab uns deinen Sohn« (222)

bekommen. Wurden sie bisher nach einer Melodie des Andernacher Gesangbuches von 1608 gesungen, so heißt es zur neuen Melodie nun »1856 nach französischer Melodie des 15. Jahrhunderts«. Auch weiterhin findet sich in mehreren Anhängen die zweite Übersetzung der O-Antiphonen: »O komm, o komm Emmanuel« vom Anfang des 19. Jahrhunderts. Weggefallen sind im GL2 die Andachten mit den O-Antiphonen, die das GL1 für den Advent angeboten hatte.

Erstmalig in den Stammteil aufgenommen wurde »Maria durch ein Dornwald ging« (224). Zwischen den Weltkriegen wurde dieses Marienlied von der Jugendbewegung wiederentdeckt. Es entstand wohl um 1600. Zu Text und Melodie gibt das GL2 »August von Haxthausen 1850« an. Vom überlebten Aktivismus der Liedschöpfungen der 1970er Jahre und ihrem sozialrevolutionären Jesus-Bild geprägt, ist das neu hinzugekommene Lied »Wir ziehen vor die Tore der Stadt« (225) von 1971. Darin heißt es etwa »Er ist entschlossen, Wege zu gehen, die keiner sich getraut« und »Er ist entschlossen, Wege zu gehen, vor denen allen graut«.

Im 19. Jahrhundert wird Weihnachten mit der romantischen Entdeckung der Kindheit zum bürgerlichen Familienfest. Es beginnt die weihnachtliche Hausmusik zur Klavierbegleitung. Der evangelische Kirchenchoral hält Einzug in die festlichen Wohnstuben des Biedermeier. Aus dieser Frühzeit der häuslichen Weihnachtsmusik stammt »Tochter Zion«. Erst jetzt als stammteiltauglich erachtet, wird es als mehrstimmiger Satz abgedruckt (228). Der Text von Friedrich Heinrich Ranke von 1820 (nach Sach 9,9–10) wurde einer Melodie von Georg Friedrich Händel unterlegt. Es handelt sich um den Siegeschor aus dem Oratorium »Josua«, den der Meister selbst später nochmals in seinem Oratorium »Judas Maccabäus« verwendet hat. Dieses Adventslied hat bis heute nichts von seiner barocken Strahlkraft verloren.

Fast gänzlich von reiner Endzeiterwartung auf das Kommen Christi geprägt ist der neue ökumenische Titel »O Herr, wenn du kommst, wird die Welt wieder neu« (233) von 1979. Herausgenommen wurden »Tauet, Himmel aus den Höhn« (GL1,104) und die beiden Adventslieder aus dem 16. und 17. Jahrhundert »Aus hartem Weh die Menschheit klagt« (GL1,109) und »Mit Ernst, o Menschenkinder« (GL1,113).

Den eigentlichen Weihnachtsliedern geht eine kleine Einführung (235) voraus. Etwas unglücklich formuliert heißt es dort: »Der spätantike Kult des unbesiegbaren Sonnengottes (*sol invictus*) trug dazu bei, Christus als die wahre Sonne der Gerechtigkeit zu verkünden.« Selbst wer die in der neuesten Forschung stark angezweifelte These von der Entstehung des Weihnachtsfestes durch Verdrängung des Kultes des Sonnengottes vertritt, wird doch nicht so weit gehen, zu behaupten, dass die Kirche des Sonnengottes zu ihrer Christusverkündigung bedurft habe. Während »Es kommt ein Schiff geladen«, eines der ältesten deutschsprachigen geistlichen Lieder, im GL1 noch dem Advent zugeordnet war, eröffnet es jetzt im GL2 die Weihnachtslieder (236). Jetzt fehlt die marianische siebte Strophe »Maria Gottes Mutter,/ gelobet musst du sein./ Jesus ist unser Bruder,/ das liebe Kindelein«. Im GL1 war das Lied mit der marianischen Strophe als ökumenisch gekennzeichnet. Bereits im GL1 war die Fassung des evangelischen Pfarrers Daniel Sudermann von 1626 abgedruckt worden, allerdings mit der marianischen Strophe, die auf das katholische Andernacher Gesangbuch von 1608 zurückgeht. Von Philipp Nicolai, dem Verfasser von »Wie schön leuchtet der Morgenstern«, stammen auch Text und Melodie von »Wachet auf, ruft uns die Stimme«, das im GL1 noch dem Advent zugehörte und jetzt unter »Die Himmlische Stadt« (554) gesucht werden muss. Im Evangelischen Gesangbuch steht es unter den Liedern zum Ende des Kirchenjahres.

Martin Luther hat insgesamt zwölf Lieder zum Kirchenjahr geschrieben. Mit ihm begann die Geschichte des protestantischen Weihnachtschorals. Sein 1535 entstandenes Weihnachtslied über die Verkündigung an die Hirten »Vom Himmel hoch da komm ich her« (237) wird jetzt ohne die von Valentin Triller 1555 vorangestellte erste Strophe »Es kam ein Engel hell und klar/ von Gott aufs Feld zur Hirtenschar;/ der war gar sehr von Herzen froh/ und sprach zu ihnen fröhlich so:« mit sieben Strophen gebracht.

Endlich steht auch die so genial einfache Katechismusstrophe »Welt ging verloren, Christ ist geboren« des unsterblichen »O du fröhliche« (238) im Stammteil. Nur diese erste Strophe stammt vom Weimarer Sozialpädagogen Johann Daniel Falk. Sein Assistent Heinrich Holzschuher hat später noch zwei weitere Strophen hinzugefügt. Bei der von Johann Gottfried Herder übermittelten Melodie eines »Sizilianischen Schifferliedes« handelt es sich um ein Marienlied.

»Zu Bethlehem geboren« (239) des Jesuiten Friedrich Spee steht mit dem »Eja, eja, sein eigen will ich sein« in der Tradition der Wiegenlieder, die im Gottesdienst gesungen wurden. Für weihnachtliches Singen außerhalb der Liturgie gibt es für Mittelalter und frühe Neuzeit keinerlei Belege. In GL2 sind die Strophen vier und fünf jetzt gegenüber dem GL1 vertauscht und eine sechste Strophe, die dem aufgeklärten und rationalistischen Zeitgeschmack von 1975 nicht genehm war, ist wieder hinzugekommen: »Lass mich von dir nicht scheiden,/ knüpf zu, knüpf zu das Band:/ Die Liebe zwischen beiden/ nimmt hin mein Herz zum Pfand./ Eja, eja, nimmt hin mein Herz zum Pfand.«

Wie im GL1 wird das ursprünglich lateinische Lied »Quem pastores laudavere« aus dem 15. Jahrhundert auch wieder nur in der deutschen Übersetzung von Markus Jenny von 1971 gebracht: »Hört, es singt und klingt mit Schalle« (240). Mehrere Knabenchöre haben in der Christmette im Wechsel mit dem Volk das »Quempas-Singen« praktiziert. Sowohl aus der katholischen wie aus der protestantischen Liturgie überliefert, hat das »Quempas-Singen« als Schülerbrauch in Brandenburg bis in das 20. Jahrhundert überlebt. Eine Neubelebung gelang durch das vom Bärenreiter-Verlag 1930 herausgegebene »Quempas-Heft«, das 1962 wiederaufgelegt wurde. Erstmalig wird »Adeste fideles« (241f.) sowohl im lateinischen Originaltext von Jean François Borderies (um 1790) und in der bereits im GL1 enthaltenen deutschen Übersetzung von Joseph Mohr zugänglich gemacht.

Wohl eines der schönsten deutschen Weihnachtslieder ist »Es ist ein Ros entsprungen« aus dem 15. Jahrhundert. Als der protestantische Kantor Michael Praetorius 1609 einen vierstimmigen Satz dazu schrieb, ersetzte er das Bekenntnis zur immerwährenden Jungfräulichkeit der Gottesmutter »bleibend ein' reine Magd« durch »wohl zu der halben Nacht.« Im GL1 steht in der »ökumenischen Fassung«, die neben den katholischen Strophen steht: »hat sie ein Kind geboren,/ welches uns selig macht«. Jetzt sind im GL2 nur noch die drei Strophen der katholischen Fassung als ökumenisch gekennzeichnetes Lied zu finden.

»Menschen, die ihr wart verloren« (245) vom Anfang des 19. Jahrhunderts wurde mit vier Strophen neu in den Weihnachtsteil hinzugenommen. Ein erfreulicher Zugewinn ist das zu Anfang des 17. Jahrhunderts entstandene Verkündigungslied mit Echo-Effekt »Als ich bei meinen Schafen wacht« (246). Was 1975 noch undenkbar war: »Ihr Kinderlein kommet« von Christoph von Schmid, Inbegriff des biedermeierlichen Krippenliedes, steht nun mit allen fünf Strophen im Stammteil. In dem Moment, da junge Eltern diese beiden Lieder von zuhause her kaum noch kennen, kann man sie wenigstens wieder in der Krippenfeier an Heiligabend in der Kirche mit dem »Gotteslob« erlernen.

Auch den Kampf gegen »Stille Nacht« (249) haben die Ideologen verloren. Im katholischen Gesangbuch von 1975 wurde nur der Text der bekannten drei Strophen gebracht. Textdichter ist der in Salzburg gebürtige Hilfspriester Josef Mohr. Sein sechsstrophiges Lied hat auf seine Bitte hin kurz vor Weihnachten 1818 in Oberndorf an der Salzach der Lehrer und Organist Franz Xaver Gruber zur Aufführung in der Christmette vertont. Im GL1 steht »Urfassung« unter den drei Strophen, was sich nur auf die Änderung von Christus in Jesus (»Jesus in deiner Geburt« und »Jesus der Retter ist da«) beziehen kann. Im neuen Gotteslob heißt es wieder »Christ der Retter ist da«, und es wurde die Reihenfolge der Strophen zwei und drei vertauscht. Jetzt heißt es in der Christmette aufgepasst; die Katholiken singen »Stille Nacht« nun nach dem »Evangelischen Gesangbuch«: Erst wird den Hirten in der zweiten Strophe kundgemacht und dann erst lacht der Gottessohn in der dritten Strophe. Diese Änderung berechtigt offenbar dazu, dem Lied einen weiteren Texter und Komponisten hinzuzufügen. Unter dem Lied steht jetzt: »Text: Josef Franz Mohr (1816) 1838 / Johann Hinrich Wichern 1844, Musik: Franz Xaver Gruber (1818) 1838 / Johann Hinrich Wichern 1844«. Was erlaubt nun, Wichern, den Gründer der Hamburger Diakonie, zum Mitautor und Mitkomponisten von «Stille Nacht« zu erheben? Wichern hat die Strophen drei, vier und fünf gestrichen und die sechste (»Hirten erst kundgemacht«) zwischen die erste und zweite platziert. Dem ist erst 2013 das katholische Gesangbuch gefolgt. Er hat »Jesus« durch »Christus« ersetzt, aus dem zu katholisch klingenden »hochheiligen Paar« hat er ein »so seliges Paar« gemacht und dem Ganzen den neuen Titel »Freude am Christkind« gegeben und die Melodie unwesentlich vereinfacht. Dann nahm er »Stille Nacht« 1844 in sein Liederbuch für Heimkinder auf. Nach heutigem Urheberrecht wohl keinesfalls ausreichend, um als Mitautor zu gelten. In die Diözesanteile der österreichischen Bistümer wurde »Stille Nacht« mit allen sechs Strophen der Urfassung aufgenommen. »Stille Nacht« stand bereits seit 1838 im katholischen Gesangbuch für das Königreich Sachsen. So erfreulich die Neuaufnahme von »Engel auf den Feldern singen« (250) nach französischer Vorlage aus dem 18. Jahrhundert auch ist, es hätte sicher eine bessere Übersetzung (»Engel haben Himmelslieder«) als die von Marie Luise Thurmaier gegeben. »Jauchzet ihr Himmel« (251) von Gerhard Tersteegen wurde gegenüber dem GL1 wieder in seine ursprüngliche Gestalt von 1731 zurückversetzt (nun heißt es wieder »süßer Immanuel« statt »treuer Immanuel«).

Am Anfang der Entstehung eines eigenen Gemeindegesanges stehen die sogenannten Dialoggesänge. Zu ihnen gehören auch die lateinisch-deutschen Mischgesänge wie »In dulci jubilo« (253). Das GL2 folgt einer protestantischen Fassung dieses wohl aus dem 15. oder sogar 14. Jahrhundert stammenden Liedes. Gegenüber dem GL1 ist eine neue dritte Strophe hinzugekommen »O Patris caritas,/ o nativ lenitas!/ Wir warn all verdorben/ per nostra crimina,/ da hat er uns erworben/ caelorum gaudia./ Eja qualia,/ eja qualia«. Dabei handelt es sich um eine reformatorische Umarbeitung der ursprünglich marianischen Strophe »Mater et filia/ ist Jungfrau Maria;/ wir wären gar verloren/ per nostra crimina/ so hast du uns erworben/ caelorum gaudia,/ Maria hilf uns da«.

Zu den Erneuerern des evangelischen Kirchenliedes im 20. Jahrhundert gehören Rudolf Alexander Schröder und Jochen Klepper. Während Schröder weder im Weihnachtsteil des Evangelischen Gesangbuch noch im GL2 vertreten ist, wurde von Jochen Klepper »Du Kind zu dieser heilgen Zeit« (254) von 1937 neu einbezogen. Die Einheit von Krippe und Kreuz wird darin drastisch beschworen: »Vor deiner Krippe gähnt das Grab«. Von Paul Gerhardt, der zentralen Gestalt des zweiten reformatorischen Liederfrühlings im 17. Jahrhundert ist auch wieder »Ich steh an deiner Krippe hier« (256) vertreten. Im GL1 war das Lied mit einer anderen Melodie («Wittenberg 1529«) notiert. Jetzt wird die Johann Sebastian Bach zugeschriebene Melodie unterlegt. Sie findet sich im Gesangbuch des Kantors Georg Christian Schemelli, für das Bach den Generalbass gesetzt hat. Dass aber diese Melodie vom Thomaskantor stammt, ist nicht belegt und darum äußerst umstritten.

Die Lieder zum Jahresschluss und zu Neujahr eröffnet das schon aus dem GL1 bekannte Lied von Jochen Klepper »Der du die Zeit in Händen hast« (257), jetzt aber mit einer Melodie aus dem 18. Jahrhundert und nicht mehr der von 1960. Zu Epiphanie wird ein neues Lied von 1998 empfohlen »Gottes Stern leuchte uns« (259).

Einen wertvollen und kindgerechten Text hat das erstmalig vertretene Lied »Stern über Bethlehem« (261) von 1963. Nach der Melodie von »Engel auf den Feldern singen« wird das neue »Seht ihr unsern Stern dort stehen« (262) des Zeitgenossen Diethard Zils gesungen.

Als »Gebet- und Gesangbuch« konzipiert, bietet das GL2 auch eine Familienfeier zur Segnung des Adventskranzes an, einen Hausgottesdienst im Advent und einen Wortgottesdienst für den Heiligen Abend in der Familie (24 ff.). Sieht man von einzelnen diskussionswürdigen Expertenentscheiden ab, so ist die Bilanz des Advents- und Weihnachtsliedteils doch positiv: Sprachreinigungen aus dem Geist nachkonziliaren Modernisierungseifers wurden rückgängig gemacht. Viele Originalfassungen wurden wiederhergestellt. Manche Stücke wurden zurückgeholt oder wurden erstmals für den Stammteil zugelassen. Wesentlich besser über die Geschichte des Kirchenliedes informiert als die Macher des GL1, haben die Herausgeber des GL2 bei ihrer Revision meist auch mehr Verständnis für die Tradition gezeigt. Seinen Zweck erfüllt das neue Gotteslob, wenn die Gläubigen in der Heiligen Nacht mit den Engeln und den Hirten in den gemeinsamen Lobpreis Gottes einstimmen: »Mit den Hohen und Geringen/ wollen auch wir ihm Gaben bringen/ Gloria voll Freude singen« (GL 2, 240,3).

V.

Um das Weihnachtsfest herum

Heiliger Wandel, Hinterglasbild, Augsburg 1770, Privatbesitz

Das Fest der Heiligen Familie

Als »seltsame Familie« bezeichnet Hans Urs von Balthasar die Gemeinschaft von Jesus, Maria und Joseph, »in der eigentlich keiner das ist, was er zunächst nach außen zu sein scheint, die sich wie eine gemeinsame Hülle über ein inneres Geheimnis schließt, um dieses ungestört heranreifen zu lassen«. Was macht das innere Geheimnis der Heiligen Familie aus? Wurde es den Gläubigen im Laufe der Frömmigkeitsgeschichte tiefer erschlossen oder eher zunehmend verdunkelt? Welche Bedeutung hat die Verehrung der Heiligen Familie heute zur Zeit der Krise der Familie?

Nach dem Zeugnis des Neuen Testamentes trug das Leben der Heiligen Familie keinerlei idyllische Züge. Gott brach in die Beziehung der beiden Verlobten ein. Joseph wollte sich heimlich von Maria lossagen, als er ihre Schwangerschaft bemerkte. Im Traum über den göttlichen Ursprung des Kindes belehrt, sollte Joseph ihm den Namen Jesus (Gott rettet) geben und wurde zugleich mit der Ankündigung überfordert: »Er wird sein Volk von seinen Sünden erlösen«. Wieder im Traum erhält Joseph den Auftrag, seine Familie durch die Flucht zu retten.

Mit der Weissagung des greisen Simeon an Maria: »Dir selbst aber wird ein Schwert durch die Seele dringen« (Lk 2,35), wird die Offenheit der Heiligen Familie für Gottes Verfügungen zur blutenden Wunde. Zwischen den beiden Polen der Opferung des Isaak durch Abraham und dem Opfer auf Golgotha ereignet sich das Leben der Heiligen Familie in Nazareth.

Die Selbstverständlichkeit, mit der der Zwölfjährige den göttlichen Vater als den seinen anerkennt, bleibt den Eltern unverständlich. Schließlich wird Jesus bei seinem öffentlichen Auftreten in der Heimat seine Familie als Gegenbeweis zu seiner Sendung vorgehalten: »Ist das nicht Jesus, der Sohn Josephs, dessen Vater und Mutter wir kennen? Wie kann er jetzt sagen: Ich bin vom Himmel herabgekommen?« (Joh 6,42).

Joseph wird mit dem öffentlichen Wirken Jesu im Neuen Testament nicht mehr erwähnt, was in der Tradition als ein Hinweis auf seinen Tod in der Jugendzeit Jesu gedeutet wurde. Maria weist der Herr vom Kreuz her eine neue Familie zu: Jesus übergibt sie Johannes und damit den Aposteln und der ganzen Kirche als Mutter. Dank der Monographie von Hildegard Erlemann kann im Folgenden ein zusammenfassender kunst- und frömmigkeitsgeschichtlicher Überblick über die Geschichte der Verehrung der Heiligen Familie gegeben werden.[1] Größtes Interesse am Leben der Heiligen Familie zeigten die Autoren der sogenannten neutestamentlichen Apokryphen. Sie berichten unter anderem von der Verkündigung und der Geburt Mariens, ihrem Leben als Tempeljungfrau in Jerusalem, von der Vermählung mit Joseph. Sie schmücken die Flucht nach Ägypten durch das Palmbaumwunder und eine Räuberepisode aus. Sie erzählen vom Sturz der Götterstatuen in Ägypten und vom Tod des heiligen Joseph.

Aus diesem Vorrat an Erzählungen wurde reichlich geschöpft, wie die Predigtliteratur, geistliche Lieder, Heiligenlegenden und die Bücher über das Leben Jesu und Marias belegen. Eine der beliebtesten Legenden ist die Kornfeldlegende, seit dem dreizehnten Jahrhundert vielfach als Altarbild und als Druckgraphik verbreitet: Auf der Flucht nach Ägypten begegnet die Heilige Familie einem Bauern beim Säen. Die von Herodes ausgesandten Verfolger fragen den Bauern, ob er die Flüchtlinge gesehen habe, und dieser bejaht, dass sie, als er säte, vorbeigekommen seien. Da aber das Saatgut in kürzester Zeit so gewachsen ist, dass es geerntet werden kann, und die Verfolger der Meinung sind, die Heilige Familie sei schon vor langer Zeit vorbeigezogen, geben sie die weitere Verfolgung auf.

Auf das Pseudo-Matthäus-Evangelium geht die Legende vom Götzensturz und der Bekehrung der Ägypter zurück. Dort wird berichtet, dass die Heilige Familie nach gefahrvoller Reise in die ägyptische Stadt Sozinen (bei anderen Autoren Hermopolis) kam und, da sie völlig fremd war, zum Tempel der Stadt ging. Als Maria mit dem Jesusknaben den Tempel betrat, stürzten die dort aufgestellten 365 Götzenstatuen zu Boden und zerbrachen. Der Vorsteher der Stadt Affrodosius und alle Einwohner bekehrten sich, als sie die Macht des Jesuskindes über die Götzenstatuen erkannten.

In der beginnenden Neuzeit wurden das Dattelbaumwunder, bei dem sich eine Dattelpalme zur Speisung der Flüchtenden herunterbeugt, und das Quellwunder zur sogenannten »Ruhe auf der Flucht«, einem idyllischen Porträt der Heiligen Familie in paradiesischer Landschaft umgestaltet. Hintergründige symbolische und allegorische Bildelemente gaben der Ruhe auf der Flucht einen tiefen theologischen Gehalt: Joseph, der vom schattenspendenden Baum einen Apfel pflückt, stellt einen Bezug zum Paradiesesbaum und zum ersten Menschenpaar her, dessen Hochmut zum Fall des Menschengeschlechtes führte und im Gegensatz zur Demut der Heiligen Familie steht. Wenn sich Joseph auf einem dieser Bilder nach dem Apfel ausstrecken muss, hebt er in antireformatorischer Frontstellung den Anteil der Heiligen am Erlösungswerk Christi und die Fürsorglichkeit des Nährvaters hervor.

Maria als die neue Eva reicht den Apfel dem Jesuskind, dem zweiten Adam, und die paradiesische Landschaft des *locus amoenus christianus* weckt die Hoffnung auf die Wiedergewinnung des Paradieses durch die neue Heilsinitiative Gottes. Bereichert wird diese Szenerie manchmal durch die wasserschöpfende Gottesmutter. Dahinter steht die Allegorie Mariens als Gnadenquelle. Die friedliche Familie in arkadischer Landschaft nimmt gewissermaßen die neue Schöpfung in Christus vorweg, die durch das Jawort der Heiligen Familie zum Heilswillen Gottes ihren Anfang genommen hat.

Das verborgene Leben Jesu in Nazareth trat mit der spätmittelalterlichen Frömmigkeitsbewegung der Devotio moderna in den Vordergrund. Besonders die Tischszenen, die gemeinsamen Mahlzeiten der Heiligen Familie, wurden ein beliebter Bildinhalt. Auch im Rahmen der protestantischen Hausväterliteratur lebte die Heilige Familie überkonfessionell die rechte Tischzucht vor. Ausgehend von einigen apokryphen Legenden und dem biblisch bezeugten Zimmermanns- oder besser Bauschreinerberuf des heiligen Joseph hat sich die christliche Katechese auch mit der Heiligen Familie bei der Arbeit befasst. Viele Darstellungen gibt es vom Holzlängungswunder, von dem das apokryphe Thomasevangelium berichtet: Der Jesusknabe zieht ein zu kurz abgeschnittenes Brett auf die gewünschte Länge aus. Zusehends verzichtete man aber auf die Wundergeschichten und stellte mehr die Alltäglichkeit des Lebens in Nazareth heraus: Joseph als treusorgender Hausvater, Maria beim Spinnen der Wolle für das Gewand Jesu, um das einmal unter dem Kreuz die Soldaten würfeln werden, und das Jesuskind mit einem Brett in der Hand schon auf das Holz des Kreuzes hinweisend.

Vielfach wird die Unterordnung des Jesuskindes unter die Eltern – im Sinne der Zehn Gebote hervorgehoben. Mit zunehmendem Alter dem häuslichen Bereich der Mutter entwachsen, wurde der Knabe in der väterlichen Werkstatt dargestellt. Er sägt zusammen mit dem heiligen Joseph große Balken, hilft als Zimmermannsgeselle beim Hausbau. Eine Abbildung zeigt die beiden sogar beim Bau eines Schiffs. Unter dem Leitgedanken »Ora et labora« wurde die Heilige Familie zum Tugendvorbild für die christliche Familie und zugleich für die Ordensleute das Exempel der vorgelebten evangelischen Räte Armut, Keuschheit und Gehorsam.

Im 17. Jahrhundert bildete sich eine neue Darstellungsweise der Familie heraus, die das Porträt auf der Flucht verdrängen sollte: Das Jesuskind in der Mitte zwischen Maria und Joseph, die es an den Händen halten. Über dieser irdischen Szene erscheinen in den Wolken Gottvater und der Heilige Geist. Dieser als der »heilige Wandel« bezeichnete Bildtyp ist wohl unter dem Einfluss des Jesuitenordens entstanden.

Der Begriff Wandel, als Übersetzung des lateinischen *conversatio*, meinte nicht bloß die Fortbewegung, sondern den Lebenswandel, das durch die Heilige Familie vorgelebte Ideal des gottgefälligen Lebens. Bei diesen Darstellungen verbindet und trennt das Jesuskind die vertikale und die horizontale Dreiergruppe. Beide Ebenen unterschied man auch schon im 17. Jahrhundert: Der oberen Bildhälfte mit der *Trinitas increata* oder *coelestis* entsprach auf Erden die *Trinitas creata* oder *terrestris*. Volkstümlich wurde dann die irdische Dreiergruppe als »kleine Trinität« bezeichnet.

Im heiligen Wandel wurden die wichtigsten Glaubensgeheimnisse Trinität und Inkarnation anschaulich gemacht und zugleich mit der Marienverehrung der Heiligenverehrung insgesamt und dem Tugendbeispiel für Familie und Ordensleute verbunden: einer der komplexesten und vielschichtigsten Bildinhalte der christlichen Kunst. Der heilige Wandel wurde die beliebteste Darstellungsweise der Heiligen Familie. Er war so populär, dass er auch als Altarbild verwendet wurde, obwohl es in der Barockzeit noch kein eigenes Fest der Heiligen Familie gegeben hat. Eingang in die Volksfrömmigkeit fand der heilige Wandel in vereinfachter Form ohne den Gedanken der doppelten Trinität durch die Darstellung allein der irdischen Dreiergruppe, die sich bis in unser Jahrhundert als Hinterglasbild, Haussegen und auf unzähligen Andachtsbildchen größter Beliebtheit erfreute. Genrehafte Darstellungen des häuslichen Lebens der Heiligen Familie haben dann wieder die Nazarener (Peter Cornelius, Franz Overbeck, Eduard von Steinle) gerne gemalt. Werden auf den Bildern der Heiligen Familie zusätzlich die heilige Anna, die heilige Elisabeth oder weitere Familienmitglieder dargestellt, zählt man diese dann zu den Darstellungen der Heiligen Sippe.

Im Zuge der Verwirklichung der Reformziele des Konzils von Trient bediente man sich auch der Heiligen Familie. Die in Mailand entstandene »Bruderschaft der christlichen Lehre oder Gesellschaft Jesus, Maria und Joseph«, deren Errichtung in allen Diözesen 1686 von Papst Innozenz XI. empfohlen wurde, stand ganz im Dienst der Verkündigung und der Katechese. Ihre ursprüngliche Aufgabe der Glaubensvermittlung reduzierte sich im 19. Jahrhundert auf die Zwangsmitgliedschaft der Erstkommunikanten.

Das Kirchen- und Kapellenpatrozinium der Heiligen Familie war bis zur Gegenreformation ausgesprochen selten. Erst durch die »Jesus-Maria und Josephsbruderschaften« und die Erhebung des heiligen Joseph zum Landespatron von Österreich und Bayern im 17. Jahrhundert stieg die Zahl der Patrozinien stark an. Gegen Ende des 19. Jahrhunderts erlebte die Verehrung der Heiligen Familie noch einmal einen gewaltigen Aufschwung, was sich auch in der Zahl der Kirchenpatrozinien widerspiegelt. Endpunkt dieser Entwicklung ist die allgemeine Einführung des Festes der Heiligen Familie 1921 durch Papst Benedikt XV. Orden und Bistümer konnten bereits seit 1893 auf Antrag das Fest der Heiligen Familie am 3. Sonntag nach Epiphanie in ihren Kalender aufnehmen. Von Papst Benedikt XV. wurde das Fest für die ganze Kirche verbindlich eingeführt und auf den Sonntag nach Epiphanie gelegt. Heute wird das Fest der Heiligen Familie am Sonntag in der Weihnachtsoktav gefeiert. Fallen der 25. Dezember und damit auch der 1. Januar auf einen Sonntag, wird das Fest der Heiligen Familie am 30. Dezember gefeiert.

Durch die Kreuzfahrer und viele Reiseerzählungen von Pilgern traten die Schauplätze im Heiligen Land in den Blickpunkt des Abendlandes. Nach einer Legende aus dem 15. Jahrhundert wurde das Haus der Heiligen Familie in Nazareth nach dem Fall der letzten Kreuzritterfestungen von vier Engeln davongetragen und nach mehreren Zwischenstationen zuletzt in Loreto in Italien abgesetzt. Die seit dem 16. Jahrhundert von Jesuiten betreute Wallfahrt bewirkte, dass sich Loreto zu einer der bedeutendsten Marienwallfahrtsorte der Christenheit entwickelte. Rasch verbreitete sich die für Loreto verfasste Lauretanische Litanei. Das ganze Haus hatte den Charakter einer Reliquie und wurde als Kulisse für wichtige Ereignisse der Heilsgeschichte angesehen. Hier lokalisierte man die Geburt Mariens, die Verkündigung, hier lebte die Heilige Familie nach ihrer Rückkehr aus Ägypten, hier hielten sich die Apostel nach der Himmelfahrt Christi auf. Allein fünfzig Kopien des Loreto-Heiligtums entstanden in Bayern. Ganz Österreich und Böhmen war übersät von Loreto-Nachbildungen.

Im Sinne der Exerzitienfrömmigkeit der Jesuiten war in Loreto für die Wallfahrer der Schauplatz für eine geistliche Betrachtung des demütigen Alltagslebens der Heiligen Familie bereitet. In jeder Loreto-Kopie wurde den Gläubigen hinter dem Altar die Küche der Heiligen Familie gezeigt, mit einem Schrank voller Geschirr und Küchengerät. Seit dem 17. Jahrhundert ging die Verehrung der Heiligen Familie mit dem heiligen Wandel als Andachtsbild und der Loreto-Verehrung eine enge Verbindung ein, die bis ins 19. Jahrhundert Bestand hatte.

Nachdem der heilige Joseph in der Verehrung jahrhundertelang eher ein passives Schattendasein geführt hatte, begann im 17. Jahrhundert der beispiellose Siegeszug der Josephsverehrung seinen Anfang zu nehmen. Bereits Teresa von Avila weihte ihre Reformkonvente dem heiligen Joseph, dessen Hochfest seit 1621 als gebotener Feiertag am 19. März gefeiert wurde. Allerdings sehr langsam wird der als Greis dargestellte letzte Patriarch des Alten Bundes auch als junger Mann porträtiert. Papst Pius XII. führte am 1. Mai 1955 ein neues Josephsfest mit dem Titel »Hochfest des heiligen Joseph, des Arbeiters« ein. Es wurde als nicht gebotener Gedenktag nach der Liturgiereform beibehalten. Papst Johannes XXIII. fügte den Namen des heiligen Joseph in den Canon Romanus ein und ernannte ihn zum Schutzpatron des Zweiten Vatikanischen Konzils. Papst Johannes Paul II. widmete dem Heiligen 1989 sein Rundschreiben »Redemptoris custos«. In der bildenden Kunst löst sich Joseph erst im 18. Jahrhundert aus der Madonnengruppe und tritt als Einzelperson auf.

Ein besonderer Aspekt der Verehrung der Heiligen Familie ist ihre Bedeutung als Sterbepatrone. Nach der koptischen Historia Josephi aus dem 4. Jahrhundert waren Jesus und Maria beim Tod des heiligen Joseph anwesend. Diese Überlieferung wurde im 18. Jahrhundert wieder aufgegriffen und bildlich dargestellt. Abbildungen vom guten Tod des Christen wurden bis ins 19. Jahrhundert dem Tod Josephs nachgebildet. Von den vielen Sterbebruderschaften zeugen bis heute Seitenaltäre mit der Darstellung des Josephstodes.

Im 19. Jahrhundert erlebt die Verehrung der Heiligen Familie eine neue Blütezeit. Um die katholischen Familien vor den modernen Zeitströmungen zu bewahren, wurde der »Allgemeine Verein der christlichen Familie zu Ehren der Heiligen Familie von Nazareth« gegründet, den Papst Leo XIII. 1892 bestätigte. Der »Allgemeine Verein«, der keinerlei caritative Ziele verfolgte, betrieb besonders durch die Zeitschrift »Die Heilige Familie« seinen Abwehrkampf. Die vielschichtigen Inhalte der Verehrung der Heiligen Familie verflachten zum platten Tugendvorbild eines sterilen Familienideals. Das 1921 eingeführte Fest der Heiligen Familie bildete den Endpunkt dieser Entwicklung. Zuletzt hat Papst Benedikt XVI. den heiligen Joseph im Prolog seiner dreibändigen Christologie »Jesus von Nazareth« unter dem Leitwort der Gerechtigkeit hervorgehoben. Dort erscheint der heilige Joseph dem Papst als »der Hörende und Unterscheidungsfähige, als der Gehorsame und zugleich auch als der Entschlossene und mit Sachverstand handelnde«.[2]

So steht der heilige Joseph für die väterliche Autorität, besonders auch der geistlichen Väter in der Kirche. Die von Gott her empfangene Gabe, die er nicht aus eigener Macht aus sich selbst gezeugt hat, beansprucht er nicht für sich, sondern lässt sie sich auswirken, gibt sie für die ganze Welt frei. Josephs Autorität ist Dienst am Dasein. Autorität in diesem Sinne ist keine Tyrannei, die den anderen erst nichtig und arm machen muss, um sich selbst ihm gegenüber behaupten zu können. Sie braucht sich nicht von der ohnmächtigen Nichtswürdigkeit des anderen abzuheben, um ihn von außen mit seinen Inhalten zu füllen. Bezeichnenderweise verschwindet der heilige Joseph im Neuen Testament in dem Moment, da seine Autorität »überflüssig« wird in der Autorität des Sohnes.

Dass sich die Gottesgeburt in jedem Glaubenden ereignen soll, hat bereits der Kirchenlehrer Beda im 8. Jahrhundert geschrieben: »Auch heute noch und täglich und bis zur Vollendung der Zeit wird der Herr unaufhörlich in Nazaret (das bedeutet »die Blume«) empfangen und in Bethlehem (das bedeutet »Haus des Brotes«) geboren: Wann immer ein gläubig Hörender, in dem er die Blume des Wortes in sich aufnimmt und zu einem ‚Haus des ewigen Brotes' sich wandelt. Tag für Tag wird der Herr in einem jungfräulichen Schoß, das ist im Geiste der Glaubenden, empfangen und in der Taufe geboren. Tag für Tag steigt die Gottesgebärerin Kirche im Gefolge ihres Meisters empor von Galiläa (das bedeutet das ‚kreisende Rad' des weltlichen Lebens) zur Stadt in Judäa (das heißt zur ›Stadt des Bekenntnisses und des Lobpreises‹), um sich dort eintragen zu lassen in die Zinsliste ihrer Hingabe an den ewigen König.«

1 Hildegard Erlemann: Die Heilige Familie. Ein Tugendvorbild der Gegenreformation im Wandel der Zeit. Kult und Ideologie, Münster 1993.

2 Joseph Ratzinger/ Benedikt XVI.: Jesus von Nazareth. Prolog. Die Kindheitsgeschichten, Freiburg 2012, S. 121.

Hans Multscher, Christi Geburt, Wurzacher Altar, 1437, Berliner Gemäldegalerie

Die Hosen des heiligen Joseph

Im Weihnachtsevangelium des Lukas werden an zwei Stellen die Windeln des neugeborenen Jesuskindes erwähnt. Zuerst wird das Wickeln durch die Gottesmutter geschildert: »Sie wickelte ihn in Windeln und legte ihn in eine Krippe, weil in der Herberge kein Platz für sie war« (Lk 2,7). Anschließend wird das Wickelkind den Hirten vom Engel des Herrn als Erkennungszeichen der Ankunft des Messias genannt: »Und dies soll euch als Zeichen dienen: Ihr werdet ein Kind finden, das in Windeln gewickelt in einer Krippe liegt« (Lk 2,12). Insgesamt 25 bildliche Darstellungen sollen heute noch erhalten sein, auf denen auch der heilige Joseph über den biblischen Bericht hinaus mit den Windeln des Jesuskindes in Zusammenhang gebracht wird. Anhand von drei Bildbeispielen soll dieses Motiv spätmittelalterlicher Weihnachtsbilder vorgestellt, entstehungsgeschichtlich erklärt und theologisch gedeutet werden.

Im Museum Mayer van den Bergh in Antwerpen befindet sich ein kleines, um 1400 entstandenes Tafelbild mit diesem Motiv. Unter freiem Himmel in einem grünen Tal liegt die blau gewandete Gottesmutter, nach dem Vorbild der byzantinischen Weihnachtsikone als Wöchnerin auf einem Polster, unter dem sich die Ähren wie ein Strahlenkranz neigen. Sie blickt auf den heiligen Joseph, der als Randfigur in der linken unteren Ecke sitzt. Aber entgegen der bisher üblichen passiven Haltung, in der er über das Wunder der Jungfrauengeburt nachgrübelt, ist er hier tätig dargestellt: Er hat seinen rechten Beinling ausgezogen und trennt mit einem Messer sorgfältig die Naht auf. Das nackte Bein hat Joseph ausgestreckt, vor ihm steht sein Schuh. Beinlinge, die mittelalterlichen Vorläufer der Hose, bestanden aus zwei strumpfartigen Hosenbeinen. Die Beinlinge wurden jeweils an der Bruche, dem ausschließlich von Männern getragenen Vorläufer der Unterhose, festgebunden. Gemäß der apokryphen Kindheitslegende wird Joseph hier als graubärtiger und verwitweter Greis gezeigt, der mit 90 Jahren Maria als Braut aus der Hand des Hohenpriesters empfangen hatte. In seine aufgetrennten Beinlinge soll das nackte Jesuskind gewickelt werden. Dieses wird gerade von der aus apokryphen Legenden stammenden Amme auf frisches Heu in die geflochtene Futterkrippe gebettet. Hinter dem Kind stehen Ochs und Esel, die noch vor Maria und Joseph als Begleitfiguren des Krippenkindes belegt sind. Bis heute unverzichtbar ist ihr Ursprung, das Pseudo-Matthäus-Evangelium, in dem zwei alttestamentliche Stellen kombiniert und auf die Geburt des Erlösers bezogen wurden (Jes 1,2 f. und Hab 3,2 nach der Septuaginta): »Sie legte den Knaben in eine Krippe, Ochs und Esel huldigten ihm. Da ging in Erfüllung, was der Prophet Jesaja gesagt hatte: Es kennt der Ochse seinen Besitzer und der Esel die Krippe des Herrn. Die Tiere nahmen ihn in ihre Mitte und huldigten ihm ohne Unterlass.« Aus einem Kreissegment segnet Gott der Vater den Heilsgehorsam seines Sohnes und den der Gottesmutter und des Nährvaters Joseph. Vorne rechts stehen eine Schüssel mit Löffel, ein Krug und eine Wasserflasche auf einem Tischchen: Gegenstände mit denen Joseph auf ähnlichen Weihnachtsbildern seinen tätigen Einsatz für das Wohl von Mutter und Kind unter Beweis stellt. Dies sieht man besonders gut auf dem Altarbild der Stadtkirche von Bad Wildungen aus dem Jahr 1403 von Konrad von Soest (1370–1422). Mit beabsichtigter Komik lässt der Maler Joseph in die Glut blasen, über der er den Brei kocht. Zahlreiche Bilder zeigen den heiligen Joseph seit der Mitte des 14. Jahrhunderts mit Breikochen, Holzholen, Windeltrocknen, Feuermachen oder der Fütterung der Tiere beschäftigt. In der Sammlung »Des Knaben Wunderhorn«, dem gemeinsamen Jugendwerk von Achim von Arnim und Clemens Brentano, schließt ein seit dem 15. Jahrhundert überliefertes »Dreikönigslied« mit einer Strophe, in der das Breikochen und die Hosen erwähnt werden: »Joseph bei dem Kripplein saß,/ Bis dass er schier erfroren was./ Joseph nahm ein Pfännelein,/ Und macht dem Kind ein Müselein./ Joseph, der zog seine Höselein aus,/ Und macht dem Kindlein zwey Windelein draus.«[1]

Von dem Maler und Bildhauer Hans Multscher (1400–1467) sind gleich zwei Geburtsdarstellungen erhalten, auf denen die Geschichte von den Josephshosen erzählt wird.

Zuerst entstanden ist der Wurzacher Altar (1437). Vor der Kulisse einer zum Stall umfunktionierten Ruine knien Maria und Joseph anbetend vor dem Fatschenkind (nach lat. *fascia* = das Wickelband, die Windel) in der Krippe. Die Ruine ist als Anbruch des vom Propheten Amos verheißenen Heils mit der Geburt des messianischen Davidssohnes zu verstehen: »An jenem Tag richte ich die zerfallene Hütte Davids wieder auf und bessere ihre Risse aus, und ich richte ihre Trümmer auf und stelle alles wieder her wie in den Tagen der Vorzeit «. (Am 9,11). Multscher hat Maria und Joseph, entsprechend der Weihnachtsvision der heiligen Birgitta von Schweden (1303–1373) aus dem Jahr 1373, in ehrfürchtiger Anbetung sich niederknien lassen. Im Interesse seiner Betonung der winterlichen Kälte und der Josephshosen, von denen Birgitta nichts weiß, legt er den Säugling nicht nackt auf den Boden, wie es Birgitta geschaut hat, sondern als Wickelkind in die Futterkrippe. Über dem Jesuskind liegt der eine Beinling des heiligen Joseph, der andere als wärmendes Kissen unter dem Kopf. Wie im halbrunden Shakespearetheater blicken die Zuschauer hinter einem Bretterzaun auf das Bühnengeschehen. Obligatorisch nehmen Ochs und Esel das Kind in ihre Mitte. Vier Folianten im Stall verweisen auf die zahlreichen Erfüllungszitate in den Büchern des Alten Testaments. Ein Korb mit Brot und eine Zinnkanne mit Wein lassen vorausdenken auf die eucharistische Lebenshingabe des Gottessohnes, der zum Brot des Lebens werden wird. Worauf der Name des Geburtsortes Jesu, Bethlehem, das »Haus des Brotes«, ein Hinweis ist. Im linken Bildhintergrund wird den Hirten die Weihnachtsbotschaft verkündet, und der Engelchor stimmt das Gloria an. Handschuhe und Kopfbedeckung des heiligen Joseph betonen die winterliche Kälte und damit seine opferbereite Selbstlosigkeit. Sein demonstrativ über das Kind gelegter Beinling wirkt allerdings auch etwas unbeholfen-hilflos.

Zum zweiten Mal hat Multscher die Geschichte von den Josephshosen auf dem Flügelaltar der Sterzinger Frauenkirche (1456–1458) dargestellt. Links von der gänzlich gemäß Birgitta gemalten Anbetung der Gottesmutter und mit Blick auf das nackt im Strahlenglanz auf der Erde liegende Kind sitzt Joseph auf einer Bank und zieht sich gerade den linken Beinling aus. Am rechten vor ihm am Boden liegenden Beinling kann man erkennen, dass diese diesmal nicht strumpfartig sind, sondern einen Steg unter der Fußsohle haben, vergleichbar den späteren Keilhosen. Am linken Bildrand liegen die ausgezogenen Schuhe Josephs. Anbetender Mitvollzug der Abstiegsbewegung der Inkarnation durch die Gottesmutter auf der einen Seite, spontane Hilfsbereitschaft Josephs gegenüber dem sich völlig an das hochheilige Paar ausliefernden Gottmenschen auf der anderen. Beides gehört zusammen: kontemplatives Erfassen und Aneignen des Heilsgeschehens und das aktive Mitwirken am Heilswerk in der banalen Alltagswelt. Diese Haltung des heiligen Joseph ist durchaus mit dem neutestamentlichen Berichten vereinbar: Joseph der Gerechte will Maria wegen ihrer Schwangerschaft nicht ins Gerede bringen und sie still verlassen. Er gehorcht durch entschlossenes Handeln nach den vier Traumauditionen: Er nimmt Maria zur Frau (Mt 1,20f.), er flieht mit Maria und dem Kind nach Ägypten (Mt 2,13), die Heilige Familie reist nach Israel zurück (Mt 2,20), die Familie lebt in Nazareth (Mt 2,22). Durch die Annahme Jesu an Kindesstatt erhält der Gottessohn auf dem Adoptionsweg die messianische Davidssohnschaft, da Joseph aus dem Geschlecht des Königs David stammt (Mt 1,16). Bei seinem Ziehvater erlernt Jesus später den Beruf des Bauschreiners. Mit dem öffentlichen Auftreten Jesu tritt Joseph gänzlich in den Hintergrund. Die Stelle »Jesus, Sohn der Maria« (Mk 6,3) kann man als Hinweis auf den Tod Josephs deuten. Alle Tätigkeiten und Hilfsdienste für Mutter und Kind auf den Geburtsdarstellungen lassen sich auch aus dem mittelalterlichen Rechtsdenken erklären: Bei umstrittener Vaterschaft galt jeder Einsatz des

Ehemannes für Leben und Wohlergehen von Mutter und Kind als Zeichen der Anerkennung der Vaterschaft.

Für die Verbreitung und Darstellung der Legende von den Hosen des heiligen Joseph ist die vermeintliche Existenz und Verehrung der realen Hosenbeine im Aachener Marienschrein von nicht zu überschätzender Bedeutung gewesen. Im Marienschrein, entstanden zwischen 1220 und 1238, befindet sich seit 1236 der Reliquienschatz von Kaiser Karl dem Großen. Bei der erstmals 1242 abgehaltenen Aachener Heiltumsfahrt wurden die vier großen Heiltümer den Gläubigen – seit 1349 in siebenjährigem Turnus – von der Galerie des Turmes »gewiesen«. Es handelt sich dabei um vier textile Reliquien: Das Kleid der Gottesmutter aus der Heiligen Nacht, die beiden Windeln des Jesuskindes, das Lendentuch, das der Erlöser am Kreuz getragen hat, und das Tuch, in das der Kopf Johannes des Täufers nach seiner Ermordung eingeschlagen worden war. Außerdem befinden sich im Schrein auch noch die drei kleinen Heiltümer: der Gürtel der Gottesmutter, der Gürtel Jesu und die Geiselstricke. Bei den Windeln handelt es sich um zwei gewalkte braune Fragmente aus Wollstoff. Heute ist nur noch eine Windel im Marienschrein, da die zweite seit 1874 verschollen ist. Da bei der Heiltumsweisung die beiden Stoffstücke über eine Stange gelegt präsentiert wurden, hat man angenommen, dass dadurch der Eindruck von aufgetrennten Hosenbeinen entstanden sein könnte. Auf weitverbreiteten Holzschnitten waren die Windeln deutlich als Beinlinge abgebildet. Die Aachener Heiltumsfahrt entwickelte sich im Mittelalter zur größten Wallfahrt nördlich der Alpen. Heiltum ist der mittelhochdeutsche Ausdruck für Reliquie und eine Heiltumsweisung ist inszeniertes öffentliches Vorzeigen einzelner Heiltümer.

Von Martin Luther, der als Gegner der Heiligenverehrung auch die Reliquienfrömmigkeit ablehnte, ist eine Aussage über die Josephshosen überliefert. Der Reformator nennt die Geschichte eine Fabel, d. h. eine unwahre Erzählung: »Nun denke, was mögen's für Tüchle gewesen sein, da sie ihn einwickelte, vielleicht ihr Schleier, oder was sie hat mögen entbehren an ihrem Leibe. Dass sie aber in Josephs Hosen sollt' ihn gewickelt haben, als man zu Aachen weiset, das laut' allzu lügerlich und leichtfertig. Es sind Fabeln, der wohl mehr in aller Welt sind.« Für Luther sind aber die Windeln nicht bedeutungslos, sie haben, als biblisch bezeugt und damit historisch belegt, eine geistige Bedeutung. Luther leitet seine Erklärung mit der Frage ein: »Nun wollen wir auch sehen, was für Mysteria, heimlich Ding, in dieser Historien vorgelegt werden.« Ganz in der typologischen Auslegungstradition der Kirchenväter deutet Luther die Windeln auf Christus hin: »Die Tüchle sind nichts anders denn die Heilige Schrift, darinnen die christliche Wahrheit gewickelt liegt, da findet man den Glauben beschrieben. Denn das ganze Alte Testament hat nichts anders in sich denn Christum, wie er vom Evangelium gepredigt ist.« Der Grund dafür, dass der Engel den Hirten das in Windeln gewickelte

Kind als Erkennungszeichen nennt, ist für Luther klar: »Denn es ist kein ander Zeugnis auf Erden für die christliche Wahrheit, denn die Heilige Schrift.« Ganz im Sinne der Lehre der Väter von der Einheit der Schrift ist für Luther der geistige Sinn des Alten Testaments nichts anders als das Neue Testament, d. h. das Christusereignis. Christus ist der Schlüssel zum Verständnis der ganzen Schrift. Allerdings hat Luther durch die einseitige Gegenüberstellung von Gesetz und Evangelium eine folgenschwere Akzentverschiebung eingeleitet.

Mit dem Stichwort typologische Schriftauslegung kommen wir auch dem Ursprung der Legende von den Josephshosen näher. In den sogenannten Armenbibeln, bei denen es sich eigentlich um Anleitungen zur gesamtbiblischen Schriftauslegung handelt, finden sich etwa im Codex Palatinus latinus 871 (ca. 1435) um das Weihnachtsbild vier alttestamentliche Erfüllungszitate und links davon, als Vorausbild der Jungfrauengeburt, die Berufung des Mose aus dem brennenden Dornbusch. Direkt neben dem heiligen Joseph zieht Moses seine Schuhe aus, denn Gott sprach zu ihm aus dem Dornbusch: »Mose, Mose! Er antwortete: Hier bin ich. Der Herr sagte: Komm nicht näher heran! Leg deine Schuhe ab, denn der Ort, wo du stehst, ist heiliger Boden. Dann fuhr er fort: Ich bin der Gott deines Vaters, der Gott Abrahams, der Gott Isaaks und der Gott Jakobs. Da verhüllte Mose sein Gesicht; denn er fürchtete sich, Gott anzuschauen« (Ex 3,4–7). In der mittelalterlichen Betrachtungsliteratur wurde die aus der Vätertheologie stammende typologische Auslegung des brennenden Dornbusches auf Maria und Joseph übertragen: Beide zogen sich analog zu Mose, dem Vorausbild, in der Erwartung der Geburt Jesu, ihre Schuhe aus und knieten nieder. Besagte der typologische Urgedanke, dass der Dornbusch, aus dem Gott selbst sprach, brannte und nicht verbrannte, so blieb Maria vor und nach der Geburt Jungfrau, als sie den Gottessohn gebar. Der Vergleichspunkt ist die Unversehrtheit von Dornbusch und Jungfräulichkeit. In dieser Anwendung liegt der Akzent auf dem Ausziehen der Schuhe: Wie bei Mose findet die Begegnung mit Gott auf heiligem Boden statt, den man nicht mit Schuhen betreten soll. Einen barocken Beleg dafür finden wir noch im »Großen Leben Jesu« (1689) des Kapuziners Martin von Cochem. Sein Betrachtungsbuch, das eine ungeheure Auflage erreichte, fasst die gesamte mittelalterliche Betrachtungsliteratur zusammen. Zunächst werden die Vorbereitungen von Maria geschildert: »Als die gebenedeite Jungfrau in der Höhle allein war, zog sie zum ersten ihre Schuhe von den Füßen. Denn sie wusste wohl, dass dieser Ort, an welchem der eingeborene Sohn Gottes sollte geboren werden, so heilig wäre, dass niemand würdig wäre, selbigen mit seinen Schuhen zu betreten«. Währenddessen betete Joseph vor der Geburtshöhle, bis ihn Maria hereinruft: »Joseph, komme herein, denn der Welt Heiland ist geboren. O welch eine fröhliche Zeitung! O wohl eine anmutige Botschaft! Denn sie war dem lieben Mann viel tausendmal angenehmer als dem

Mose, da ihn Gott aus dem brennenden Dornbusch rief. Deswegen sprach er auch mit viel größerer Freude als Mose: Ich will hingehen, und dies große Wunder sehen, warum die Höhle brenne, und nicht verbrenne. Mit viel größerer Ehrerbietung als Mose, löste er seine Schuhe von seinen Füssen ab, legte seine beiden Hände zusammen, schlug seine Augen zu der Erde und ging mit solcher Andacht in die Höhle, gleichwie Seraphinen vor den Thron Gottes treten … Gleichwie Moses, als er zum Dornbusch kam, da er durfte den Herrn nicht anschauen, also wendet Sankt Joseph sein Angesicht ab, dieweil er seinen Gott und dessen gebenedeite Mutter, so gleichsam in dem brennenden Dornbusch saßen, nicht durfte anschauen. Deswegen fiel er vor der Jungfrau nicht allein auf die Knie, sondern warf sich mit dem ganzen Leib auf die Erde, und betete seinen Gott und Herrn an.« Da Martin von Cochem als Hauptquelle für seine Geburtserzählung die Visionen der heiligen Birgitta benutzt hat, bringt er die Josephshosen nicht. Bei Birgitta hat die Gottesmutter mehrere reinliche Windeln in ihrem Gepäck mitgebracht. Die Überbietung der Berufung des Mose aus dem brennenden Dornbusch (Typos) ist bei Martin von Cochem die innige Beziehung des menschgewordenen Gottessohnes zu Maria und Joseph (Antitypos): »Da sprach die Jungfrau zu ihm: Nimm hin, mein Joseph, das liebe Kindlein, und gib ihm zum Willkommen einen freundlichen Kuss. Da nahm er … seinen Erschaffer auf seine Armen, drückte ihn an seine Wangen, und gab ihm einen süßen Kuss.«

Aus dem Ausziehen der Schuhe nach dem Vorbild des Mose hat sich in den Weihnachtsspielen im Zuge der vermehrten Aktivitäten Josephs an der Krippe die zusätzliche Handlung entwickelt, dass er auch noch die Beinlinge als Ausdruck seiner väterlichen Sorge um das Kind in der eisigen Kälte der Heiligen Nacht auszieht. Auch wenn die Dienstfertigkeit des heiligen Joseph auf den Altarbildern gegenüber der burlesken Komik der Weihnachtsspiele deutlich abgemildert erscheint, so wirkt doch das banal Allzumenschliche leicht peinlich. Sind also diese Ausdrucksformen der mittelalterlichen Weihnachtsfrömmigkeit abzulehnen oder zumindest überholt? Dieses Unbehagen, das uns hier gegenüber dem Patriarchen und Nährvater Joseph beschleicht, empfindet Papst Benedikt XVI. auch gegenüber den Patriarchen des Alten Bundes: »Religionsgeschichtlich gesehen sind Abraham, Isaak und Jakob keine großen Persönlichkeiten«.[2] Im Vergleich mit den großen und erhabenen asiatischen Religionsstiftern »erscheinen die Träger der Geschichte des Glaubens beinahe pöbelhaft«.[3] In dieser Anstößigkeit liegt aber für den Papst gerade das unterscheidend Christliche: »Das Wegzudeuten hieße genau den Anstoß wegdeuten, der auf das Besondere und Einzigartige der biblischen Offenbarung hinführt.«[4] Es geht dem Papst um das Wesen der biblischen Offenbarung: »Dieses Besondere und Ganz-Andere liegt darin, dass Gott in der Bibel nicht wie bei den großen Mystikern geschaut, sondern als der Handelnde erfahren wird, … Und dies wiederum liegt daran, dass hier nicht der Mensch in eigener Aufstiegsbemühung ... das Göttliche an seinem Ort auffindet, sondern es gilt das Umgekehrte: dass Gott den Menschen mitten in den weltlichen und irdischen Zusammenhängen sucht, dass Gott, den von sich aus niemand entdecken kann, auch der Reinste nicht, seinerseits dem Menschen nachgeht und in Beziehung zu ihm tritt.«[5] Dort, wo Gott in die Geschichte eintritt, ist heiliger Boden, das bedeutet, Gott selbst macht den Menschen zum Träger göttlicher Geschichte. Nicht die Größe der religiösen Persönlichkeit zählt, sondern der Gehorsam gegenüber dem göttlichen Anruf und Auftrag. Dies ist auch die bleibende Botschaft des mittelalterlichen Josephsbildes: Im tätig bemühten, still dienenden, aber auch im überforderten, ermüdeten und manchmal umständlichen und komischen heiligen Joseph können wir uns alle wiederfinden. Nicht die Größe der religiösen Persönlichkeit zählt, sondern der Gehorsam gegenüber dem göttlichen Anruf und Auftrag der in der banalen Alltäglichkeit hinein gelebt werden soll.

Abschließend noch einmal Papst Benedikt, der den Taufnamen Joseph trägt: »Wenn aber das Entscheidende nicht die eigene geistliche Erfahrung, sondern der göttliche Anruf ist, dann sind letzten Endes alle in der gleichen Lage, die diesem Anruf glauben: Ein jeder ist in der gleichen Weise gerufen.«[6] So möge uns der heilige Joseph zur tätigen Annahme des Gotteskindes und damit zur wahren Weihnachtsfreude führen.

1 Achim von Arnim/ Clemens Brentano: Des Knaben Wunderhorn. Ausgewählt von Friedrich Ranke. Nachdruck der Ausgabe im Insel Verlag 1908. ²1923. ³1979 (Insel Taschenbuch Nr. 85), S. 264f.
2 Joseph Ratzinger: Glaube, Wahrheit, Toleranz. Das Christentum und die Weltreligionen, Freiburg 2003, S. 35.
3 Ebd., S. 34.
4 Ebd., S. 35.
5 Ebd.
6 Ebd., S. 36f.

Lucas Cranach d. Ä., Die heilige Sippe, Holzschnitt, um 1509

Die heilige Sippe

»Hilf du, Heilige Anna, ich will ein Mönch werden!« Mit dieser stoßgebetartigen Anrufung der heiligen Anna, Mutter der Gottesgebärerin Maria und Großmutter Jesu, verband Martin Luther (1483–1546) am 2. Juli 1505 das Gelübde, ins Kloster gehen zu wollen. Ein schweres Gewitter hatte den jungen Jurastudenten auf dem Weg in seine Universitätsstadt Erfurt überrascht, und als der Blitz neben ihm einschlug, legte er dieses Versprechen ab. Sehr zum Missfallen seines Vaters, der für den Sohn die Laufbahn eines hohen Verwaltungsbeamten oder Bürgermeisters vor Augen hatte, hielt Luther Wort und trat bereits am 17. Juli in das Erfurter Augustinerkloster ein.

Um 1500 war die heilige Anna die beliebteste Volksheilige. Als mächtigste Fürsprecherin war sie unter anderem die Patronin der Braut- und Eheleute, der Schwangeren und der Kinderlosen, der Zünfte und aller Gewerbetreibenden. Als Schutzherrin der Bergleute war sie auch die Patronin von Luthers Vater Hans, der als Hüttenmeister im Silberbergbau eine führende Position innehatte. Zahlreich erhalten gebliebene Altarbilder und Schnitzwerke, Nachdichtungen ihrer Lebensbeschreibung durch gelehrte Humanisten und druckgraphische Einzelblätter bezeugen bis heute die damalige Hochblüte der Anna-Verehrung.

Im Jahr von Luthers Eintritt in das »Schwarze Kloster« war Lucas Cranach der Ältere (1472–1553) aus Kronach in Oberfranken Hofmaler des sächsischen Kurfürsten in Wittenberg geworden. Als der Augustinermönch Luther 1509 gerade Baccalaureus an der Universität Wittenberg geworden war und erste Vorlesungen über die Ethik des Aristoteles hielt, fertigte Cranach in seiner Werkstatt den Holzschnitt »Die Heilige Sippe« an. Mittelpunkt des Blattes sind Maria und ihre Mutter Anna mit dem Jesusknaben, die von weiteren Verwandten umgeben sind. Ausgangspunkt für Cranach war der Typus der Anna-Selbdritt (veraltet für »zu dritt«). Klassisch in der Form: Mutter Anna trägt auf dem Schoß ihre Tochter und das Jesuskind. Zwei Varianten dieses Typus hat der Künstler in seiner Dreiergruppe miteinander verbunden: Die gelöst nebeneinander sitzende Mutter mit ihrer Tochter, die gemeinsam das Kind halten, ergänzt Cranach durch Elemente des Typus »Anna unterrichtet Maria«, noch zu erkennen an dem Buch, das die heilige Anna in ihrer linken Hand hält.

Im Neuen Testament wird die Mutter Marias, deren Fest seit dem 13. Jahrhundert gefeiert wird, nicht erwähnt. Ihre Lebensbeschreibung findet sich im »Protoevangelium des Jakobus«, der frühesten apokryphen Kindheitsgeschichte Marias und ihrer Familie aus dem 2. Jahrhundert. Das Jakobusevangelium stellt das früheste Zeugnis für die Lehre von der immerwährenden Jungfräulichkeit Marias dar. Es bezeugt, wie früh diese Glaubenswahrheit im Bewusstsein der Gläubigen verankert war. Durch die verwandtschaftliche Zuordnung der teils namentlich im Neuen Testament genannten »Brüder« Jesu zu den Frauen, die den Namen Maria tragen, sollen Vorbehalte gegenüber dem Glaubensgeheimnis der Jungfräulichkeit (vor, während und nach der Geburt) der Gottesmutter entkräftet werden. Als (fiktiver) Verfasser des griechischen Textes tritt Jakobus der Jüngere, der »Herrenbruder« auf. Danach war Anna (hebr. Hanna = »erbarmt hat sich Gott«) mit dem reichen Herdenbesitzer Joachim (hebr. Jehojakim = »Jahwe wird einen Sohn erstehen lassen«) in zwanzigjähriger Ehe verheiratet, als eines Tages die Priester im Tempel in Jerusalem die Opfergabe des Joachim wegen seiner Kinderlosigkeit zurückgewiesen haben. Zeitgleich kündigte ein Engel sowohl dem voller Verzweiflung zu seinen Herden in die Steppe geflohenen Joachim wie seiner Frau in ihrem Haus in Jerusalem die Geburt eines Kindes an. Anna versprach sogleich, das Kind Gott zu weihen. Mit drei Jahren gaben Joachim und Anna ihre Tochter Maria in den Tempeldienst. Als Maria zwölf Jahre alt war, wurde durch ein Gottesurteil der greise Witwer Joseph, Vater mehrerer Kinder, zum Ehegatten erwählt um die Jungfräulichkeit des Mädchens zu bewahren. Maria war gerade beim Spinnen von Purpur und Scharlach für den neuen Tempelvorhang, als der Verkündigungsengel bei ihr eintrat und ihr die jungfräuliche Empfängnis des Gottessohnes mitteilte. In der lateinischen Übersetzung und Bearbeitung des Jakobus-Evangeliums, dem »Pseudo-Matthäus-Evangelium«, werden noch einige Details hinzugefügt, wie die Abstammung von Joachim aus dem Geschlecht Davids und sein Tod mit achtzig Jahren kurz vor dem Tempelgang der Tochter. Links von Maria tritt der betagte Ziehvater Joseph an die Dreiergruppe mit der mädchenhaft jungen Gottesmutter mit offenem Haar und der matronenhaft ehrwürdigen Anna heran und zieht ehrfürchtig den Hut vor dem Gottessohn. Sowohl das Matthäus- wie das Lukasevangelium schließen Joseph als leiblichen Vater Jesu eindeutig aus. Joseph gibt dem Kind den Namen und wird dadurch juristisch zum Vater Jesu. Mit der Adoption tritt Jesus in den Stamm Davids ein, wodurch sich die messianische Verheißung Gottes gegenüber König David erfüllt: »Ich werde deinen leiblichen Sohn als deinen Nachfolger einsetzen und seinem Königtum ewigen Bestand verleihen. Ich will für ihn Vater sein, und er wird für mich Sohn sein« (2 Sam 7,13 f.). Die apokryphe Schrift »Die Geschichte von Joseph dem Zimmermann« (um 400 n. Chr.) ergänzt noch, dass Joseph im Alter von vierzig Jahren geheiratet habe und sechs Kinder zeugte (vier Jungen und zwei Mädchen). Mit 111 Jahren sei Joseph im Beisein des 19-jährigen Jesus verstorben.

In der Orthodoxie werden bis heute die im Neuen Testament genannten »Brüder und Schwestern« Jesu unter Hinweis auf die erste Ehe Josephs als Stiefgeschwister Jesu verstanden. Vom heiligen Hieronymus wissen wir, dass er die Apokryphen entschieden ablehnte. Er argumentierte zur Verteidigung der Jungfrau Maria philologisch: Das Hebräische und Aramäische habe für den Verwandtschaftsgrad »Vetter« und »Neffe« keinen eigenen Begriff, darum würden diese Verwandten »Brüder« genannt. Dies lässt sich mit einem Blick in das Alte Testament bestätigen: Im Buch Genesis kann man eindeutig erschließen (11,27), dass Lot ein Neffe Abrahams ist, der etwas später »Bruder« Abrahams genannt wird (14,16). Die Argumentation des Hieronymus ist im Gegensatz zum Weg, den die Apokryphen gegangen sind, bis heute nicht zu widerlegen.

Auf unserem Holzschnitt steht rechts neben Anna ihr Mann Joachim in der Tracht eines wohlhabenden Bürgers der Zeit im Gespräch mit zwei anderen Greisen. In der Legenda Aurea (entstanden vor 1264) des Bischofs Jacobus von Voragine, einem Kommentar zu allen Festen des Kirchenjahres einschließlich Biographien der Heiligen, fand Cranach nicht nur eine Zusammenfassung des Jakobusevangeliums, sondern auch den Bericht von den drei Ehen der heiligen Anna, der Trinubiumslegende (erstmals erwähnt bei Bischof Haymo von Halberstadt, gest. 853). Nach dieser Legende heiratete Anna nach dem Tod Joachims den Kleophas, mit dem sie eine Tochter hatte, die sie ebenfalls Maria nannte. Diese Maria vermählte sich mit Alphäus, mit dem sie vier Söhne hatte: Jakobus den Jüngeren, Barnabas (auch Justus genannt), Simon Zelotes und Judas Thaddäus. Eine dritte Ehe schloss Anna nach dem Ableben des Kleophas mit Salomas. Ihre gemeinsame Tochter nannten sie erneut Maria mit dem Beinamen Salome. Aus der Ehe von Maria Salome mit Zebedäus sind die Söhne Johannes der Evangelist und Jakobus der Ältere hervorgegangen. Mit der Kenntnis der literarischen Quellen der »heiligen Sippe« lassen sich alle dargestellten Personen entschlüsseln. Zumal es sich bei Cranachs Holzschnitt nur um eine »kleine heilige Sippe« mit 17 Personen handelt, die »große heilige Sippe« mit bis zu 29 Personen bezieht die Eltern Annas und ihre Geschwister mit ein (eine Schwester von Anna ist die Mutter von Elisabeth, der Mutter Johannes des Täufers). Auf unserem Holzschnitt steht hinten rechts eine Dreiergruppe alter Männer. Es sind die drei (verstorbenen) Ehemänner der heiligen Anna: Joachim, Salomas und Kleophas. Unterhalb der Männergruppe steht Zebedäus mit seinem Sohn, Johannes Evangelist, der ein Buch in der Hand hält. Sitzend vor ihnen Maria Salome mit Jakobus dem Älteren als nacktem Säugling, der sich der Mutter entwindend Kontakt zu den anderen Kindern sucht. Biblisch bezeugt ist, dass die von Jesus »Donnersöhne« genannten Brüder Jakobus und Johannes, mit ihrem Vater Zebedäus als Fischer am See Genezareth lebten. Als ihre Mutter Jesus um die Bevorzugung ihrer Söhne im Reich Gottes bat, antwortete dieser mit der Ankündigung des Märtyrertodes. Um 44 n. Chr. wurde Jakobus, als erster Blutzeuge aus dem Apostelkreis unter Herodes Agrippa enthauptet. Seit 820 wird sein Grab in Santiago de Compostela verehrt. Am linken Bildrand sitzt Alphäus mit seinen Söhnen: Da Cranach auf Attribute zur Kennzeichnung der Personen verzichtet, ist die Identität der Kinder nicht eindeutig auszumachen: Zwei Söhne im schulfähigen Alter werden von Alphäus im Lesen unterrichtet. Sind es Jakobus der Jüngere, Apostel und Märtyer, der bereits von Hieronymus mit dem »Herrenbruder« (Gal 1,19) identifiziert wurde, und Barnabas, auch Justus genannt, der spätere Begleiter des Apostels Paulus? Cranach verbindet hier die Glaubenswahrheit von der Einheit der Testamente mit dem humanistischen Bildungsideal. Die Rute erinnert an die Erziehungsregeln der alttestamentlichen Weisheitsliteratur: »Wer die Rute spart, hasst seinen Sohn, wer ihn liebt, nimmt ihn früh in Zucht« (Spr 13,24). Innen stillt die Mutter Maria einen Säugling, und neben ihr sitzen zwei weitere Kleinkinder: Judas Thaddäus und Simon Zelotes. Der Renaissancekünstler Cranach hat seiner »Heiligen Sippe« neben der mariologischen und christologischen Sinnebene noch eine spezifisch humanistische Bedeutung unterlegt. Den inneren Kreis bilden die Frauen mit den Kleinkindern: erhöht die Anna-Selbdritt-Gruppe, mit den Frauen als Sitz der Weisheit für den Gottmenschen, zu ihren Füssen die Halbschwestern der Gottesmutter. Orientiert am Tugendvorbild der heiligen Mütter obliegt den Frauen die Sorge für die Kleinsten. Einen äußeren Kreis bilden die Männer: Etwas im Hintergrund die ehrwürdigen Großväter, geachtete, rechtschaffene und wohlhabende Greise, die zufrieden auf ihre erwachsenen Söhne schauen, denen nun die Erziehungsaufgabe ihrer Kinder obliegt. Rechts und links außen bereiten die Väter durch intensive Bildung (Buch) und Erziehung zu Selbstzucht (Rute) auf das Berufsleben draußen in der Welt vor. Damit hat Cranach den ursprünglich zur Begründung und Sicherung der Jungfräulichkeit Marias gedachten Bildinhalt umgedeutet: Die »Heilige Sippe« wird zum Tugendvorbild für das sächsische Herrscherhaus (Wappen) und das städtische Bürgertum, in der das humanistische Bildungs- und Erziehungsideal verwirklicht erscheint.

Mit Luthers (übersteigertem) Sola-Scriptura-Prinzip waren natürlich die apokryphen Schriften völlig unvereinbar. Allerdings lehnte der Reformator die These, Maria habe weitere leibliche Kinder gehabt, ebenso entschieden ab. Aus christologischen Gründen blieb er zugleich Zeit seines Lebens ein Verfechter der immerwährenden Jungfräulichkeit der Gottesmutter. Luthers enger Freund, Trauzeuge und wichtigster Illustrator seiner Schriften, Lucas Cranach d. Ä., folgte der reformatorischen Lehre und fertigte später keine Darstellungen nach den legendären Annen- und Marienleben mehr an. Nach dem Konzil von Trient waren in der »alten« Kirche die im Westen immer schon kritisch betrachteten Apokryphen ebenfalls verpönt. In der Barockzeit wurde die heilige Sippe von den ungeheuer beliebten Bildern der Heiligen Familie abgelöst. Vielfach tritt auf diesen Darstellungen zu Maria und Joseph und dem Christusknaben wie selbstverständlich die heilige Großmutter Anna hinzu.

Andrea Mantegna, Beschneidung des Herrn, um 1461, Uffizien, Florenz

Beschneidung des Herrn und Namen-Jesu-Fest

Die liturgische Bezeichnung des 1. Januar, des Neujahrstages, ist »Oktavtag von Weihnachten. Hochfest der Gottesmutter Maria«. Im Evangelium des Festtages heißt es: »Als acht Tage vorüber waren und das Kind beschnitten werden musste, gab man ihm den Namen Jesus, wie der Engel gesagt hatte, noch ehe es im Schoß seiner Mutter empfangen wurde« (Lk 2,21). Die Verbindung von Beschneidung und Namensgebung mit einem Gedenktag der Gottesmutter lässt sich nur geschichtlich erklären: Vor dem 7. Jahrhundert wurde in Rom nach byzantinischem Vorbild das Marienfest »Natale sanctae mariae« eingeführt. »Natale« wurde dabei im Sinne von Gedenktag und nicht als Geburtstag verstanden. Im Zuge der Übernahme der Feste Mariae Verkündigung (25. März) und Mariae Himmelfahrt (15. August) trat das Fest der Gottesmutter am 1. Januar immer mehr in den Hintergrund und wurde mehr als Oktavtag von Weihnachten begangen. Bereits im 6. Jahrhundert wurde in Spanien und Gallien am 1. Januar das Fest Beschneidung des Herrn gefeiert. In den römischen Kalender wurde das Gedenken an die Beschneidung erst im 13./14. Jahrhundert aufgenommen.

Bis zur Liturgiereform und dem neuen Kalender von 1969 hieß der 1. Januar dann »Fest der Beschneidung des Herrn und Oktavtag von Weihnachten«. Ein eigenes Fest des Namens Jesu, dessen Anfänge in das 15. Jahrhundert zurückreichen, führte 1721 Papst Innozenz ein und legte es auf den 2. Sonntag nach Erscheinung des Herrn. Von Papst Pius X. wurde es dann 1913 auf den 2. Sonntag nach Weihnachten, den Sonntag zwischen dem 1. Januar und dem 6. Januar, verlegt. Wenn dieser Sonntag ausfiel, wurde das Fest am 2. Januar gehalten. Im deutschen Regionalkalender gibt es heute kein eigenes Fest des Namens Jesu mehr. Im römischen Messbuch von 2002 wird die Namensgebung Jesu am 3. Januar allerdings wieder als eigener nicht gebotener Gedenktag begangen. Am 1. Januar wird seit der Liturgiereform wieder das altrömische Hochfest der Gottesmutter gefeiert. Dabei soll die Namensgebung des Herrn irgendwie mitbedacht werden. Sie kommt aber ebenso wie die nun gänzlich weggefallene Beschneidung des Herrn nur noch im Tagesevangelium vor. Faktisch zum gleichen Zeitpunkt, als in der Exegese und dem allgemeinen kirchlichen Bewusstsein das Jude-Sein Jesu neu entdeckt wurde, hat man die gottesdienstliche Feier seiner Beschneidung, den Eintritt in den Bundesgehorsam und damit in die jüdische Religionsgemeinschaft abgeschafft. Entsprechend der alttestamentlichen Vorschrift (vgl. Gen 17,12; 21,4; Lev 12,3) wurde Jesus wie jeder jüdische Knabe am achten Tag nach der Geburt beschnitten. Bei Lukas werden keinerlei Angaben darüber gemacht, wo die Beschneidung vorgenommen worden ist, noch wer sie ausgeführt hat. Bis heute folgt auf die Beschneidung (hebr. *Brit mila* = Bund der Beschneidung) die Namensgebung, das heißt die Kundgabe des Namens des Kindes durch den Beschneider (hebr. *Mohel*). Mit der Beschneidung war Jesus rechtsgültiges Mitglied der jüdischen Glaubensgemeinschaft und dem Gesetz unterstellt.

Analog zur Darstellung des Herrn im Tempel in Jerusalem wurde auch die Beschneidung Jesu in der Kunst, obwohl biblisch nicht zu belegen, ebenso in den Tempel verlegt. In der Regel ist dabei auch die Gottesmutter anwesend, obwohl sie nach dem Gesetz den Tempel frühestens vierzig Tage nach der Geburt hätte betreten dürfen. Bis gegen Ende des 12. Jahrhunderts wurden nur die Vorbereitungen der Beschneidung dargestellt. Erst danach wurde auch der reale Vorgang einer Beschneidung abgebildet. Häufig wurde die Beschneidung Jesu unter die Schmerzen Mariens gezählt. Im 15. und 16. Jahrhundert wurde die Beschneidung häufig in Szenen mit vielen Personen, mit Maria und Joseph, dem Hohenpriester, dem Beschneider, dem Paten, der das Kind auf dem Schoß halten darf, und weiteren Tempelbesuchern dargestellt. Von Rembrandt wurde eine Radierung angefertigt, auf der die Beschneidung seltenerweise in den Stall von Bethlehem verlegt worden ist. In der Auslegung der Kindheitsgeschichten deutet Papst Benedikt XVI. auch den Namen Jesus, der sowohl im Lukasevangelium Maria wie im Matthäusevangelium dem heiligen Joseph jeweils durch einen Engel noch vor der Empfängnis beziehungsweise Geburt des Kindes mitgeteilt wird. Papst Benedikt gelingt es, die Einheit der Heilsgeschichte im Gottesnamen ansichtig zu machen: »Im Namen Jesu ist das Tetragramm, der geheimnisvolle Name vom Horeb, verborgen enthalten und ausgeweitet zu der Aussage: Gott rettet. Der gleichsam unvollständig gebliebene Name vom Sinai wird zu Ende gesprochen. Der Gott, der ist, ist der gegenwärtige und rettende Gott. Die im brennenden Dornbusch begonnene Namensoffenbarung Gottes wird in Jesus vollendet.«[1] Ausführlich deutet der Papst den Auftrag an Joseph: »Maria wird einen Sohn gebären; ihm sollst du den Namen Jesus geben; denn er wird sein Volk von seinen Sünden erlösen« (Mt 1,21). Über den Rechtsakt mit der Namensgebung auch das Kind als sein eigenes anzuerkennen und anzunehmen, bedeutet der Name selbst: »JHWH ist Heil. Der Gottesbote, der im Traum mit Joseph spricht, verdeutlicht, worin dieses Heil besteht: ›Er rettet sein Volk von seinen Sünden‹.«[2] Mit dem Vorrang der Sündenvergebung werde Jesus in unmittelbare Nähe zu Gott gebracht und zugleich werde die politische und gesellschaftliche Veränderung, die das Volk vom Messias erwartet, enttäuscht. In der Namensoffenbarung gegenüber Joseph werde der ganze Streit um die Messianität Jesu vorweggenommen: »Hat er nun Israel erlöst, oder ist nicht alles gleichgeblieben? Ist die Sendung, wie er sie gelebt hat, die Antwort auf die Verheißung, oder ist sie es nicht?«[3] Im Engelswort an Josef ist bereits eine Klarstellung der Aufgabe des »Heilsbringers« ausgesagt: »Der Mensch ist ein Wesen in Beziehung. Und wenn die erste, die grundlegende Beziehung des Menschen zerstört ist – die Beziehung zu Gott – dann kann nichts Weiteres mehr wirklich in Ordnung sein. Um diese Priorität geht es in Jesu Botschaft und Wirken: Er will den Menschen zu allererst auf den Kern seines Unheils hinweisen und ihm zeigen: Wenn du da nicht geheilt wirst, dann wirst du trotz aller guten Dinge, die du findest, nicht wirklich geheilt.«[4] Auch auf die Beschneidung am achten Tag geht Papst Benedikt hier näher ein: »So wird Jesus förmlich in die von Abraham herkommende Gemeinschaft der Verheißung aufgenommen; nun gehört er auch rechtlich zum Volk Israel.«[5] Lukas erwähne die Beschneidung und die Namensgebung mit dem verheißenen Namen (»Gott rettet«), »so dass von der Beschneidung her der Blick auf die Erfüllung der Erwartung geöffnet wird, die zum Wesen des Bundes gehört«.[6] Seit der Entscheidung des Apostelkonzils (Apg 15), wonach Abrahams Funktion als Verheißungsträger nicht seine Beschneidung ist, sondern sein Glaube, ist in der Kirche die Beschneidung als trennende Unterscheidung zwischen Juden und Heiden aufgehoben. Trotzdem darf Christen das Urteil des Kölner Landgerichts, dass die jüdische Beschneidungspraxis an männlichen Säuglingen eine strafbare Verletzung des Grundrechtes des Kindes auf körperliche Unversehrtheit darstellt, nicht gleichgültig sein. Nach Meinung des katholischen Philosophen Robert Spaemann habe das Gericht die Bedeutung der Beschneidung für das Judentum als Ausdruck des Gehorsams gegenüber dem göttlichen Willen ignoriert und damit »einen beispiellosen Angriff auf die Identität jüdischer Familien geführt«. Hinter dem Angriff auf die Beschneidung von Knaben steht für Spaemann eine Geisteshaltung, die auch gegen das Christentum gerichtet ist. Sie vertritt die Ansicht, »dass religiöse Erziehung von Kindern überhaupt verschwinden müsse, weil sie die spätere religiöse Selbstbestimmung präjudiziere und beeinträchtige«. Am Beispiel des Spracherwerbs verdeutlicht Spaemann sein Gegenargument: »Der Gedanke, man müsse Kinder vor ›Fremdbestimmung‹ bewahren, verkennt, dass ohne anfängliche Fremdbestimmung es nie eine Selbstbestimmung geben kann.«

1 Joseph Ratzinger / Benedikt XVI.: Jesus von Nazareth. Prolog. Die Kindheitsgeschichten, Freiburg 2012, S. 41.
2 Ebd., S. 52.
3 Ebd.
4 Ebd., S. 53 f.
5 Ebd., S. 88.
6 Ebd.

Kaiser Konstantin führt Papst Silvester in die Stadt Rom, Freskenzyklus 1246,
Kapelle des heiligen Silvester, Basilika Santi Quattro Coronati, Rom

Papst Silvester und Kaiser Konstantin

Vor der Pfarrkirche Sankt Silvester der kleinen oberbayerischen Gemeinde Airischwand in der Holledau findet jedes Jahr am 31. Dezember nach der Messfeier zu Ehren des Kirchenpatrons eine Pferdesegnung statt. Was hat der heilige Silvester mit Pferden zu tun? Am kleinen barocken Silvesteraltar schaut hinter dem heiligen Papst mit Tiara und Kreuzstab als weiteres Attribut ein kleiner Stier hervor. Silvester, ein bäuerlicher Viehpatron?

Zusammengefasst berichtet die Legenda aurea über sein Leben:[1] Als junger Mann zeigte der getaufte Römer Silvester Glaubensstärke während der Christenverfolgung, die ihn sogar ins Gefängnis brachte. Vom Volk hoch verehrt wurde er zum Nachfolger von Papst Melchiades gewählt. Der neue Papst musste vor dem christenfeindlichen Kaiser Konstantin aus Rom fliehen. Als göttliche Strafe für die Verfolgung der Christen wurde Konstantin unheilbar von Aussatz befallen. Heidnische Priester rieten dem Kaiser im »frischen warmen Blut« von dreitausend Kindern zu baden, um gesund zu werden. Von Mitleid bewegt verhinderte Konstantin die Ermordung der Kinder. Daraufhin erschienen dem Kaiser in einer nächtlichen Vision die Apostelfürsten Petrus und Paulus und eröffneten ihm den Weg zur Genesung: Er solle Papst Silvester aus seinem Versteck auf dem Berg Soracte zurückholen und sich von ihm taufen lassen, die Tempel zerstören und Kirchen bauen lassen. Nach seiner Taufe durch den Papst verfügte der Kaiser die Glaubensfreiheit für die Christen. Er befahl außerdem: Wie der Kaiser das Haupt der Welt, soll der Papst von Rom das Haupt aller Bischöfe sein. Auf Betreiben der Kaiserinmutter Helena, die sich zum Judentum bekannte, trat Silvester in einem Rededuell gegen zwölf jüdische Gelehrte an. Als er durch seine Argumente elf der Disputationsgegner besiegt hatte, wollte ihn der zwölfte mit Taten schlagen. Er flüsterte einem Stier den Gottesnamen ein, woraufhin dieser tot umfiel. Silvester forderte den Juden daraufhin auf, den Stier gemäß dem Schriftwort »Ich töte und mache lebendig« auch wieder zum Leben zu erwecken. Auf den Gegenvorschlag, es doch zunächst selbst einmal zu versuchen, erweckte

Silvester den Stier im Namen Jesu Christi wieder zum Leben. Aufgrund dieses Wunders bekehrte sich Kaiserin Helena zum christlichen Glauben. Einen Drachen, dessen giftiger Atem in Rom aus einer Höhle ausströmte und viele Menschenleben forderte, konnte der Papst, der mutig in die Höhle hinabstieg, besiegen: »Und so wurde das römische Volk von einem doppelten Tod erlöst, von der Anbetung des Teufels und vom Gift des Drachens.«[2]

Als Ursprung des Viehpatronats des heiligen Silvester erweist sich also die Legende von der Stiererweckung. Wie steht es nun aber um den historischen Silvester? Der heilige Papst Silvester I. regierte vom 31. Januar 314 bis zu seinem Tod am 31. Dezember 335. Sein Grab fand Silvester zusammen mit vier anderen Päpsten im Coemeterium der Priscilla an der Via Salaria. Leider hat sein Pontifikat kaum historisch greifbare Spuren hinterlassen. Silvester wird in den Quellen aus der Zeit der Konstantinischen Wende nicht erwähnt. Weder im Zusammenhang mit dem Donatistenstreit noch im Kampf gegen den Häretiker Arius wird der Name des Papstes genannt. Am Konzil von Nizäa (325) hat er nicht persönlich teilgenommen. In frühen Gebetsformularen wird Silvester ausdrücklich als Confessor (Glaubenszeuge) bezeichnet und gehört somit mit dem heiligen Martin zu den ersten Heiliggesprochenen, die keine Märtyrer waren. Im 8. Jahrhundert wurden die Gebeine des Papstes in die Kirche S. Silvestro in Capite überführt. So steht die ausführliche Silvester-Legende in deutlichem Gegensatz zur dürftigen historischen Überlieferung. Auf das 4. und 5. Jahrhundert werden die »Silvester-Akten« datiert, in denen nachträglich das Wirken des Papstes in konstantinischer Zeit zum Thema gemacht wurde. Auf diese Akten geht die Silvesterlegende zurück: das Glaubenszeugnis des Bekenners in der Verfolgungszeit, die Heilung des Aussatzes des Kaisers durch die Taufe, die Disputation mit den jüdischen Gelehrten und der Sieg des Christentums durch die Überzeugungskraft des wundertätigen Papstes. Den Abschluss bildet die »Neugründung« eines christlichen Roms durch Kaiser und Papst auf dem Forum Romanum.

Bleibend verbunden ist Papst Silvester mit der sogenannten Konstantinischen Schenkung (auch bekannt als Constitutum Constantini oder Privilegium Sanctae Romae Ecclesiae). Dabei handelt es sich um eine lange Urkunde des Kaisers, die an den Papst gerichtet ist. Dankbar bezieht sich Konstantin auf seine Heilung durch die Taufe, legt ein Glaubensbekenntnis ab und listet Schenkungen und Vorrechte auf, die er dem Papst zuspricht. Die einzelnen Privilegien sind: Der Papst steht über den Patriarchen von Antiochien, Alexandrien, Konstantinopel und Jerusalem und über allen Bischöfen, er darf die kaiserlichen Insignien führen, die Kaisermütze (Phrygium) und den Kaisermantel, als Amtssitz wird ihm der Lateranpalast übertragen, als Zeichen der Unterordnung führt der Kaiser das Pferd des Papstes. Mit der Stadt Rom übergibt der Kaiser die Macht über das gesamte Weströmische Reich dem Papst. Nach Meinung des Historikers Horst Fuhrmann, dem besten Kenner der Geschichte der Konstantinischen Schenkung, ist sie eine Fälschung aus dem dritten Viertel des 8. Jahrhunderts. Um das Jahr 830 wurde sie in die pseudoisidorischen Dekretalen aufgenommen und dadurch weit verbreitet. Vermutet wird, dass die Urkunde in der päpstlichen Kanzlei in Rom entstanden ist. Geschickt haben die Verfasser keine Urkunde aus der Zeit Konstantins gefälscht, sondern die Überlieferung in Form einer Abschrift vorgetäuscht. Fuhrmann macht auf den seltsamen Sachverhalt aufmerksam, dass die Konstantinische Schenkung in ihrer Entstehungszeit keinerlei Anwendung gefunden hat. Somit ist bis heute die eigentliche Absicht der Fälscher unbekannt geblieben. Erst für das 10. Jahrhundert lässt sich eine Berufung auf die Schenkung belegen. Fuhrmann führt die Zurückhaltung bei der Verwendung der Urkunde darauf zurück, dass darin die Stellung des Papstes auf eine Schenkung des weltlichen Herrschers zurückgeführt wird und nicht auf die Einsetzung durch Christus. Mit der Aufnahme in das Decretum gratiani, einer Sammlung von Kirchenrechtstexten, wurde die Konstantinische Schenkung sozusagen offiziell in Kraft gesetzt.

Als Fälschung entlarvt wurde die Schenkung bereits 1433 durch Nikolaus von Kues. Die Argumente gegen die Echtheit von Lorenzo Valla (1440) wurden später von den Reformatoren aufgegriffen und verbreitet. Ignaz von Döllinger konnte nachweisen, dass die Schenkung eine römische Fälschung sein müsse. Sein Ende fand der Kirchenstaat mit dem Einmarsch piemontesischer Truppen und der Gründung des italienischen Staates.

Abschließend muss nur noch das Schicksal der Tiara angesprochen werden. Die seit dem 4. Jahrhundert bezeugte außerliturgische päpstliche Kopfbedeckung, verstanden als Zeichen für den auf die Konstantinische Schenkung zurückgehenden kaiserlichen Machtanspruch des Papstes, wurde von Papst Bonifaz VIII. zur dreistufigen Papstkrone umgebaut. Als Herrschaftssymbol vereinte sie den geistlichen und den weltlichen Machtanspruch des Stellvertreters Christi. Eine wunderbare Darstellung der Übergabe der Tiara durch Kaiser Konstantin findet sich im Freskenzyklus der Silvester-Vita (1247) in der prächtigen römischen Basilika SS. Quattro Coronati. Paul VI. ließ sich 1963 noch mit der Tiara krönen, legte sie dann aber ab und trug bei liturgischen Feiern nur noch die Mitra als Symbol des universalen Bischofsamtes. Seitdem wird die Übergabe des Palliums und des Fischerringes als Zeichen der Amtsübernahme verstanden. Papst Benedikt XVI. ersetzte unmittelbar nach seinem Amtsantritt die Tiara im päpstlichen Wappen durch die Mitra. Seit 153 v. Ch. begann das römische Jahr mit dem 1. Januar (Amtsantritt der neuen Konsuln). Mit der allgemeinen Einführung des gregorianischen Kalenders setzte sich auch der 1. Januar als Jahresbeginn durch und damit wurde der heilige Papst Silvester I. zum Namensgeber des letzten Tages des Jahres.

1 Vgl. Jacobus de Voragine: Legenda aurea / Goldene Legende. Bd. 1, S. 265–287.

2 Legenda aurea, Bd. 1, S. 287.

VI.

Entfaltung von Weihnachten – Epiphanie

Dreikönigsschrein im Kölner Dom, Stirnseite ohne Trapezplatte. Nikolaus von Verdun, zwischen 1190 und 1225

Epiphanie – das Fest der Heiligen Drei Könige

Seit dem 14. Jahrhundert trägt das Wappen der Stadt Köln drei goldene Kronen auf rot-weiß-geteiltem Schild. Darin erscheinen die Kronen der Heiligen Drei Könige, deren Reliquien in einem der kostbarsten Schreine, die sich aus dem gesamten Mittelalter erhalten haben, in Köln verehrt werden. Eingebettet ist der Schrein in die gotische Kathedrale wie in ein lichtdurchflutetes steinernes Reliquiar, das bis heute die Stadt überragt und um sich zentriert.

Es hat niemals eine offizielle Heiligsprechung der Weisen aus dem Morgenland gegeben, und der 6. Januar, der sogenannte Dreikönigstag, heißt eigentlich im christlichen Kalender seit frühester Zeit »Epiphanie«: Hochfest der Erscheinung des Herrn. Im 4. Jahrhundert übernahm die Westkirche von den Byzantinern das Epiphaniefest, an dem mehrerer Geheimnisse des Lebens Jesu, die alle die göttliche Herrlichkeit offenbaren, zugleich gedacht wird. Jacobus von Voragine hat sie in seiner Legenda aurea in einem Satz zusammengefasst: »Denn heute wird Christus von den Weisen angebetet und von Johannes getauft. Er verwandelt Wasser in Wein und speist fünftausend Menschen mit fünf Broten.« Die anderen Festgeheimnisse sind jedoch im Laufe der Zeit hinter dem Evangelium von den Magiern aus dem Orient zurückgetreten. Für die lateinische Kirche ist Epiphanie zunächst der Dreikönigstag, auch wenn die in Ost und West bis heute übliche Wasserweihe sich nur aus dem Gedächtnis der Taufe Jesu im Jordan erklären lässt. Im Neuen Testament erzählt einzig das Matthäusevangelium von den »Magier« genannten, sternkundigen Gelehrten aus dem Osten (Mt 2,1–12). Mit ihrer Frage: »Wo ist der neugeborene König der Juden?« lösen die Weisen – ihre Anzahl bleibt im Evangelium ungenannt – bei Herodes und in ganz Jerusalem Entsetzen aus. Sie berufen sich auf einen Stern, den der Prophet Bileam als Zeichen für die Ankunft des Messias vorhergesagt hat: »Ein Stern geht in Jakob auf, ein Zepter erhebt sich in Israel« (Num 24,17). Herodes weiß sofort, dass es um den Messias geht. Seine Hoftheologen nennen ihm dessen Geburtsort, den der Prophet Micha vorhergesagt hat: »Du, Bethlehem im Gebiet von Juda, bist keineswegs die unbedeutendste unter den führenden Städten von Juda, denn aus dir wird ein Fürst hervorgehen, der Hirt meines Volkes Israel« (Mi 5,2). Die Sterndeuter erhalten von Herodes den hinterhältigen Rat, ihre Suche in Bethlehem fortzusetzen. Um seinen Machterhalt fürchtend sinnt er bereits auf Mord. Auch der Stern führt nach Bethlehem: »Als sie den Stern sahen, wurden sie von sehr großer Freude erfüllt« (Mt 2,10). Sie finden das Kind und seine Mutter, sie beten es an und übergeben ihre Geschenke: Gold, Weihrauch und Myrrhe. Von Gott gewarnt bringen sie die Frohe Botschaft nicht nach Jerusalem zu Herodes, sondern verlassen das Heilige Land auf einem Umweg, um das Evangelium zu den Heidenvölkern zu bringen. Wie ein Kommentar zur Geschichte von den Magiern im Matthäusevangelium liest sich der Prolog im Evangelium des Johannes: »Das wahre Licht, das jeden Menschen erleuchtet, kam in die Welt, und die Welt ist durch ihn geworden, aber die Welt erkannte ihn nicht. Er kam in sein Eigentum, aber die Seinen nahmen ihn nicht auf« (Joh 1,9–11). Die Magier als Vertreter der Heidenvölker im Matthäusevangelium und die armen Hirten im Lukasevangelium haben den Messias erkannt, der von den Reichen und Mächtigen in Jerusalem nicht angenommen worden ist. Was Hirten und Magier gefunden haben, fasst ebenfalls der Johannesprolog zusammen: »Und das Wort ist Fleisch geworden und hat unter uns gewohnt, und wir haben seine Herrlichkeit gesehen, die Herrlichkeit des einzigen Sohnes vom Vater, voll Gnade und Wahrheit« (Joh 1,14). Während die einen, die das göttliche Kind aufnehmen, Kinder Gottes genannt werden (Joh 1,12), rüstet Herodes zum Kindermord.

Frühzeitig haben sich die Theologen mit der Deutung der Gaben der Weisen befasst. Ziemlich einhellig sieht die Tradition die Gaben als Erklärung der Person des Beschenkten: Das Gold weise auf sein Königtum, der Weihrauch auf seine Gottheit und die Myrrhe, das wohlriechende Harz eines tropischen Dornenstrauches, das für Weihrauch und Salben verwendet wurde, prophezeie Leiden und Tod. Für diese Deutung der Myrrhe spricht das Johannesevangelium, wo Nikodemus Myrrhe und Aloe zur Salbung des Leichnams Jesu bereitstellt (Joh 19,39).

Der Mensch als Geschöpf und Sünder hat Gott eigentlich nichts anzubieten. Die Anbetung Jesu durch die Heiligen Drei Könige sagt uns: Wenn der Mensch Gott etwas anbieten kann, ist es die Erkenntnis Gottes als Schöpfer (Weihrauch), die Anerkennung seiner Allmacht und seiner Herrschaft über die Geschichte und den Kosmos (Gold) und das Bekenntnis seiner leidensbereiten Menschwerdung in Jesus Christus als dem höchsten Ausdruck der göttlichen Liebe (Myrrhe). Die Anbetung der Selbsthingabe Gottes ist die Voraussetzung dafür, dass der Mensch es wagen kann, sich selbst mit leeren Händen Gott zu übereignen, um alles von ihm zu erbitten und zu empfangen.

Im 3. Jahrhundert hat Tertullian die Magier mit den im Psalm 72 genannten Königen identifiziert. Im zehnten und elften Vers heißt es dort: »Die Könige von Tarschisch und von den Inseln bringen Geschenke, die Könige von Saba und Seba kommen mit Gaben. Alle Könige müssen ihm huldigen, alle Völker ihm dienen.« So wurden aus Magiern Könige. Ausgehend von den drei Gaben hat Origenes auch schon von den *drei* Magiern gesprochen. Im Matthäusevangelium bleibt ihre Anzahl ungenannt. Erst im 9. Jahrhundert wurden den Heiligen Drei Königen Namen gegeben. Über ihre Herkunft und ihre weitere Lebensgeschichte berichtet im 8. Jahrhundert Pseudo-Dionysius, der zudem die Taufe der drei Weisen durch den Apostel Thomas annimmt.

Die Huldigung der drei Weisen aus dem Morgenland gehört zu den frühesten christlichen Bildinhalten überhaupt. Bereits in der Katakombenmalerei und der Sarkophagplastik wurde dieses Thema gerne dargestellt. Häufig wurde bis in das 5. Jahrhundert auch der Prophet Bileam aufgrund seiner Weissagung in die Darstellung mit einbezogen. Später verschwand er zugunsten des heiligen Joseph. Die Abbildungen der Heiligen Drei Könige auf Altarbildern und in der Krippenkunst gehen auf den Angelsachsen Beda Venerabilis (um 700) zurück. Er beschrieb Melchior als den ältesten der Könige mit langem grauem Bart, der als der Vertreter Europas Gold darbringt. Beda bestimmte Balthasar als dunkelhaarigen und mittelalterlichen Repräsentanten Asiens mit Vollbart, der dem Jesuskind (Weihrauch) opfert. Caspar wird seit dieser Zeit als bartloser Jüngling dargestellt, oft schwarzhäutig, der als Abgesandter Afrikas Myrrhe überreicht.

Die Stadt Köln verdankt die Reliquien der Drei Könige Kaiser Friedrich Barbarossa sowie dem Erzbischof von Köln und vormaligen Kanzler des Reiches, Rainald von Dassel. Der Kaiser nutzte einen Streit zwischen Mailand und einigen norditalienischen Städten, um seine Ansprüche in Italien nachdrücklich zur Geltung zu bringen. Nach der Eroberung und fast völligen Zerstörung Mailands im Jahre 1164 verschenkte der Kaiser an seine Bischöfe die dort erbeuteten Reliquien. Die Reliquien der Heiligen Drei Könige, die wahrscheinlich im 6. Jahrhundert aus Konstantinopel nach Italien gebracht worden waren, ruhten bis zur Belagerung von Mailand wenig beachtet in einem antiken Sarkophag in der Kirche San Eustorgio außerhalb der Stadt. Mit ihrer Überführung nach Köln und der Heiligsprechung von Kaiser Karl dem Großen durch den Kölner Erzbischof Weihnachten 1166 verfolgte der Kaiser machtpolitische Interessen. Die Heiligen Drei Könige sollten ein unmittelbar von Gott und nicht vom Papst eingesetztes Kaisertum begründen und beschützen. Die Kanonisierung Karls des Großen als Idealbild des christlichen Herrschers weihte die Institution des römischen Kaiserreiches zum erblichen Eigentum des deutschen Volkes. Unter der Kanzlerschaft von Rainald von Dassel verwendete die Kanzlei des Kaisers erstmals die Bezeichnung *Sacrum imperium* (Heiliges Reich). Am 23. Juli 1164 traf der Erzbischof mit den Reliquien in Köln ein. Alljährlich wird in Köln an diesem Tag der Übertragung der Hauptreliquien des Dreikönigsschreins gedacht. Früher wurden auch die Todestage der Heiligen Drei Könige einzeln kommemoriert. Als einer der Wahlmänner des deutschen Königs hatte nun der Erzbischof von Köln mit den Heiligen Drei Königen die Vorbilder des mittelalterlichen Königtums in seiner Kathedrale. Zudem besaßen die Kölner Erzbischöfe seit dem 11. Jahrhundert auch das Krönungsrecht der deutschen Könige, weil in ihrer Kirchenprovinz die Krönungsstadt Aachen mit dem Thron Karls des Großen lag. Zum Reliquienschatz aus Mailand gehören auch die Überreste der Heiligen Felix und Nabor, die bis heute zusammen mit den Reliquien des Heiligen Gregor von Spoleto ebenfalls im Dreikönigsschrein ruhen. Als Rainald von Dassel seine Machtstellung als Reichsfürst konsequent ausbaute und Köln zu einem Zentrum des Reiches machen wollte, verlor der Kaiser zunehmend das Interesse an den Dreikönigsreliquien und spielte künftig Aachen immer wieder gegen Köln aus.

Inzwischen waren die Drei Könige neben Petrus und der Gottesmutter zu den Dompatronen erwählt worden. Der Nachfolger von Rainald von Dassel auf dem Kölner Bischofsstuhl, Philipp von Heinberg, gab 1175 die Anfertigung des Dreikönigsschreins in Auftrag. Er entstand zwischen 1181 und 1225 nach den Entwürfen des bedeutendsten Goldschmiedes seiner Zeit, der sich auf dem ebenfalls von ihm geschaffenen Altar von Klosterneuburg Nikolaus aus Verdun nennt. Nach seiner Wahl zum König machte der Welfe Otto IV. am Epiphaniefest des Jahres 1200 den Heiligen Drei Königen das kostbarste Weihegeschenk aller Zeiten. Er stiftete eine solche Menge Gold, dass damit die Figuren der Stirnseite des Schreines ganz aus Gold getrieben werden konnten. Außerdem ließ er die Schädel der Könige mit massiven goldenen Kronen schmücken. Die Kronen wurden vom Großherzog von Hessen im Jahr 1803 in Darmstadt eingeschmolzen. Nach den ursprünglichen Plänen sollte auf der Stirnseite des Schreins unterhalb von Christus als Weltenrichter die Anbetung der Könige und die Taufe Jesu dargestellt werden. Als vierter König wurde Otto IV. nach seiner Schenkung in die Komposition mit aufgenommen, was man noch heute daran sieht, dass sich auf dem Schrein zwei Könige unter einen Arkadenbogen drängen müssen, der eigentlich nur für jeweils einen der Könige gedacht war. Unter der Inschrift Otto Rex schließt sich der vierte König, der im Unterschied zu den Heiligen Königen keine Krone trägt, der Huldigung des Jesuskindes an. Auch er bringt eine Gabe, ein Kästchen mit Gold, wie der erste der Könige, der bereits vor der Gottesmutter kniet. Die Planänderung muss in den Jahren zwischen 1200, dem Jahr des Weihegeschenkes von Otto, und 1208, dem Jahr seiner Kaiserkrönung, ausgeführt worden sein. In der Folgezeit entstand der Brauch, dass die deutschen Könige nach ihrer Krönung in Aachen zur Verehrung der Heiligen Drei Könige nach Köln kamen. Obwohl das Gebet am Dreikönigsschrein niemals fester Bestandteil der Königserhebung war, und die Heiligen Drei Könige auch keine Reichspatrone waren, versuchten die Kölner, den Besuch des neuen Königs zum Gewohnheitsrecht zu machen. Mit verschwenderischer Gastfreundschaft lockten sie die neuen Herrscher in die Stadt. Ein Beispiel für geschickte Imagewerbung.

Köln entwickelte sich neben Jerusalem, Rom, Santiago de Compostela und der Wallfahrt zum heiligen Bischof Thomas Becket in Canterbury zu einem der fünf bedeutendsten Wallfahrtsziele der Christenheit. Durch das Abnehmen einer trapezförmigen Platte auf der Stirnseite des Schreines konnten die drei gekrönten Schädel der Heiligen sichtbar gemacht werden, an denen man bis in jüngere Zeit Devotionalien berührte. Die Heiligen Drei Könige galten als besondere Schutzherren der Herrscher, der Pilger und aller Reisenden. In ihren Zuständigkeitsbereich gehörten die Fallsucht (Epilepsie), der Schutz vor Feinden, Waffen, vor Brand, Viehseuchen, Feldschaden, Hexerei und Diebstahl. Sie wurden auch besonders angerufen als Fürbitter um eine gute Sterbestunde. Fast alle Votivgaben, zu denen besondere Weihekelche gehörten, sind vernichtet worden.

Als Antwort auf das Sacrum imperium und die damit verbundene deutsche Herrschaftsideologie erwarb der französische König Ludwig IX., der Heilige, 1238 in Byzanz die Dornenkrone Christi und errichtete in seiner Residenz in Paris die Sainte-Chapelle als gotischen Reliquienschrein. Sie wurde zu einem Vorbild für den Neubau des Kölner Domes, der an der Stelle der bis in frühchristliche Zeit zurückreichenden Bischofskirche entstehen sollte.

Am 15. August 1248 wurde nach langem Zögern des Domkapitels der Grundstein zum Neubau gelegt. Köln erlebte zu dieser Zeit einen wahren Bauboom: Alle Klöster und Stifte der Stadt bauten, die schönste und aufwendigste Stadtmauer Europas entstand. Köln wurde flächenmäßig eine der größten Städte des Reiches. Im Jahr 1322 wurde der Dreikönigsschrein in den neuen Chor der Kathedrale übertragen. Seinen geplanten Standort am östlichen Ende der Vierung hat der Dreikönigsschrein nie eingenommen. Als man einsehen musste, dass der Bau nicht zu vollenden war, blieb auch der Standort des Schreines ein Provisorium. Selbst nach der Vollendung des Dominneren 1863 änderte sich daran nichts. Bis in das 17. Jahrhundert war der Standort des Schreins ein Gittergehäuse in der Achsenkapelle. In der Barockzeit wurde es durch ein Mausoleum aus Marmor ersetzt. Nach der Siebenhundertjahrfeier der Übertragung der Reliquien der Heiligen Drei Könige 1864 kam der Schrein in die Schatzkammer, und das Mausoleum wurde im Zuge der Entbarockisierung des Domes, der auch der Hochaltar zum Opfer gefallen ist, abgebrochen. Die Vorderfront des Mausoleums wurde als Dreikönigsaltar an der Schatzkammerwand aufgestellt. An Festtagen wurde der Schrein von der Schatzkammer aus hinter den Altar geschoben, so dass er durch ein Gitter sichtbar wurde. Seinen jetzigen Standort hinter dem Hauptaltar erhielt der Dreikönigsschrein

1948. Mit der Bau- und Wallfahrtsgeschichte von Dom und Schrein ist die Sammlung und Verbreitung von Dreikönigslegenden eng verbunden.

Auf Anregung des Bischofs von Münster schrieb der Theologieprofessor und Karmelitermönch Johannes von Hildesheim 1363 zur Zweihundertjahrfeier der Überführung der Reliquien nach Köln eine umfassende Geschichte der Heiligen Drei Könige in lateinischer Sprache.[1] Johannes von Hildesheim fasste die gesamte Überlieferung aus Ost und West mit großer Meisterschaft zu einer unterhaltsamen und anschaulichen Erzählung zusammen. Sein Werk ist in einer großen Zahl von Abschriften überliefert, der lateinische Text wurde 1477 erstmals gedruckt, es erschien eine mehrfach aufgelegte deutsche Übersetzung und 1505 als Broschüre eine deutsche Fassung der Legende in Knittelversen. Die Legende von den Heiligen Drei Königen wurde die entscheidende Quelle für die Verehrung der Weisen aus dem Morgenland und für das Brauchtum, das sich daraus entwickelte. Die Beschreibung eines Umgangs am Vorabend von Epiphanie in der Ostkirche, bei dem zur Erinnerung an den Stern, der die Heiligen Drei Könige in 13 Tagen nach Bethlehem geführt haben soll, mit Lichtern von Haus zu Haus gezogen wird, ist der Ursprung des Sternsingens. Die Legende enthielt auch ein Dreikönigslied, das im 16. Jahrhundert auf Flugblättern verbreitet wurde, die auch eine Anleitung fürs Sternsingen enthielten. Mit dem Sternsingen wurde in bewusster Konkurrenz zum 1. Januar als dem weltlichen Neujahrstermin auch das Ansingen des neuen Jahres und der Dreikönigssegen verbunden.

Die Dreikönigslegende des Johannes von Hildesheim hat auch die bildende Kunst stark beeinflusst. So das um 1445 entstandene Dombild der Anbetung der Heiligen Drei Könige von Stephan Lochner. Eine Besonderheit des Bildes sind die seit dem 14. Jahrhundert auftretenden Wappen der Heiligen Drei Könige, die auf dem Dombild als Banner vom Gefolge der Könige getragen werden: Auf blauem Grund trägt das Wappen des Melchior sechs Sterne und als Helmzier ebenfalls einen Stern. Ein rot gekleideter Mohr mit Fähnleinlanze auf goldenem Grund und mit der Helmzier eines Mohrenkopfes auf einem Kübelhelm gehört zu Balthasar. Auf dem Banner des Caspar sieht man einen Halbmond und einen sechsstrahligen Stern auf blauem Grund.

Wiederentdeckt wurde die Legende von den Heiligen Drei Königen von Goethe. Er erwarb 1819 eine lateinische Handschrift der Legende und erkannte sofort ihre historische und literarische Bedeutsamkeit. Durch seinen katholischen Freund und Mitarbeiter, den Kölner Sulpiz Boisserée, der Goethe für den Plan der Vollendung des Kölner Domes zu begeistern suchte, wurde Johannes von Hildesheim als Verfasser ermittelt. Goethe machte seine Entdeckung in seiner Zeitschrift »Kunst und Altertum« publik. Boisserée und Gustav Schwab übersetzten und überarbeiteten die Legende und gaben sie 1822 bei Cotta in Stuttgart heraus. Goethe steuerte folgendes Gedicht zur Einleitung bei:

»Wenn was irgend ist geschehen,
Hört man's noch in späten Tagen,
Immer klingend wird es wehen,
Wenn die Klock ist angeschlagen,
Und so lasst von diesem Schalle
Euch erheitern, viele, viele
Denn am Ende sind wir alle
Pilgernd Könige zum Ziele.«

Zusammen mit der Neuentdeckung der Gotik trug auch Goethes Wiederentdeckung der Dreikönigslegende zur Begeisterung für die Vollendung des Kölner Domes im 19. Jahrhundert bei.

In der Zeit der rationalistischen Aufklärung wurde das Sternsingen und der Dreikönigssegen C + M + B (eigentlich die Anfangsbuchstaben der Namen der Weisen, dann christologisch »umgedeutet«: *Christus mansionem benedicat* – Christus segne dieses Haus), der mit geweihter Kreide an die Haustüren geschrieben wurde, von der kirchlichen und weltlichen Obrigkeit verboten. Bereits im 19. Jahrhundert wurde das Dreikönigsbrauchtum, nun unter stärkerer kirchlicher Kontrolle, aber bereits wieder eingeführt.

In Köln war das Sternsingen kaum noch üblich und wurde erst nach dem Zweiten Weltkrieg durch Heimatvertriebene, die diesen Brauch mitbrachten, wieder neu belebt. Ausgerechnet Aachen ist heute der Sitz des päpstlichen Kindermissionswerkes, das das Sternsingen mit einer überaus erfolg- und segensreichen Spendenaktion in ganz Deutschland verbunden hat. Mit dieser größten Unternehmung von Kindern für Kinder tragen die Heiligen Drei Könige bis heute die Weihnachtsbotschaft von Haus zu Haus.

1 Vgl. Matthias Zender: Drei Könige. In: Enzyklopädie des Märchens, hrsg. von Kurt Ranke, Berlin / New York 1981, Bd. 3, Sp. 868–879.

Anbetung der Könige, Hinterglasbild, Augsburg, um 1770, Privatbesitz

Über die Entstehung des Sternsingens aus der Dreikönigslegende

Am 23. Mai 2010 verstarb in München mit 71 Jahren der Literaturhistoriker und Volkskundler Dietz-Rüdiger Moser. Von 1984 bis 2004 hatte Moser den Lehrstuhl für Bayerische Literaturgeschichte in München inne. Moser begründete 1985 die Zeitschrift »Literatur in Bayern«, deren Chefredakteur er auch über viele Jahre gewesen ist. Forschungsschwerpunkte von Moser waren die Märchenforschung, speziell der Zusammenhang einiger Märchen mit der Glaubensunterweisung der Kirche, die Volksliedforschung sowie die Erforschung des kirchlichen Brauchtums. Von Liturgiewissenschaft, Pastoraltheologie, Religionspädagogik und der kirchlichen Verkündigung und Katechese weitgehend unbeachtet hat Moser den ursprünglichen Sinn zahlreicher Bräuche der kirchlichen Kalenderfeste wiederentdeckt.

Ausgehend von der These, dass es einen klaren Zusammenhang zwischen Brauchentwicklung und Liturgie, beziehungsweise zwischen der Leseordnung und dem Brauchtum gibt, konnte zum Beispiel der Laternenumzug am Martinsabend eindeutig aus dem Tagesevangelium (Lk 11,38 f. par) abgeleitet werden. Im Fall des heiligen Nikolaus geht der Brauch, den Kindern heimlich während der Nacht Gaben zu bringen, auf die Erzählung zurück, dass er drei arme Mädchen vor der Prostitution rettete, indem er ihnen nachts heimlich Goldmünzen durchs Fenster warf. Ebenso hat Moser die finsteren Begleiter des heiligen Nikolaus eindeutig als Teufel identifiziert, die bei der Examination des Katechismuswissens durch den heiligen Bischof den wenig lernbereiten und undisziplinierten Schülern die ewige Höllenstrafe androhten.

Auch das alpenländische Perchtenbrauchtum hat Moser von allegorischen Epiphaniefiguren hergeleitet, womit alle gerne tradierten Behauptungen vom heidnisch-germanischen Ursprung dieser Maskenumzüge in sich zusammengefallen sind. Mit seinen Forschungen auf dem Gebiet des Fastnachtsbrauchtums in katholischen Ländern und Regionen konnte Moser nachweisen, dass es sich dabei keinesfalls um vorchristliches Winteraustreiben handelt, sondern dass es um die allegorische Darstellung der verschiedenen Laster geht, die für die verkehrte Welt des sündigen Menschen stehen, der am Aschermittwoch zur Einsicht kommt und Jesus Christus auf seinem Weg zu Kreuz und Auferstehung in der Fastenzeit nachzufolgen beginnt.

Von der Ableitung des kirchlichen Brauchtums aus der Leseordnung hatten die Verantwortlichen für die nachkonziliare Reform der Perikopenordnung leider keinen Schimmer, so dass viele beliebte Bräuche, die aus der Verkündigung der Kirche entstanden sind, heute gar nicht mehr verstanden werden können. Während nach dem Konzil das Brauchtum innerkirchlich verachtet wurde, hat der gebürtiger Berliner und Protestant Moser für die Wesensbestimmung der katholischen Frömmigkeitspraxis Außerordentliches geleistet. Den gebührenden Dank dafür hat er leider nie erhalten. Die Ergebnisse seiner Brauchtumsforschung hat Moser in dem Band »Bräuche und Feste im christlichen Jahreslauf« (1993) zusammengefasst. Im 2002 erschienenen Bildband »Bräuche und Feste durch das ganze Jahr« hat Moser, im Interesse einer breiteren Publikumswirkung, den wissenschaftlichen Apparat weggelassen. Moser verdanken wir den Nachweis, dass die Dreikönigslegende von Johannes von Hildesheim, einem Priester des Karmeliterordens, geboren zwischen 1310 und 1320, am Anfang des Sternsingerbrauches steht. Zum 200-jährigen Jubiläum der Translation der Gebeine der Heiligen Drei Könige von Mailand nach Köln 1364 erhielt Johannes von Hildesheim vom Bischof von Münster, Florentius von Wevelinghoven, den Auftrag für eine ausführliche Dreikönigslegende. In seiner Lebensbeschreibung der Heiligen Drei Könige mit dem Originaltitel »Historia Trium Regum« schreibt Johannes von Hildesheim über deren Verehrung am Fest der Erscheinung des Herrn in der Ostkirche: »Wenn sie in Prozessionen zu ihren Kirchen ziehen, hört man Lieder in allen Sprachen und Melodien. … Am Vorabend des Epiphaniastages geht nach Sonnenuntergang ein jeder mit seiner brennenden Kerze zum Haus seiner Freunde und Verwandten und spricht beim Eintreten: ›Ich wünsche euch einen guten Tag!‹ Würde er guten Abend oder gute Nacht sagen, so würde er verklagt werden, als habe er ein Unrecht begangen. So wachen sie die ganze Nacht; festlich und fröhlich gehen sie mit ihren Lichtern von Haus zu Haus und sprechen ihren Gruß: Alles geschieht zur Erinnerung an den Stern, der mit seinem strahlenden Licht die drei Könige in dreizehn Tagen nach Bethlehem führte; auch damals gab es in dieser Zeit keine dunkle Nacht, sondern es war ein einziger leuchtend heller Tag!«[1] Die in zahlreichen Abschriften überlieferte und 1477 erstmals gedruckte und auch früh übersetzte Dreikönigslegende regte in der Anfangsphase der Gegenreformation den Sternsingerbrauch an. In der Legende heißt es, dass in der Ostkirche am Vorabend von Epiphanie ein Umgang mit Lichtern stattfindet, bei dem Lieder gesungen werden, von Haus zu Haus gezogen und dabei an den Stern von Bethlehem erinnert wird. Offensichtlich wurde das Sternsingen dieser Beschreibung nachgebildet: Beim Umgang der als Caspar, Melchior und

Balthasar verkleideten Kinder und Jugendlichen wird ein Stern mitgetragen. Vor den Häusern singen sie verschiedene Dreikönigslieder und schreiben mit Kreide den Türsegen an. Aus der Abtei St. Peter in Salzburg stammt der Hinweis auf ein Sternsingen aus dem Jahre 1541. Dies ist bisher der früheste, sichere Beleg für diesen Brauch. Allgemeine Verbreitung fand das Sternsingen erst nach 1560. Es verband sich mit dem bereits üblichen »Ansingen« der Feste durch Schülerchöre. Überliefert sind auch gedruckte Liedblätter mit drei bis vier Liedern und einer Anleitung für das Sternsingen. Die Lieder bezogen sich auf alle Festgeheimnisse von Epiphanie: die Taufe Jesu im Jordan, die Anbetung des Kindes durch die Heiligen Drei Könige sowie die Hochzeit von Kana. Heute handeln die Lieder zumeist nur noch von den Weisen aus dem Morgenland. Vom Brauchtum wurden allerdings die verschiedenen Festinhalte aufgenommen, etwa die Taufe Jesu durch die Wasserweihe des Dreikönigswassers und das Räuchern in Stuben und Stallungen unter Bezug auf das Weihrauchopfer der Könige.

Bildliche Darstellungen des Sternsingens zeigen bis ins 18. Jahrhundert vielfach einen drehbaren und von innen zu beleuchtenden Stern von Bethlehem. Dies entsprach genau der Betonung der Lichtsymbolik in der Dreikönigslegende, die in der heutigen Brauchpraxis mit Sternträger und hölzernem Stern zurückgetreten ist. Der Schülerbrauch wurde und wird ausschließlich in katholischen Gegenden geübt, da Luther die Verehrung der Weisen aus dem Morgenland entschieden ablehnte und allein den Festgedanken der Taufe des Herrn in den Mittelpunkt rückte. Von Anbeginn war das Sternsingen mit den Segenswünschen für das neue Jahr verbunden. Nach der gesungenen Verkündigung der Weihnachtsbotschaft, dem Türsegen und den Neujahrswünschen nehmen die Sternsinger eine Geldspende entgegen für das päpstliche Kindermissionswerk Aachen, das seit 1959 über die Pfarrgemeinden diese weltweit größte Spendensammelaktion von Kindern für Kinder organisiert. Ein zentraler Auftakt sowie diözesane und örtliche Aussendungsfeiern, die Teilnahme der Sternsinger am Gottesdienst zum Fest der Erscheinung des Herrn haben den Brauch im kirchlichen und gesellschaftlichen Bewusstsein stark verankert. Wünschenswert wäre, dass die jedes Jahr in Aachen konzipierten umfangreichen Materialien, die in so eindrücklicher Weise die weltweite Solidarität mit den Ärmsten herausstellen, die Kollekte noch mehr in eine Gesamtdeutung des Dreikönigsbrauchtums integrieren würden.

1 Umfangreiche Auszüge aus der Dreikönigslegende hat Manfred Becker-Huberti in seinen Band »Die Heiligen Drei Könige. Geschichte, Legenden und Bräuche«, Köln 2005, aufgenommen.

Dreikönigsschrein im Kölner Dom, Stirn- und Salomonseite, Schrägansicht,
Nikolaus von Verdun, zwischen 1190 und 1225

Der Dreikönigsschrein in Köln

Unter den erhaltenen mittelalterlichen Reliquienschreinen ist der Dreikönigsschrein im Kölner Dom sowohl von der Größe, der künstlerischen Qualität wie auch vom komplexen und anspruchsvollen theologischen Bildprogramm her unübertroffen.[1] Am 23. Juli 1164 wurden die Gebeine der Heiligen Drei Könige nach Köln in den romanischen Alten Dom übertragen. Nach der Eroberung von Mailand schenkte Kaiser Friedrich Barbarossa die Reliquien, zusammen mit den Überresten der heiligen Felix und Nabor, dem Erzbischof von Köln, Rainald von Dassel. Über den Verbleib der Reliquien vor der »Überführung« nach Köln gibt es keinerlei gesicherte Nachweise. Eine Lebensbeschreibung des Bischofs Eustorgius von Mailand, der die Reliquien aus Konstantinopel erhalten haben soll, ist die früheste, allerdings auch erst in Köln im 12. Jahrhundert entstandene Quelle. Zur Authentizität der Reliquien schreibt Lauer: »Der Verdacht ist nicht von der Hand zu weisen, dass im Nachhinein für die Dreikönigsreliquien eine ›Vita‹ konstruiert wurde, die ihr hohes Alter und damit ihre Echtheit beweisen sollte, …« Syrisches Seidengewebe aus dem 2. Jahrhundert, mit dem die Gebeine umwickelt waren, deuten allerdings auf eine bis in die Spätantike zurückreichende Verehrung dieser Verstorbenen hin. Außer den drei Männern verschiedenen Alters befinden sich im Schrein wenige Partikel von Felix und Nabor sowie Reliquien des heiligen Gregor von Spoleto, die bereits durch Erzbischof Bruno im 10. Jahrhundert in den Dom gelangt sind.

Diebstahl und Verluste nach der Auslagerung des Domschatzes vor dem 1794 heranrückenden französischen Revolutionsheer machten wiederholt Restaurierungen des Schreines, zuletzt 1961 bis 1973, notwendig. 36 verlorene Dachreliefs sind zwar auf Kupferstichen aus dem 18. Jahrhundert dokumentiert, wurden aber bisher bewusst nicht rekonstruiert. Von der verbreiteten Grundform des Reliquienkastens mit Satteldach weicht der Dreikönigsschrein deutlich ab: Er zeigt »einen zweigeschossigen Aufbau, der an der vorderen Schmalseite im Querschnitt einer dreischiffigen Basilika mit Pultdächern über den Seitenschiffen und einem Satteldach als Abschluss des Obergadens gleicht« (Lauer). Durch die erst während der Ausführung des Schreins hinzugefügte abnehmbare trapezförmige Platte, hinter der die gekrönten Häupter der Drei Könige durch schmales Gitterwerk zu sehen sind, wurde die Vorderfront in ihrem geplanten Aufbau stark verändert: »Ursprünglich war sie wohl ebenso gegliedert wie die Rückseite, bei der durch giebelförmige Schmuckbänder suggeriert wird, dass auf den Firsten zweier parallel stehender hausförmiger Schreine ein dritter Schrein ruht.« Auf beiden Längsseiten des Schreines sitzen aus Silber getriebene und vergoldete Prophetenskulpturen, in der Mitte auf der einen Seite König David und auf der anderen König Salomo. Auf den Dachflächen darüber waren je neun runde Medaillons mit Szenen aus dem Leben Jesu angebracht, die heute verloren sind. In Arkaden auf den beiden oberen Längsseiten thronen je sechs Apostel mit jeweils einem Engel in der Mitte. Neun Reliefs mit Szenen aus der Geheimen Offenbarung – sie sind alle verloren gegangen – zierten je die beiden obersten Dachflächen des Schreines. Gleichwertig nebeneinander zeigt die Vorderseite des Schreins die Anbetung der Könige und die Taufe Jesu, das zweite an Epiphanie gefeierte Geheimnis aus dem Leben Jesu. Den drei Weisen – das Neue Testament nennt ihre Anzahl nicht, aber die Tradition hat sie aus der Dreizahl der Geschenke erschlossen – folgt auf der Stirnseite ein vierter König: Otto IV., der am Epiphaniefest des Jahres 1200 in Köln drei Kronen aus reinem Gold – sie wurden 1803 eingeschmolzen – für die Häupter der Könige gestiftet hat. Im oberen Giebelfeld thront Christus als Weltenrichter. Geißelung und Kreuzigung Jesu sind auf der Rückseite des Schreins dargestellt. Im Giebelfeld nimmt Christus die heiligen Felix und Nabor in den Himmel auf. Zwischen den beiden Szenen wurde der Stifter Erzbischof Rainald von Dassel verewigt. Man vermutet auch eine großzügige Stiftung von König Otto IV. für die Gestaltung der Vorderseite mit ihren Treibarbeiten aus purem Gold und der reichen Edelsteinverzierung. Deutlich erkennbar ist, dass Otto IV. nachträglich, wohl aufgrund seiner Stiftung, in die Komposition der Anbetung der Könige eingefügt worden ist. Zugleich diente dem auf rechtlich zweifelhaftem Wege gewählten Otto IV. die Aufnahme in die Anbetungsszene als Herrschaftslegitimation.

Der Besitz der Dreikönigsreliquien und das Bildprogramm des Schreines sowie der Bau des gotischen Domes ist offenkundig im Zusammenhang mit dem Privileg der Salbung der deutschen Könige bei der Krönungszeremonie in Aachen durch den Kölner Erzbischof zu verstehen. Dombau und Schrein sollten Köln und seinen Erzbischof neben der Krönungsstadt Aachen in ihrer Stellung im Reich »sakral aufwerten«. Auftraggeber des Schreins war vermutlich das Kölner Domkapitel, die Entstehungszeit lag zwischen 1190 und 1225. Stilistische Vergleiche zwischen den Prophetenfiguren, den künstlerisch wertvollsten Treibarbeiten des gesamten Schreines, und den Emailbildern des sogenannten Verduner Altars in Klosterneuburg bei Wien von 1181, signiert von Nikolaus von Verdun, erlauben die Zuschreibung zumindest der Propheten an Meister Nikolaus und seine Werkstatt. Darüber hinaus sind alle anderen Zuschreibungen reine Spekulation. Sowohl die Apostelfiguren wie die Figuren der Vorderseite sind qualitativ nicht gleichwertig, am schwächsten sind die Figuren der Rückseite ausgefallen. Zahlreiche Gemmen und Kameen zieren den Schrein. Der berühmte Ptolomäerkameo aus dem 2. Jahrhundert v. Chr. wurde im 16. Jahrhundert von der abnehmbaren Trapezplatte gestohlen und befindet sich heute im Kunsthistorischen Museum in Wien. Erst kürzlich wurde ein kleiner Saphirkameo mit dem segnenden Christus als ältester erhaltener karolingischer Steinschnitt aus der Zeit Karls des Großen identifiziert. Es war der Schrein, dessen Vollendung wohl den Bau des gotischen Domes – Grundsteinlegung 1248 – angeregt hatte. Erst 1880, mit der Vollendung der gewaltigen Doppelturmfassade, fand der Dombau seinen vorläufigen Abschluss.

Nach dem Zweiten Weltkrieg wurde der Schrein hinter dem Hochaltar aufgestellt. Seit dem Umbau der Vitrine im Jahr 2004 kann man – wie bei vielen mittelalterlichen Schreinen bezeugt (aber in Köln niemals praktiziert) – unter dem Schrein hindurchgehen. Bei seinem Besuch der Stadt Köln anlässlich des Weltjugendtages schritt auch Papst Benedikt XVI. am 18. August 2005 unter dem Dreikönigschrein hindurch. Er reihte sich damit in den unendlichen Pilgerstrom derer ein, die an diesem zentralen Erinnerungsort deutscher National- und Glaubensgeschichte ein Bekenntnis abgelegt haben zu dem, dessen Stern die Weisen zuerst haben aufgehen sehen und den sie, die Repräsentanten der Heidenvölker, zuerst angebetet haben.

1 Zur Geschichte der Reliquien der Heiligen Drei Könige, zur Entstehung des Schreines, sein Bildprogramm und seine verschiedenen Standorte in der Kathedrale: Rolf Lauer, Der Schrein der Heiligen Drei Könige, Köln 2006.

Jacob Jordaens, Das Fest des Bohnenkönigs, 1640–1645, Kunsthistorisches Musem, Wien

Das Königreich am Dreikönigstag und das Fest des Bohnenkönigs

Inmitten einer fröhlichen Festversammlung hebt ein durch eine Krone herausgehobener Teilnehmer sein Glas, alle anderen tun es ihm nach und rufen: »Der König trinkt!« Diese Szene aus der Feier des Königreiches am Dreikönigstag wurde in der niederländischen Malerei des 17. Jahrhunderts sehr häufig dargestellt. In den Bildern spiegeln sich unterschiedliche Deutungen dieses Festes wider: Sie reichen von der (katholischen) Betonung des Zusammenhangs mit Epiphanie, über neutral geschilderte Familienszenen bis zur (calvinistischen) moralischen Verurteilung eines nur mühsam christlich bemäntelten heidnischen Bacchanals.[1] Dominik Fugger widerlegt in seiner Studie die von der älteren Volkskunde behauptete Abhängigkeit des Brauches von den antiken Saturnalien. Legt doch die feste Bindung des Brauches an das Epiphaniefest einen rein christlichen Ursprung nahe. Erste Nachweise der Praxis mittels Losverfahren einen König oder eine Königin zu ermitteln, gehen auf das 13. Jahrhundert zurück. Bereits im 14. Jahrhundert war der Brauch in West- und Mitteleuropa in allen Gesellschaftsschichten üblich geworden. Untersucht wird der Zeitraum 1500 bis 1700 anhand von Quellen aus dem niederländischen, deutschen und französischen Raum. Zur äußeren Gestalt des erstmals 1282 in Belgien belegten Festes gehört die Wahl eines Königs durch Los oder durch eine in einen Kuchen eingebackene Bohne, die Zusammenstellung eines ebenfalls meist durch Los zu ermittelnden Hofstaates und ein vom König zu finanzierendes Festmahl. Königswahlen und Königreichfeiern wurden in Klöstern, Domkapiteln, unter Studenten, Schülern und Ratsherren und im häuslich-familiären Rahmen gehalten. Philipp Melanchthon feierte das Königreich mit den Schülern seiner Privatschule in Wittenberg ebenso wie Martin Luther. Erst im 17. Jahrhundert mehrte sich die Kritik durch lutherische Prediger. In der Westschweiz hatten die Königreiche durch große Umzüge Volksfestcharakter angenommen. In höfisch-repräsentativer Weise feierte auch der Adel »Königreich«. In München begann man das Fest mit der Vigil von Epiphanie in der Hofkapelle, schloss eine Schlittenfahrt an und ein Königsmahl, wobei alle Teilnehmer ihr neues Amt ausübten. Höhepunkt war ein nächtlicher Ball.

Erst im 18. Jahrhundert wurde der allgemein und in allen Ländern und Sprachen übliche Name des Festes »Königreich« durch die Bezeichnung »Fest des Bohnenkönigs« ersetzt. Aus den zeitgenössischen Quellen gelingt es dem Verfasser, ein klares und lebendiges Bild der Feier des Königreiches zu vermitteln. Straßenhändler verkauften billige Holzschnitte mit aufgedruckten Kronen (mit Darstellung der Anbetung der Könige) zum Ausschneiden und sogenannte Königsbriefe: Bögen mit kleinen Abschnitten für die einzelnen Hofämter (Marschall, Diener, Koch, Jäger, Gärtner und vieles mehr), die ausgeschnitten und ebenfalls durch das Los verteilt wurden. Zum Königreich gehörte auch ein Haussegen durch den König. Bei der Auswertung der erhaltenen Lieder, die beim Fest des Königreiches gesungen wurden, entdeckt Fugger eine Übereinstimmung: Das Stillen des Jesuskindes wird von den Königen oder den Hirten mit dem Ausruf: »Der König trinkt« kommentiert. Der König, um den es beim »Königreich« geht, ist Jesus Christus. Mit dem Königreich wurde das Epiphaniefest gefeiert. Über die Analyse der liturgischen Texte kann Fugger belegen, dass das Motiv des Einzugs des Königs Christus in sein Reich einen zentralen Inhalt der kirchlichen Epiphaniefeier ausmachte.

Letzter Baustein beim Nachweis einer engen Verknüpfung von Königreich und Epiphanie sind Belege für eine symbolische Repräsentation der Festidee bereits im 14. Jahrhundert: »Von der ersten Vesper des Epiphaniefestes bis zum Hochamt figurierte zu den Gottesdiensten ein König, den man am Dreikönigstagsabend mit einer Bohne gelost hatte, auf einem eigens zu diesem Zweck hergerichteten Thron.« Epiphanie wurde als Christkönigsfest und weniger als Fest der Heiligen Drei Könige verstanden. Ausgehend von den liturgischen Texten war für die Gläubigen des 16. und 17. Jahrhunderts die Wahl eines Königs und die Feier seines endzeitlichen Königreiches »eine selbstverständliche Ausdrucksform des Epiphaniefestes«. Mit seiner stringenten und quellenreichen Arbeit hat Fugger die Zuordnung des Königreiches zum Fastnachtsbrauchtum ebenso widerlegen können wie die gesellschaftskritische Deutung des Festes als Ausdruck einer revolutionären und subversiven Volkskultur. Dabei bewährte sich die streng induktive Vorgehensweise des Verfassers. Fugger geht auch dem weiteren Schicksal des ursprünglich christologischen Königreichfestes nach. Als Bohnenkönigsfest in Frankreich ist sein ursprünglicher Bezug zum Königtum Christi ebenso verloren gegangen wie bei der Wiederbelebung in der Schweiz. Einem Experten für die Kulturgeschichte des Backwerks war es 1953 gelungen, das Schweizer Bäckerhandwerk für die Neubelebung des traditionellen Dreikönigskuchens zu begeistern. Der Kuchen – mit Krone und Plastikfigürchen statt Bohne – wurde ein anhaltender Erfolg. Leider sah der Initiator der Wiedereinführung den Ursprung des Festes in den römischen Saturnalien. Dank Fugger wissen wir es jetzt besser: Königreichfest und das Fest der Erscheinung des Herrn werden nicht zufällig zum selben Zeitpunkt gefeiert. Jacob Jordaens versteht das Fest des Bohnenkönigs als Auftakt des Karnevals, der Zeit in der die Narren die verschiedenen Laster verkörpern. Auf drastische Art wird am Beispiel des zügellos en Bohnenfestes das Laster der Trunksucht mit all seinen Folgen anschaulich gemacht. Dies bestätigt in goldenen Lettern die Inschrift, die als Kommentar über der orgiastischen Szene steht: »Keiner ist dem Narren ähnlicher als der Betrunkene.«

1 In einer 2006 in Mainz als Dissertation angenommenen sehr sorgfältigen Untersuchung geht Dominik Fugger dem Brauch des Königreichs am Dreikönigstag auf den Grund: Das Königreich am Dreikönigstag. Eine historisch-empirische Ritualstudie, Paderborn 2007.

Georg Halter (1860–1924), Anbetung der Könige, Mischtechnik auf Holz, 1903, Flügelaltar St. Peter und Paul, Ebrantshausen

Goethe und die Heiligen Drei Könige

Am Dreikönigstag 1781 klopften die Sternsinger am Palais von Anna Amalia, der Mutter des regierenden Herzogs Karl August von Sachsen-Weimar-Eisenach, an. Sie sangen eine launige Abwandlung eines volkstümlichen Dreikönigsliedes, in dem es in den Schlussstrophen heißt: »Die heil'gen drei König sind wohl gesinnt,/ Sie suchen die Mutter und das Kind;/ Der Joseph fromm sitzt auch dabei,/ Der Ochs und Esel liegen auf der Streu.// Wir bringen Myrrhen, wir bringen Gold,/ Dem Weihrauch sind die Damen hold;/ Und haben wir Wein von gutem Gewächs,/ So trinken wir drei als ihrer sechs.// Da wir nun hier schöne Herrn und Fraun,/ Aber keine Ochs und Esel schaun;/ So sind wir nicht am rechten Ort/ Und ziehen unsres Weges weiter fort.«[1] Als Könige verkleidet traten unter anderen der Dichter des Liedes Johann Wolfgang Goethe und die Schauspielerin Corona Schröter auf. Einige Jahre zuvor war das Sternsingen vom aufgeklärten Landesherrn als Relikt volksfrommen Aberglaubens verboten worden. Möglicherweise lag in dem Auftritt der Weisen aus dem Morgenland vor der Mutter des Landesvaters auch ein Protest gegen dessen Sternsingerverbot. Goethe hat dieses Gedicht erstmals 1811 zum Druck freigegeben und zwar für die »Gesänge der Liedertafel« seines engen Freundes Karl Friedrich Zelter, dem Leiter der Berliner Singakademie. In die Werkausgabe von 1815 nahm Goethe es mit dem Titel »Epiphanias« unter die »geselligen Lieder« auf. Unverändert nur jetzt unter dem Titel »Epiphaniasfest« wurde das Lied auch in »Goethe's Werke. Vollständige Ausgabe letzter Hand« (1827–1830) übernommen. Ein Kölner Katholik war es, der fast dreißig Jahre später Goethe für den Dom zu Köln, die rheinisch-niederländische Tafelmalerei und die Geschichte der Verehrung der Heiligen Drei Könige begeistern konnte. Brieflich wandte sich Sulpiz Boisserée, gelernter Kaufmann aus einem vermögenden Elternhaus, Kunsthistoriker und Kunstsammler, an Goethe. Er wollte ihn für seinen Plan interessieren, Zeichnungen und Risse des Kölner Domes in einem großformatigen Mappenwerk herauszugeben, um dem kunstsinnigen Publikum eine Anschauung davon zu vermitteln, wie die Kathedrale, an der seit 1560 nicht mehr weitergebaut wurde, fertig gestellt aussehen würde. Daneben wollte Boisserée Goethe auf die Sammlung altdeutscher und niederrheinischer Tafelmalerei aufmerksam machen, die er und sein Bruder Melchior zusammengetragen hatten. Seit 1804 sammelten die Brüder, von Friedrich Schlegel angeregt, altdeutsche Gemälde, die überwiegend aus in der Säkularisation aufgehobenen Kirchen und Klöstern stammten. Das Heikle an der Kontaktaufnahme mit dem Weimarer Kultusminister und Dichter war, dass Goethes klassizistische Kunstauffassung von der unüberbietbaren Modellhaftigkeit der Antike durchdrungen war. Demgegenüber waren die Brüder Boisserée, von romantischer Mittelalterbegeisterung erfasste Schüler von Friedrich Schlegel, auf den Goethe nach dessen Konversion zur katholischen Kirche und seiner Hinwendung zur christlichen Kunst nicht gut zu sprechen war. Von Goethe eingeladen kam es ein Jahr nach dem ersten Brief 1811 zur Begegnung im repräsentativen Haus am Frauenplan. Zunächst habe der »alte Herr« ihn »steif und kalt« empfangen, berichtet Boisserée. »Mit gepudertem Kopf, seine Ordensbänder am Rock« habe er auf alle Konversationsversuche nur mit »Ja, ja! Schön! Hem, hem!« geantwortet. Es muss wohl das gelassene und doch selbstsichere Auftreten des 34 Jahre jüngeren rheinischen Gastes gewesen sein, das das Eis gebrochen hat, denn über die erneute Einladung am folgenden Tag schreibt Boisserée: »Mit dem alten Herrn geht mir's vortrefflich, bekam ich auch den ersten Tag nur einen Finger, den andern hatte ich schon den ganzen Arm.«[2]

Bis zu Goethes Tod blieben beide in einem nicht mehr abreißenden beständigen Austausch verbunden. Zweimal 1814 und 1815 besuchte Goethe die Brüder Boisserée, die mit ihrer mehr als zweihundert Bilder umfassenden Sammlung inzwischen nach Heidelberg umgezogen waren. Von den niederrheinischen und niederländischen Gemälden war Goethe nahezu überwältigt. Zusammen mit Boisserée besuchte Goethe die Bauruine des Kölner Doms, der seit der Verlegung des Bischofssitzes nach Aachen nur noch eine Pfarrkirche war. Begleitet wurden sie vom preußischen Minister Heinrich Friedrich Karl vom Stein – Köln war 1815 preußisch geworden – und dem Dichter Ernst Moritz Arndt. Hier entstand der Plan Goethes sich an der Erfassung und Begutachtung der Kunstschätze an Rhein und Main zu beteiligen. Mittelpunkt war dabei immer der Dom und seine Vollendung, für die sich nun auch Goethe aussprach. Diesem Zweck diente auch das von Boisserée in mehreren Lieferungen ab 1821 herausgegebene monumentale Mappenwerk »Ansichten und Risse und einzelne Teile des Doms zu Köln«. In seiner eigenen Zeitschrift »Über Kunst und Altertum« zeigte Goethe den Fortgang der Mappe mehrfach wohlwollend an.[3] Die Publikation seines Gutachtens »Kunst und Altertum an Rhein, Main und Neckar« (1816) hatte ihn dazu angeregt, ein neues Periodikum zu schaffen. Im Gutachten nimmt Goethe eindeutig für den Weiterbau des Domes Stellung: »Hat er (der Besucher) nun dieses, leider nur beabsichtigten Weltwunders Unvollendung von außen und innen beschaut, so wird er sich von einer schmerzlichen Empfindung belastet fühlen, die sich nur in einiges Behagen auflösen kann, wenn er den Wunsch, ja die Hoffnung nährt, das Gebäude völlig ausgeführt zu sehen.«[4] Goethe erinnert an das Mappenwerk von Boisserée und an den von Baurat Georg Moller 1814 auf dem Fachboden eines Gasthauses in Darmstadt aufgefundenen Originalriss der Westfassade.[5] Als besonderer Glücksfall kam hinzu, dass 1816 aus dem Pariser Buchhandel der originale Bauplan des Südturmes erworben werden konnte. Durch die Reproduktionsmappen von Moller und Boisserée wurde der Weiterbau des Domes entscheidend angeregt.[6] Davon legt auch die nahezu einmalige Würdigung, die Boisserée in Goethes Autobiographie »Dichtung und Wahrheit« erfuhr, Zeugnis ab. Obwohl der Berichtszeitraum 1775 mit Goethes Eintreffen am Weimarer Hof endete, schaltete Goethe anknüpfend an seinen Aufsatz über das Straßburger Münster von 1772 eine Hymne auf den Freund ein: »Vorzüglich belobe ich hier den wackeren Sulpiz Boisserée, der unermüdlich beschäftigt ist, in einem prächtigen Kupferwerk, den Köllnischen Dom aufzustellen als Musterbild jener ungeheuren Konzeptionen, deren Sinn babylonisch in den Himmel strebte, und die zu den irdischen Mitteln dergestalt außer Verhältnis waren, dass sie notwendig in der Ausführung stocken mussten. Haben wir bisher gestaunt, dass solche Bauwerke nur soweit gediehen, so werden wir mit der größten Bewunderung erfahren, was eigentlich zu leisten die Absicht war.«[7] Damit hatte Boisserée mit seiner Bemühung um den Dombau Eingang in ein Werk der Weltliteratur gefunden. Höhepunkt des Gutachtens ist die von den Boisserées lange erhoffte Würdigung ihrer Sammlung durch Deutschlands größten Dichter. Besonders intensiv studierte und rühmte Goethe die »Anbetung der Könige« von Rogier van der Weyden, die man bis 1841 für ein Werk von Jan van Eyck gehalten hatte. Das Triptychon vom Dreikönigsaltar aus Sankt Columba in Köln ist heute eine der Hauptattraktionen der Pinakothek in München. In seinem Aufsatz »Von deutscher Baukunst« gab Goethe 1823 nochmals den Eindruck, den der Dom auf ihn gemacht hatte, wieder: »Selbst der Dom inwendig macht uns, wenn wir aufrichtig sein wollen, zwar einen bedeutenden, aber doch unharmonischen Effekt; nur wenn wir ins Chor treten, wo das Vollendete uns mit überraschender Harmonie anspricht, da erstaunen wir fröhlich, da erschrecken wir freudig, und fühlen unsere Sehnsucht mehr als erfüllt.«[8]

Ein besonderer Vertrauensbeweis war, dass Boisserée 1815 von Goethe beauftragt wurde, zwischen ihm und seinem Verleger Cotta zu vermitteln. Horrende Honorarvorstellungen Goethes für seine Werkausgabe »letzter Hand« hatten das Verhältnis zwischen Autor und Verleger schwer belastet. Wie zufrieden Goethe mit dem Ergebnis war, das sein Verhandlungsführer Boisserée mit Cotta ausgehandelt hatte, bezeugt sein Dankesbrief: »Sie haben Sich, lassen Sie es mich gerade zu sagen, so klug als tüchtig, so edel als grandios gezeigt, und ich fange nur an mich zu prüfen, ob ich meinen Dank bis an Ihre Leistung steigern kann.«[9] Nach einem Besuch von Boisserée in Weimar 1826 schrieb Goethe über die andauernde Freundschaft zu dem so viel Jüngeren, wie merkwürdig und selten es sei, »dass zwei Personen, von so verschiedenem Alter, von verschiedenen Lebenspunkten ausgehend, doch immer wieder, wenn sie sich nach langen Jahren auf ihren Wegen treffend, sich im Innersten aller Hauptpunkte übereinstimmend finden, wenn die Peripherie der Zustände und Gesinnungen auch zunächst auf gesonderte Wege hindeutet«.[10] Seine komplette Gemäldesammlung verkaufte Boisserée 1827 an König Ludwig I. von Bayern. Die 213 Gemälde bilden den Grundstock der Sammlung mittelalterlicher Kunst in der (Alten) Pinakothek in München. Sensibilisiert durch die Begegnung mit der 1248 begonnenen Kathedrale als dem überdimensionalen Reliquiar für die 1164 unter Erzbischof Rainald von Dassel nach Köln gelangten Gebeine der Heiligen Drei Könige und durch die Vertiefung in das Altarbild von Rogier van der Weyden und die Bekanntschaft mit der niederrheinischen Tafelmalerei insgesamt, entdeckte Goethe 1819 antiquarisch eine mittelalterliche Handschrift, die von den Weisen aus dem Morgenland handelt. Obwohl ohne Titel und Verfasser erkannte Goethe sofort den literarischen Wert des lateinischen Manuskriptes. Sogleich unterrichte er Boisserée von seiner Entdeckung und zeigt sich vom Inhalt regelrecht begeistert: »Geschichte, Überlieferung, Mögliches, Unwahrscheinliches, Fabelhaftes mit Natürlichem, Wahrscheinlichstem bis zur letzten und individuellsten Schilderung zusammen geschmolzen, entwaffnet wie ein Märchen alle Kritik. Genug, ich meine nicht, dass irgend etwas Anmutigeres und Zierlicheres dieser Art mir in die Hände gekommen wäre. Weder Pfaffentum noch Philisterei noch Beschränktheit ist zu spüren, die Art, wie der Verfasser sich Glauben zu verschaffen sucht und dann doch auf eine mäßige Weise, das das Zutrauen seiner Hörer missbraucht, ohne das man sich ihn geradezu für einen Schelm halten kann, ist allerliebste; genug ich wüsste kein Volksbuch neben dem dieses Büchlein nicht stehen könnte.«[11] Zugleich bittet Goethe den Freund um seine Mithilfe bei der Erforschung von Verfasser, Titel, Alter und Verbreitung dieser Schrift. Ohne die Antwort von Boisserée abzuwarten, veröffentlichte Goethe einen Aufsatz über seine Entdeckung in seiner Zeitschrift »Über Kunst und Altertum«.[12] Voller Entdeckerstolz wollte Goethe offensichtlich verhindern, dass ihm jemand mit der Anzeige des Manuskriptes noch zuvorkommen konnte, und publizierte seinen Fund. Als das Antwortschreiben von Boisserée vom 6. Dezember endlich in Weimar eintraf, und sich als umfassende Abhandlung zum Thema erwies, da war die Zeitschrift schon im Druck.[13] Abschließend regt Goethe darin eine deutsche Übersetzung an und vermutet zutreffend, die Bedeutung dieser literarischen Quelle für die bildlichen Darstellungen der Heiligen Drei Könige.

Boisserée hat für Goethe umfassend geforscht und herausbekommen, dass es sich bei der Handschrift um die Dreikönigslegende »Historia Trium Regum« des Karmelitermönches Johannes von Hildesheim handelt und 1364 verfasst worden ist. Anlass war das 200-jährige Jubiläum der Überführung der Gebeine der Heiligen Drei Könige von Mailand nach Köln. Die weit verbreitete Handschrift wurde 1476 erstmals in deutscher Übersetzung und 1477 in der lateinischen Originalfassung gedruckt. Boisserée bescheinigt Goethe, das bedeutendste und einflussreichste legendarische Werk über die Weisen aus dem Morgenland wiederentdeckt zu haben und regt an, ob seine Exzellenz nicht »Ihre Meisterhand zu einer Übertragung anwenden wollten«. Anfang Januar 1820 erfährt Goethe von Boisserée, dass sich in der Heidelberger Bibliothek eine deutsche Übersetzung befindet, und nimmt dies zum Anlass, in seiner Zeitschrift die neuen Erkenntnisse über das Manuskript nachzutragen. Goethe bittet Boisserée, einen Übersetzer zu suchen, der die Dreikönigslegende auch etwas im Blick auf die Leserschaft bearbeiten soll. In Gustav Schwab fand Boisserée den geeigneten Übersetzer und Bearbeiter, dem Goethe sogar – wenn auch schweren Herzens – seine wertvolle Handschrift zusendet. Allerdings nicht ohne dringliche Bitte »die größte Sorgfalt dafür zu hegen«, da es für ihn »einen gar vielfachen Wert« besitze.[14] Erneut verfasste Goethe einen Nachtrag über die Dreikönigslegende für »Über Kunst und Altertum«.[15] Das ein Jahr später zugesandte Manuskript der Übertragung von Schwab schickte Goethe im Juni 1821 »mit Lob und Dank« und der Versicherung zurück: »die Übersetzung liest sich gut, altertümlich und natürlich, welches immer viel heißen will«.[16] Unter der Überschrift »Die heiligen drei Könige noch einmal« kündigte Goethe in »Über Kunst und Altertum« die Veröffentlichung einer deutschen Übersetzung der Legende des Johannes von Hildesheim an.[17] Johann Friedrich Cotta, seit 1806 Goethes alleiniger Verleger, brachte die Übersetzung 1822 unter dem Titel »Johann von Hildesheim: Die Legende von den Heiligen Drei Königen. Aus einer von Goethe mitgeteilten lateinischen Handschrift bearbeitet und mit 12 Romanzen begleitet von Gustav Schwab«.

Kurz zusammengefasst ist der Inhalt der Dreikönigslegende folgender: Ohne voneinander zu wissen, machen sich der König von Nubien, Melchior, der König von Saba, Balthasar, und der König von Tharsis, Kaspar, mit großem Gefolge auf die Reise. Nach dreizehn Tagen treffen sie vor Jerusalem aufeinander und gehen entsprechend dem Bericht des Evangelisten Matthäus zu König Herodes. Auf dem Weg nach Bethlehem treffen sie auf Hirten, die ihnen von der Geburt des Kindes erzählen. Der Stern führt sie zur Geburtshöhle. Dort überreichen sie ihre Geschenke: Melchior Gold, Balthasar Weihrauch und Kaspar Myrrhe. Auf Kamelen und Dromedaren führen sie sodann grenzenlose Schätze heran. Dabei handelte es sich um die Schätze, die einst die Königin von Saba im Tempel Salomos niedergelegt hat und die später von Alexander dem Großen dort geraubt worden sind. Unter den Kostbarkeiten befindet sich ein goldener Apfel, den Melchior dem Jesuskind reicht, dieses bläst den Apfel an und er löst sich in Luft auf.

Nach dieser Anspielung auf die Erlösung als Befreiung von der Erbschuld wird ausführlich die Flucht nach Ägypten geschildert. Als die alt gewordenen Könige hören, dass Christus den heiligen Thomas nach Indien entsandt hat, suchen sie ihn auf und lassen sich von Jesus erzählen. Daraufhin lassen sich die Könige taufen. Als Patriarch von Indien weihte der Apostel Thomas die Heiligen Drei Könige zu Bischöfen. Später habe dann die Kaisermutter Helena die Leichname nach Konstantinopel verbracht, von wo aus sie später nach Mailand gelangten, um schließlich 1164 in die Stadt Köln einzuziehen, wodurch ihre Verehrung im Westen eine große Steigerung erfuhr.

Goethes Forscherinteresse für eine Heiligenlegende und sein Einsatz für deren Veröffentlichung belegt zusammen mit der Schilderung des »Sankt Rochus-Festes zu Bingen«, an dem Goethe im Sommer 1814 teilgenommen hatte, und der einfühlsamen Darstellung der Sakramente der katholischen Kirche in »Dichtung und Wahrheit« eine neue Aufgeschlossenheit für die kirchliche Frömmigkeit und ihre vielfältigen Ausdrucksformen. Sinnbild dieser Neuentdeckung von Geschichte, Überlieferung, gelebter Frömmigkeit, christlicher Kunst, Dichtung, Literatur und Volksüberlieferung war der Kölner Dom. Man sah die Gotik als deutsche Baukunst an, die im Dombau ihr größtes Projekt begonnen hatte. Im Schicksal des Dombaues, dem Baustopp in der Reformationszeit, der versuchten Barockisierung, dem Wüten der Revolutionstruppen gegen die mittelalterliche Ausstattung, dem Verbot von Gottesdiensten im Dom, dem Ende des Erzbistums und Kurfürstentums der Reichskirche und des Domstiftes sah man das Schicksal Deutschlands und der Kirche insgesamt verkörpert. Einer der katholischen Theoretiker der Romantik war Sulpiz Boisserée. Im Weiterbau des Domes sah man ein Anknüpfen an die christliche Überlieferung in Glaube und Kunst. Man bekannte sich zur Kontinuität der Geschichte, widersetzte sich dem Traditionsbruch und betonte dadurch auch den Gedanken der Einheit der Nation im christlichen Bekenntnis.

Kaum bekannt ist, dass der Epiphaniebrauch des Sternsingens seinen Ursprung in der von Goethe wiederentdeckten Dreikönigslegende des Johannes von Hildesheim besitzt. Mit der zweihundert Jahre nach der Überführung der Gebeine der Heiligen Drei Könige nach Köln entstandenen »Historia trium regum« war der entscheidende Anstoß zur Brauchentwicklung gegeben. Johannes von Hildesheim berichtet in seiner Legende, dass es in der Ostkirche die Praxis gäbe, am Vorabend des Festes Erscheinung des Herrn unter Absingen von Liedern »festlich und fröhlich mit Lichtern von Haus zu Haus zu gehen und den Gruß zu sprechen – alles zur Erinnerung an den Stern, der mit seinem strahlenden Licht die drei Könige in 13 Tagen nach Bethlehem führte«.[18] Alle Elemente, von denen die Legende berichtet, sind im Brauch nachgestaltet: der Umgang, die Lieder, der Stern und ein besonderer Gruß, der gesprochen wird. Entstanden ist der Sternsingerbrauch wohl in der Gegenreformation. Frühester Beleg ist der Nachweis des Sternsingens für St. Peter in Salzburg 1541. Der Brauchtumsforscher Dietz-Rüdiger Moser sah im Sternsingen die Antwort der katholischen Kirche auf die Kritik Luthers an der Dreikönigsverehrung und seiner einseitigen Betonung der Taufe Jesu als dem wahren Festgeheimnis. Luther war für die Umbenennung des Tages zum Fest der Taufe des Herrn und betonte daneben den Charakter des Tages als Neujahrstag. Demgegenüber hat der Sternsingerbrauch alle vier Themen des Festes Erscheinung des Herrn aufgenommen, wie die Lieder, die seit dem 16. Jahrhundert entstanden sind: Geweihtes Wasser als Erinnerung an die Taufe Jesu im Jordan, die Segnung der Häuser, die Räucherung und den Umgang mit dem Stern.

1 »Epiphaniefest«, Strophen 6–8, Heinz Nikolai (Hrsg.): Goethes Gedichte in zeitlicher Folge. Frankfurt am Main 1982, S. 241f.
2 Goethe. Die Jahre 1820–1826, Bd.2, hrsg. von Werner Oechslin, S. 651ff., in: Johann Wolfgang Goethe. Sämtliche Werke nach Epochen seines Schaffens. Münchner Ausgabe. München 1993, Bd. 13.2.Taschenbuchausgabe München 2006.
3 Vgl. den Kommentar zu Goethe und dem Mappenwerk in: Goethe: Sämtliche Werke, Bd. 13.2, S. 712–725.
4 Aus: Kunst und Altertum an Rhein und Mayn, in: Goethe: Sämtliche Werke, Bd. 11.2, S. 15, dazu auch den Kommentar S. 676–776.
5 Vgl. die Anzeige von Goethe »Cöllner Domriss durch Moller« in: Goethe: Sämtliche Werke Bd. 11.2, S. 517–521 sowie den Kommentar S. 1175–1181.
6 Vgl. Goethes Rezension: Ansichten und Risse des Doms zu Cöln, von Sulpitz Boisserée, 1823, in: Goethe: Sämtliche Werke Bd. 13.2, S. 151–156 und den Kommentar S. 651–658; sowie Goethes weitere Besprechung: Ansichten und Risse und einzelne Teile des Doms zu Cöln, von Sulpitz Boisserée, 1824; ebd. S. 183–184 mit Kommentar S. 712–725.
7 Goethe: Aus meinem Leben. Dichtung und Wahrheit. Sämtliche Werke Bd. 10, München 1977, S. 426f.
8 Goethe: Sämtliche Werke, Bd. 13.2, S. 151–161, hier S. 163, auch den Kommentar S. 663–679.
9 Brief vom 3. Februar 1826 in: Goethes Werke, hrsg. im Auftrag der Großherzogin Sophie von Sachsen. IV. Abt. Goethes Briefe 40. Band August 1825 – März 1826. Weimar 1907, S. 284; Deutscher Taschenbuch Verlag 1987, Bd. 133.
10 Brief vom 16. Juni 1826 in: Goethes Werke, IV. Abt. Goethes Briefe 41. Band, April – December 1826, dtv-Ausgabe Bd. 134, S. 52f.
11 Brief vom 22. Oktober 1819 in Goethe: Sämtliche Werke Bd. 11.2, S. 941f.
12 »Die Heiligen Drei Könige« in: Goethe: Sämtliche Werke Bd. 11.2, S. 280–289, Kommentar S. 941–955.
13 Das Antwortschreiben von Boisserée ist gänzlich nachzulesen in: Goethe: Sämtliche Werke, Bd. 11.2, S. 944–950.
14 Brief vom 23. März 1820 in: Goethe: Sämtliche Werke, Bd. 11.2, S. 951.
15 Goethe: Sämtliche Werke. Die Jahre 1820–1826, hrsg. von Gisela Henckmann und Irmela Schneider. Bd. 13.1, Dort: »Nachricht von dem Verfasser der Heiligen Drei Könige und einer gefundenen alten deutschen Übersetzung«, S. 443, Kommentar dazu S. 890f. und »Die Heiligen Drei Könige noch einmal«, S. 454 mit dem Kommentar S. 896–898.
16 Goethe: Sämtliche Werke Bd. 11.2, S. 951.
17 Goethe: Sämtliche Werke Bd. 13.1, S. 454 mit dem Kommentar S. 896–898.
18 Zitiert nach der vollständigen Übersetzung von Elisabeth Christern: Johannes von Hildesheim: Die Legende von den Heiligen Drei Königen, München 1963, S. 100.

Der unvollendete Kölner Dom, Ansicht von Nordwesten, historische Aufnahme 1875

Heinrich Heine und der Kölner Dom

Wahrzeichen Kölns war seit dem 16. Jahrhundert der hölzerne Baukran auf dem Untergeschoss des unvollendeten Südturms der Westfassade des Domes. Einzig der Chor mit dem Dreikönigsschrein war fertiggestellt. Mit der Wiederentdeckung des mittelalterlichen »Bauplanes« der Westfassade durch Sulpiz Boisserée hatte die Dombaubewegung im 19. Jahrhundert ihren Anfang genommen. Allerdings verbanden sich verschiedenste Interessen mit dem Dombau: Der protestantische Preußenkönig Friedrich Wilhelm IV. suchte die katholische Bevölkerung der seit 1815 preußischen Rheinprovinz für sich zu gewinnen, das liberale Bürgertum sah im Dom ein Symbol für die Einheit Deutschlands, die durch eine demokratische Verfassung vollendet werden sollte, für national gesinnte Kreise war der Dom das Denkmal der »Wacht am Rhein« gegen die Ansprüche Frankreichs auf die westrheinischen Gebiete, für die mittelalterbegeisterten Romantiker war die Gotik der deutsche Baustil schlechthin, für Katholiken war der Dombau ein Ausdruck ihrer Religionsfreiheit und eines neuen Selbstbewusstseins unter dem ungeliebten preußischen Adler. Den 1841 gegründeten »Zentral-Dombau-Verein« dominierten katholische Kölner Besitzbürger. Bereits 1844 hatte der Verein 10.000 Mitglieder.

In seinem Exil in Paris befasste sich auch der in Düsseldorf geborene Jude Harry Heine, er nannte sich erst nach seiner evangelischen Taufe Heinrich, intensiv mit dem Dom, dem steinernen Reliquiar der Heiligen Drei Könige. Heine reagierte auf die Vereinsgründung in Köln und die preußische Beteiligung am Dombau mit dem Gedicht »Bei des Nachtwächters Ankunft in Paris« (1841). Die zweite Strophe lautet: »Der Kölner Dom, des Glaubens Freude/ ein edler König baut ihn aus;/ Das ist kein modernes Kastengebäude,/ Kein sündiges Deputiertenhaus.«[1] Zu deutlich war darin ausgesprochen, dass ein Parlament wichtiger gewesen wäre als der Dombau, die Zensur kassierte die Strophe. So erschien 1842 in der vom jungen Philosophen Karl Marx dominierten »Rheinischen Zeitung« in Köln das Gedicht mit unveränderter erster Strophe: »Der Dom zu Köln wird vollendet/ Den Hohenzollern verdanken wir das;/ Ein Wittelsbacher schickt

Fensterglas.« Auf die eine abgeschwächte zweite Strophe folgte: »Die Konstitution, die Freiheitsgesetze,/ Sie sind uns versprochen, wir haben das Wort,/ Und Königsworte das sind Schätze,/ Wie tief im Rhein der Nibelungenhort!«[2] Der wegen »Hochverrats« aus Köln geflohene Demokrat Jakob Venedey organisierte in Paris die Unterstützung der Dombaubewegung durch die zahlreichen in Frankreich lebenden Deutschen. Venedey gelang es auch, den prominenten Dichter Heinrich Heine als Gründungsmitglied zu gewinnen. Dies haben die neueren Forschungen von Mario Kramp belegen können. Heine ging es dabei um die Stärkung der demokratischen Kräfte, die den Dombau als nationales Gemeinschaftswerk auf dem Weg zur Einheit in Freiheit verstanden. Im September 1842 fand in Köln im Beisein des preußischen Königs die Grundsteinlegung zum Weiterbau des Domes statt.

Nach 13-jährigem Exil reiste Heine im Herbst 1843 nach Deutschland: Er besuchte seine Mutter in Hamburg, führte dort Verhandlungen mit seinem Verleger Campe und kehrte dann über Hannover, Minden, Köln und Brüssel nach Paris zurück. Nach seiner Rückkehr lernte Heine im Dezember in Paris Karl Marx kennen, mit dem er bald in enger freundschaftlicher Verbindung stand. Inzwischen war Heine zum Gegner des Dombaus geworden. Im Februar 1844 beendete Heine sein Versepos »Deutschland. Ein Wintermärchen«, die literarische Verarbeitung seiner Deutschlandreise. In Umkehrung der tatsächlichen Reiseroute führt der Weg des erzählenden Ichs, mit dem sich der Verfasser ganz offensichtlich identifiziert, bei Aachen über die Grenze, durch das Rheinland nach Köln, dann nach Westfalen, zum Kyffhäuser und nach Hamburg. Zentrales Thema des »Wintermärchens« ist die Religionskritik und in diesem Zusammenhang auch der Weiterbau der Kölner Kathedralkirche. Weil die Inquisition die Geistesfreiheit unterdrückt hat (»Die Flamme des Scheiterhaufens hat hier/ Bücher und Menschen verschlungen«)[3] ist der Dom für Heine »des Geistes Bastille«.[4] Den Baustopp im 16. Jahrhundert sieht er als Verdienst der Reformation an: »Da kam der Luther, und er hat/ Sein großes ›Halt‹ gesprochen/ Seit jenem Tage blieb der Bau/ Des Domes unterbrochen.«[5] Mit den Versatzstücken der »schwarzen Legende« und dem Vernunftpathos der Aufklärung polemisiert Heine gegen die »listigen Römlinge«,[6] denen der Dom als »Riesenkerker« dient, in dem die »deutsche Vernunft verschmachten« soll.[7] Als Symbol für die gescheiterte Kirchenherrschaft solle der Dom ein Fragment bleiben: »Denn eben die Nichtvollendung/ macht ihn zum Denkmal von Deutschlands Kraft/ Und protestantischer Sendung.«[8] Sodann folgt die Abrechnung mit der Dombaubewegung, allerdings ohne Erwähnung der eigenen Mitgliedschaft im Pariser Dombauverein: »Ihr armen Schelme vom Domverein,/ Ihr wollt mit schwachen Händen/ Fortsetzen das unterbrochene Werk/ Und die alte Zwingburg vollenden!«[9] Heine prophezeit sogar das Scheitern des Dombaus: »Er wird nicht vollendet, trotz allem Geschrei/ Der Raben und der Eulen.«[10] Heine geht sogar so weit, die Entweihung des Domes und seine »Umnutzung« als Pferdestall – wie schon einmal während der französischen Besetzung – zu fordern. Was wird aber, fragt Heine, aus den Reliquien der Weisen aus dem Morgenland: »Und wird der Dom ein Pferdestall;/ Was sollen wir dann beginnen/ Mit den heil'gen drei Kön'gen, die da ruhn/ Im Tabernakel da drinnen?«[11] Heine wünscht sich die Gebeine anstelle der Skelette der hingerichteten Wiedertäufer in den drei Käfigen am Turm der Lambertikirche in Münster: »Folgt meinem Rat und steckt sie hinein/ In jene drei Körbe von Eisen/ die hoch zu Münster hängen am Turm,/ Der Sankt Lamberti geheißen.«[12] Im sechsten Kapitel des »Wintermärchens« schildert Heine einen Traum: Er betritt mit einem Begleiter, dem »vermummten Gast«,[13] der ein Richtbeil trägt, den Domplatz in Köln. Von sich selbst sagt dieser finstere Gefolgsmann: »Ich raste nicht, bis ich verwandle/ In Wirklichkeit, was du gedacht;/ Du denkst, und ich, ich handle!«[14] Gemeinsam betreten sie den nächtlichen Dom und kommen zur Drei-Königs-Kapelle. Dort haben die Skelette der drei Magier ihren Schrein verlassen. Wie »Hampelmänner«[15] bewegen sich »Die Totengerippe, phantastisch geputzt,/ Mit Kronen auf den elenden/ Vergilbten Schädeln, sie trugen auch/ Das Zepter in knirschenden Händen.«[16] Einer der drei Könige verlangt Respekt als Heiliger und König. Als Symbol für die unheilige Allianz zwischen Thron und Altar kann Heine darüber nur lachen, für ihn sind die Gerippe, die »nach Moder und zugleich/ Nach Weihrauchduft gerochen«.[17] Teil einer lebensfeindlichen Vergangenheit, die einer »besseren Zeit« weichen muss: »Das Leben nimmt jetzt in Beschlag/ Die Schätze dieser Kapelle.«[18] Und schon folgt auch die Zwangsandrohung: »Der Zukunft fröhliche Kavallerie/ Soll hier im Dome hausen,/ Und weicht ihr nicht willig, so brauch' ich Gewalt/ Und lass' euch mit Kolben lausen.«[19] Auf einen »Wink« des Erzählers tritt nun der »vermummte Begleiter«[20] heran »und mit dem Beil/ Zerschmetterte er die armen/ Skelette des Aberglaubens, er schlug/ Sie nieder ohn Erbarmen.«[21] Da erwacht der Erzähler und »Blutströme schossen aus meiner Brust«.[22] Bereits das Vorwort zum »Wintermärchen« entwirft eine radikale Religionskritik, die den Glauben als Vertröstung und Projektion missversteht: »Wenn wir die Dienstbarkeit bis in ihren letzten Schlupfwinkel, dem Himmel, zerstören, wenn wir den Gott der auf Erden im Menschen wohnt, aus seiner Erniedrigung retten, wenn wir die Erlöser Gottes werden …«[23]

Die Zerstörung der Reliquien der Heiligen Drei Könige, die Verhinderung der Domvollendung, stehen für den Kampf Heines gegen die katholische Kirche, gegen das sich sakral rechtfertigende Gottesgnadentum, gegen die Herrschaftsstabilisierung durch einen restaurativen Klerus und gegen den Gottesglauben insgesamt. Darin sieht Heine einen Auftrag an sich und seine Nation: »Von dieser Sendung und Universalherrschaft Deutschlands träume ich oft … Das ist mein Patriotismus.«[24] Bereits das erste Kapitel beginnt mit der Kritik an der christlichen Entsagungsmoral und der Jenseitsvertröstung als Betrug am irdischen Lebensglück: Eine kleine Harfenspielerin sang »das alte Entsagungslied«,[25] das Lied »vom irdischen Jammertal,/ … vom Jenseits, wo die Seele schwelgt/ Verklärt in ewigen Wonnen.«[26] Dem setzt Heine sein »besseres Lied« sein neues Evangelium entgegen: »Wir wollen hier auf Erden schon/ Das Himmelreich errichten.«[27] Die Heiligen Drei Könige stehen für das Bündnis von Despotismus und reaktionärer Kirche und für den Gottesglauben, der damit identifiziert wird. Gegen die »katholische Partei« anzukämpfen, ist für Heine ein Teil seiner emanzipatorischen Sendung, wie er bereits 1835 in »Die romantische Schule« festgestellt hat: »Aber wir zertreten ihr das Haupt, der alten Schlange. Es ist die Partei der Lüge, es sind die Schergen des Despotismus, und die Restauratoren aller Misere, aller Gräuel und Narretei der Vergangenheit.«[28] Die Abrechnung mit dieser Vergangenheit wird im »Wintermärchen« an den Heiligen Drei Königen exemplarisch exekutiert. Und doch erwacht der Erzähler, nachdem der jakobinische Bilderstürmer mit dem Henkersbeil Heines Gedanken in die Tat umgesetzt hat, mit verwundetem und blutendem Herzen. Ist der Schriftsteller und Intellektuelle Heine mit der radikalen Kulturrevolution doch nicht ganz einverstanden?

Zunächst einmal schickte er im September 1844 aus Hamburg die Druckfahnen des »Wintermärchens« als Geschenk an Karl Marx nach Paris. Zehn Jahre später sieht Heine voraus, dass der Kommunismus aus zwei Gründen den Untergang der europäischen Kultur bedeuten würde. In seiner späten Prosaschrift »Geständnisse« von 1854 heißt es: »Mich beklemmt vielmehr die geheime Angst des Künstlers und des Gelehrten, die wir unsre ganze moderne Zivilisation, die mühseligen Errungenschaften so vieler Jahrhunderte, die Frucht der edelsten Arbeiten unserer Vorgänger, durch den Sieg des Kommunismus bedroht sehen … Wir können uns nimmer mehr verhehlen, wessen wir uns zu gewärtigen haben, sobald die große rohe Masse, welche die einen das Volk, die andern den Pöbel nennen … zur wirklichen Herrschaft käme.«[29] Es ist die Angst vor der Kulturfeindschaft und dem Gleichheitsfanatismus des revolutionären Proletariats, die Heine bewegt. Das blutende Herz nach der ausgelebten revolutionären Gewaltphantasie an den Heiligen Drei Königen bedeutet, dass der Dichter Heine sich selbst mit der Zerstörung der christlichen Vergangenheit zerstören würde.

Der zweite Aspekt seiner Ablehnung des Kommunismus ist Folge davon, dass Heine, an fortschreitender Muskellähmung erkrankt und von 1848 bis zu seinem Tod 1856 bettlägrig, zum personalen Gottesglauben zurückgefunden hat. In »Geständnisse« nennt Heine namentlich Feuerbach, Bruno Bauer und seinen »noch viel verstockteren Freund Marx« die »Mönche des Atheismus« und »Großinquisitoren des Unglaubens«.[30] Sie sind für ihn »gottlose Selbstgötter«. Er empfiehlt ihnen im Buch Daniel den Sturz des König Nebukadnezars nachzulesen, dessen Ende übrigens mit der Entweihung des Heiligen begann. Prophetisch sieht Heine eine philosophisch geschulte »Unglaubens-

Armee« voraus: »Diese Kohorten der Zerstörung, diese Sappeure, deren Axt das ganze gesellschaftliche Gebäude bedroht, sind den Gleichmachern und Umwälzern in anderen Ländern unendlich überlegen, wegen der schrecklichen Konsequenz ihrer Doktrin …«.[31] Das ist das Werk des »Vermummten« mit dem Beil, dem Heine nun nach seiner Bekehrung zum Gottesglauben seiner Väter die Maske vom Gesicht gerissen hat. Heine sieht voraus, dass die neue totalitäre Weltanschauungspartei ihre atheistische und kommunistische Heilslehre mit dem Henkersbeil vollstrecken wird. Die Anhänger dieser Lehre verfügen über das absolute Wissen über den einzigen Weg zur irdischen Erlösung des Menschen. Darum ist ihnen jedes Mittel zur Verwirklichung dieses Zieles erlaubt. Die »gottlosen Selbstgötter« von Rechts und von Links haben, wie von Heine vorhergesagt, in Europa und darüber hinaus ihr Vernichtungswerk gründlich ausgeführt. Was mit Kirchenfrevel und brennenden Synagogen begann, endete mit Massengräbern. Der Aufstand Heines gegen Gott brach im Leiden zusammen. Die Erlösung der Leidenden geschieht durch das Leiden des Gottessohnes, dessen Ankunft die Heiligen Drei Könige mit Freude erfüllt hat. Ausdruck dieser Freude ist der 1880 vollendete Dom zu Köln mit seinem Dreikönigsschrein.

1 Heinrich Heine: Sämtliche Schriften, Bd. 7. Schriften 1837–1844, hrsg. von Klaus Briegleb, Frankfurt am Main / Berlin / Wien 1981, S. 415f. In: Heinrich Heine: Sämtliche Schriften in zwölf Bänden, hrsg. von Klaus Briegleb, Frankfurt am Main / Berlin / Wien 1981.
2 Zur Geschichte des Gedichtes: Heine: Sämtliche Schriften, Bd 8. Kommentar zu Bd. 7, hrsg. von Klaus Briegleb, Frankfurt am Main / Berlin / Wien 1981, S. 948–951.
3 Heine: Sämtliche Schriften, Bd. 7, Schriften 1837–1844, S. 571–644, hier Caput IV, V. 29–30, S. 584.
4 Ebd., Bd. 7, Caput IV, V. 41, S. 584.
5 Ebd., Bd.7, Caput IV, V. 45–48, S. 585.
6 Ebd., Bd. 7, Caput V, 42, S. 584.
7 Ebd., Bd.7, Caput IV, V. 43f., S. 584.
8 Ebd., Bd.7, Caput IV, V.50–52, S. 585.
9 Ebd., Bd. 7, Caput IV, V. 53–56, S. 585.
10 Ebd.,Bd.7, Caput IV, V. 69f., S. 585.
11 Ebd., Bd. 7, Caput IV, V. 77–80, S. 586.
12 Ebd., Bd. 7, Caput V, V. 85–88, S. 586.
13 Ebd., Bd. 7, Caput VI, V. 11, S. 590.
14 Ebd., Bd. 7, Caput VI, V. 57–60, S. 591.
15 Ebd., Bd. 7, Caput VII, V.81, S. 594.
16 Ebd.,Bd. 7, Caput VII, V. 77–80, S. 594.
17 Ebd., Bd. 7, Caput VII, V. 83f., S. 594.
18 Ebd., Bd. 7, Caput VII, 99–100, S. 585.
19 Ebd., Bd. 7, Caput VII, V. 101–104, S. 595.
20 Ebd., Bd. 7, Caput VII, V. 34, S. 593.
21 Ebd., Bd. 7, Caput VII, V. 109–112, S. 595.
22 Ebd., Bd. 7, Caput VII, V. 115, S. 595.
23 Ebd., Bd. 7, S. 574f.
24 Ebd., Bd. 7, S. 575.
25 Ebd., Bd. 7, Caput I, V.25, S. 577.
26 Ebd., Bd. 7, Caput I, V. 21–24, S. 577.
27 Ebd., Bd. 7, Caput I, V. 35f., S. 578.
28 Heine: Sämtliche Schriften, Bd. 5, Schriften 1831–1837, hrsg. von Karl Pörnbacher, Frankfurt am Main / Berlin / Wien 1981, S. 495.
29 Heine: Sämtliche Schriften, Bd 11, Schriften 1851–1855, hrsg. von Walter Klaar, Frankfurt am Main / Berlin / Wien 1981, S. 467f.
30 Heine: Sämtliche Schriften, Bd. 11, S. 466.
31 Heine: Sämtliche Schriften, Bd. 11, 471.

Spätgotisches Hausaltärchen, Öl auf Holz, Südtirol um 1470, Kunstsammlungen des Bistums Regensburg

Die Legende vom vierten König

Edzard Schaper (1908–1984), in Ostrowo in der Provinz Posen geboren, lebte als Journalist und freier Schriftsteller in Estland und Finnland. Im Zweiten Weltkrieg zwischen die Fronten geraten, wurde er sowohl vom Volksgerichtshof als auch von den Sowjets in Abwesenheit zum Tode verurteilt. Ab 1947 lebte Schaper bis zu seinem Tod in der Schweiz, wo er auch 1951 vom orthodoxen Glauben zur katholischen Kirche übergetreten ist. Gefängnis und Straflager sind für Schaper Realsymbole für das 20. Jahrhundert und seine totalitären Systeme. Wie der Christ in der Unfreiheit zur inneren Freiheit gelangen kann, in aller Unwahrheit an der Wahrheit festzuhalten vermag, im Opfertod die Glaubensgewissheit nicht verliert, darauf geben seine zahlreichen Romane und Erzählungen eine Antwort.

Als bedeutendste literarische Legendenbearbeitung des 20. Jahrhunderts gilt die Geschichte vom vierten König, die Edzard Schaper in der Mitte seines gleichnamigen Romans von 1961 auf vierzig Druckseiten neu erzählt hat.[1] Ob Schaper dabei »russische Überlieferungen« oder doch die Erzählung »The Story of the Other Wise Man« des amerikanischen Theologen und Schriftstellers Henry van Duke (gest. 1933) als Quelle dienten, ist unklar. Ein kleiner König aus Russland sah ebenfalls den Stern, der ihm die »Herrschaft des Allherrschers« ankündigte. Auf seinem Lieblingspferd Wanjka machte er sich auf den Weg. Als Gaben für den neugeborenen König nahm er Leinen, Pelze, Gold, Edelsteine, Perlen und einen Krug mit Honig mit. Als er über die Grenze Russlands hinausgeritten war, sah er viel Elend. Er half, wo er konnte, und es wurde ihm immer mehr bewusst, »wie brennend nötig die Welt doch einen neuen Allherrscher braucht, der die Verfolgten zu schützen, die Unterdrückten wiederaufzurichten, die Gefangenen zu lösen, die Kranken zu heilen und die Gerechten zu belohnen vermochte. Dies alles, so lautet die alte Verheißung, nach der er aufgebrochen war, werde der neue Herrscher tun.« Deutlich spielt Schaper hier auf die Freudenbotschaft des Messias bei Jesaja an. Der vierte König traf auch die Heiligen Drei Könige und verlor sie wieder aus den Augen, als er sich um das Neugeborene einer Bettlerin kümmerte. Er holte die drei Weisen nie wieder ein.

Nachdem der vierte König durch viele Werke der leiblichen Barmherzigkeit alle Geschenke für den Gottessohn verloren hatte, zog er als mittelloser Landstreicher weiter. Zuletzt trat er stellvertretend für einen verschuldeten jungen Mann eine dreißigjährige Galeerenstrafe an. Alt und gebrochen an Land gesetzt, schleppte er sich am Karfreitag nach Jerusalem hinauf und folgte dort dem Kreuzweg Jesu durch die Stadt. Vom Gekreuzigten angeblickt, starb der vierte König auf Golgotha.

Seine ausführliche Fassung der Legende vom vierten König hat Schaper in einen Kriegsroman eingefügt. Bei einem Treffen ehemaliger Wehrmachtsoffiziere in einem Hotel in Friesland erzählt ein Teilnehmer, seinerzeit Major einer Nachrichteneinheit, ein Erlebnis aus dem Russlandfeldzug: Als der Divisionsstab Quartier im orthodoxen Kloster Swjatogorsk auf estnischem Gebiet bezogen hatte, lernte der ungläubige Wehrmachtsoffizier den Abt des Klosters kennen, der zahlreichen Alten und Kranken Obdach gewährte. Ein junger Exilrusse aus fürstlicher Familie, der sich in Paris freiwillig zur Wehrmacht gemeldet hatte, lernte durch den Abt den Glauben seiner Väter kennen. Ein stummer Schützling des Klosters wird vom Abt der vierte König genannt. Zur Erläuterung des Namens erzählt der Abt den beiden Wehrmachtsoffizieren die Legende vom vierten König. Folgenschwer verändert diese Geschichte die Wirklichkeitswahrnehmung der beiden Soldaten. Der Versuch des Majors, zusammen mit seinem Kommandeur die Kriegsflüchtlinge im Kloster vor der Erschießung durch die SS zu bewahren, scheitert. Der Exilrusse wird von Partisanen ermordet, als er den vierten König in der Hütte eines Einsiedlers verstecken will. Auch der Abt und der Einsiedler werden von den Partisanen getötet. Der vierte König bleibt verschwunden. Bereits die ursprüngliche Legende sprach davon, dass der vierte König nicht sterben könne und durch alle Zeiten hindurch Barmherzigkeit üben werde. Während die Legende vom vierten König in der Fassung von Schaper das Verhältnis von Gottes- und Nächstenliebe thematisiert, steht im Mittelpunkt der Romanhandlung das christliche Zeugnis des Abtes, der in aussichtsloser Lage zwischen dem rassistischen Vernichtungswillen Hitlers und dem atheistischen Sowjetterror Stalins, das Opfer beider gottlosen Systeme wird.

Schaper hat die Erzählung dann aus dem Zusammenhang des Romans gelöst und unter dem Titel »Die Legende vom vierten König« (Köln - Olten 1964) separat veröffentlicht. Während das Gesamtwerk von Edzard Schaper heute leider weitgehend vergessen und auch nicht mehr auf dem Buchmarkt erhältlich ist, hat der vierte König überlebt und seinen Verfasser literarisch unsterblich gemacht.

1 Edzard Schaper: Der vierte König. Ein Roman, Köln/Olten 1961.

VII.

Brücke zum Osterfest – Darstellung des Herrn

Georg Johann Ulrich, Darstellung des Herrn, Öl auf Leinwand, 1780/90, St. Barbara, Abensberg

Darstellung des Herrn – ein Weihnachtsfest außerhalb des Weihnachtsfestkreises

»Wenn Simeon das Messiaskind ein Licht zur Offenbarung für die Heidenvölker nennt, so ist hier in ein kurzes Wort der ganze Inhalt der Erzählung von dem Stern zusammengefasst«. Diese Beobachtung des Philosophen und Theologen David Friedrich Strauss (1808–1874) in seinem »Leben Jesu« (1835/36), einer bis heute weiterwirkenden rein historischen und atheistischen Bibelkritik, trifft zu. Das Zeugnis des Simeon und der Hanna im Tempel greift die theologischen Aussagen der Geburtsgeschichte Jesu noch einmal auf. Zugleich deutet das Fest »Darstellung des Herrn« vom 2. Februar weit voraus, und man kann es als Bindeglied zwischen der Weihnachtszeit und der Osterzeit betrachten. Einzig der Evangelist Lukas berichtet von diesem Ereignis (Lk 2, 22–40). Der Säugling wird vierzig Tage nach seiner Geburt, nach Namensgebung und Beschneidung, hinauf nach Jerusalem in den Tempel getragen. Die Gottesmutter ordnete sich gehorsam den Vorschriften des mosaischen Gesetzes unter, die für alle Wöchnerinnen galten: »Wenn die Zeit ihrer Reinigung vorüber ist, soll sie, für einen Sohn ebenso wie für eine Tochter, ein einjähriges Schaf als Brandopfer zum Priester an den Eingang des Offenbarungszeltes bringen. Er soll es vor dem Herrn darbringen und sie entsühnen; so wird sie von ihrem Blutfluss gereinigt … Wenn sie die Mittel für ein Schaf nicht aufbringen kann, soll sie zwei Turteltauben oder zwei junge Tauben nehmen, eine als Brandopfer und die andere als Sündopfer; der Priester soll sie entsühnen, und so ist sie gereinigt« (Lev 12,6–8). Bei Maria und Joseph hat es nur für das Armenopfer gereicht, für ein Taubenpaar. Das zur Entsühnung der Gottesmutter kein Lamm geopfert wurde, hat aber einen bedeutsamen theologischen Hintergrund. Bis zur Liturgiereform wurde das Fest »Mariä Reinigung« (Purificatio) genannt, obwohl Maria, die allzeit Sündelose, keiner Reinigung bedurfte. Am Nikanortor, an der Ostseite des Frauenvorhofs, wurde Maria von einem Priester für rein erklärt, was sie immer schon war. Sie bringt denjenigen in den Tempel, der sein Volk reinigen wird, der als der Schuldlose die Menschheit von aller Schuld befreien wird. Vom Lamm in der Geheimen Offenbarung heißt es: »… denn du wurdest geschlachtet und hast mit deinem Blut Menschen für Gott erworben aus allen Stämmen und Sprachen, aus allen Nationen und Völkern« (Offb 5,9). Das »Lamm Gottes, das die Sünde der Welt hinwegnimmt« (Joh 1,29) kommt in den Tempel, wo täglich blutige Schlachtopfer Gott dargebracht werden. Als Abraham bereit war, Gott seinen Sohn Isaak zu opfern, verschonte Gott den Sohn der Verheißung, an dem die Zukunft des ganzen Gottesvolkes hing, und lenkte den Blick auf den Widder, das Ersatzopfer (Gen 22,13). Alle Opfer seit dem Widderopfer Abrahams an Stelle der Opferung Isaaks sind stellvertretende Ersatzopfer. An die Stelle des gebrochenen Sinaibundes setzt Gott den neuen Bund, der nicht wieder gebrochen werden kann, weil Gott selbst in seiner Menschwerdung auf die Seite des schwachen menschlichen Bundespartners tritt. Im Kreuzestod wird die gesamte Opferpraxis und Opfertheologie des Tempels zusammengefasst, überboten und aufgehoben.

In den beiden Tauben sah die geistige Schriftauslegung der Väter das Alte und das Neue Testament und ihre Einheit im Christusereignis. Eine zweite Vorschrift des alttestamentlichen Gesetzes schrieb den Eltern eines Knaben vor: »Jeden Erstgeborenen deiner Söhne musst du auslösen« (Ex 13,13). Das Lösegeld von fünf Schekel (Num 18,16) musste nicht im Tempel entrichtet werden, jeder Priester in Israel konnte es entgegennehmen. Lukas nennt die Reinigung und das Sündopfer, aber nicht die Auslösung der Erstgeburt. Er bezieht sich stattdessen auf eine Vorschrift, die so im Alten Testament nicht bezeugt ist: »Jede männliche Erstgeburt soll dem Herrn geweiht sein« (Lk 2,23). Eine Weihe des Erstgeborenen im Tempel, seine »Darstellung«, verstanden als Überantwortung des Kindes an Gott als sein Eigentum, wird im Alten Testament nicht vorgeschrieben. Am ehesten erinnert die Weihe, von der Lukas spricht, an die Erfüllung des Gelübdes der kinderlosen Hanna (1 Sam 1,9–28). Nachdem der Herr ihren Kinderwunsch erfüllt hatte, übergab Hanna ihren Sohn Samuel dem Priester Eli zum Dienst am Heiligtum in Schilo: »Ich habe um diesen Knaben gebetet, und der Herr hat mir die Bitte erfüllt, die ich an ihn gerichtet habe. Darum lasse ich ihn auch vom Herrn zurückfordern. Er soll für sein ganzes Leben ein vom Herrn Zurückgeforderter sein« (1 Sam 1,27). Später bekam Hanna noch drei Söhne und zwei Töchter. Vom Vorgang des Loskaufs Jesu berichtet Lukas nichts. Ist es doch Jesus Christus, der die Menschheit loskauft, wie der Apostel Paulus im Galaterbrief schreibt: »Als aber die Zeit erfüllt war, sandte Gott seinen Sohn, geboren von einer Frau und dem Gesetz unterstellt, damit er die freikaufe, die unter dem Gesetz stehen, und damit wir die Sohnschaft erlangen« (Gal 4,4–5). Der gesamte theologische Gehalt der Darstellungsperikope ist in diesem einen Satz fast vollständig enthalten. Wird Christus im Tempel dargestellt im Sinne von »gezeigt«, oder wird er »Gott geweiht«, ihm übereignet oder gar dargebracht im Sinne eines Opfers? Auch im Namen des Festes »Darstellung des Herrn« (Praesentatio Domini) spiegelt sich diese Problematik. Der griechische Begriff *parastäsai*, der auch als Opferbegriff vorkommt (vgl. Röm 12,1), schließt die Übereignung an Gott und die Darbringung nicht aus. Die Gabe Gottes an die Menschen, die Maria empfangen hat, gibt sie an den Vater zurück. Auch wenn Gott vorbehaltlos Fleisch geworden ist, lässt er sich nicht für weltliche Zwecke benutzen oder verbrauchen. Er bleibt immer die freie Gabe des Vaters ohne in der Welt unterzugehen. Gerade weil das Wort der Liebe als freies Ja geschenkt ist, offenbart es in der Menschwerdung seine Herrlichkeit und Macht. Die Mutter ist zugleich die ledige, arme Jungfrau, die das Empfangene niemals zu ihrer eigenen Verherrlichung in ihren Besitz nehmen kann. Maria übereignet Gott den Sohn: Sie bleibt Gott gegenüber reine Offenheit und Armut, Jungfrau und Mutter. Die Darbringung ist eine real-symbolische Form des Opfers. Die Darbringung wird Wirklichkeit im Kreuzesopfer, an dem Maria als Realsymbol der Kirche mitbeteiligt ist. Maria ist der neue Tempel, denn in ihr hat Gott Wohnung genommen. Sie ist die Tochter Zion in Person, die der Prophet Zefanja ankündigte: »An jenem Tag wird man zu Jerusalem sagen: Fürchte dich nicht Zion! … Der Herr, dein Gott, ist in deiner Mitte, ein Held der Rettung bringt. Er freut sich und jubelt über dich, er erneuert seine Liebe zu dir« (Zef 3,16–17).

Innerhalb dieses neuen marianischen Tempels kommt es nun zur Begegnung mit dem greisen Simeon (hebr.: »Erhörung«). Nach dieser Szene hat die Orthodoxie das Fest benannt: »Begegnung unseres Herrn und Gottes und Erlösers Jesus Christus mit Simeon«. Er wird als Verkörperung des alttestamentlichen Frömmigkeitsideals geschildert, der in adventlicher Naherwartung des Messias lebt: »Vom Heiligen Geist war ihm offenbart worden, er werde den Tod nicht schauen, ehe er den Messias des Herrn gesehen habe« (Lk 2,26). Simeon nahm das Kind in seine Arme, wie es die byzantinische Ikone »gottragender Simeon« zeigt und sprach den Lobpreis: »Nun lässt du, Herr, deinen Knecht, wie du gesagt hast, in Frieden scheiden. Denn meine Augen haben das Heil gesehen, das du vor allen Völkern bereitet hast, ein Licht, das die Heiden erleuchtet, und Herrlichkeit für dein Volk Israel« (Lk 2,29–32). Gott, der im Tempel so fern hinter den Vorhöfen für Heiden, Frauen und Männern verborgen wird, für den die Priester sich täglich reinigen, blutige Opfer darbringen, der vom Hohenpriester in der leeren Finsternis des Allerheiligsten angerufen wird, den erhält Simeon von Maria in die Arme gelegt: Ein kleines Kind, der ewige Gott. Der ferne Gott wird unser Gott, wird zum »Gott mit uns« (Mt 1,23): »Darum wird euch der Herr von sich aus ein Zeichen geben: Seht die Jungfrau wird ein Kind empfangen, sie wird einen Sohn gebären, und sie wird ihm den Namen Immanuel (Gott mit uns) geben« (Jes 7,14). Simeon, dessen Warten sich in der Begegnung mit einem Säugling erfüllt, spricht zuerst von seinem Tod. Weil Gott die gehorsame Hingabe Jesu annimmt, wird sie zur Tür in ein neues Leben. Das Licht der Auferstehung leuchtet vorweg in die Finsternis des Todes. Für Simeon wird der Tod nach der Begegnung mit dem Gottessohn zum lichterfüllten Durchgang zum Leben. Einen Satz aus dem zweiten Lied vom Gottesknecht greift Simeon auf, wenn er vom »Licht, das die Heiden erleuchtet« (Lk 2,32) spricht. Bereits bei Jesaja wird die universale Dimension der Sendung des einen Gerechten, der für alle leidet, ausgesagt: »Es ist zu wenig, dass du mein Knecht bist, nur um die Stämme Jakobs wieder aufzurichten und die Verschonten Israels heimzuführen. Ich mache dich zum Licht für die Völker, damit mein Heil bis an das Ende der Erde reicht« (Jes 49,6). Wenige Verse weiter heißt es dann: »Ich habe dich geschaffen und dazu bestimmt, der Bund zu sein für das Volk … den Gefangenen zu sagen kommt heraus, und denen, die in der Finsternis sind: Kommt ans Licht« (Jes 49,8–9). In seinem irdischen Leben galt die Sendung Jesu ausschließlich dem Volk Israel. Erst nach seiner Auferstehung sendet er die Apostel zu allen Völkern: »Mir ist alle Macht gegeben im Himmel und auf der Erde. Darum geht zu allen Völkern und macht alle Menschen zu meinen Jüngern« (Mt 28,18–19). Der neue Bund ist nicht mehr an die leibliche Abstammung von Abraham gebunden und auch nicht an die Erfüllung des Gesetzes und seiner Opfervorschriften.

Nach dem Lobpreis spricht Simeon prophetisch zu Maria: »Dieser ist dazu bestimmt, dass in Israel viele durch ihn zu Fall kommen und viele aufgerichtet werden, und er wird ein Zeichen sein, dem widersprochen wird. Dadurch sollen die Gedanken vieler Menschen offenbar werden. Dir aber wird ein Schwert durch die Seele dringen« (Mt 2,34–35). Der Glaube Israels war immer schon darauf ausgerichtet, zum Glauben aller Völker zu werden. »Aber das Gesetz, in dem er sich ausdrückte, war partikulär, es konnte in dieser Form nicht universalisiert werden. Im Schnittpunkt dieser Paradoxie steht Jesus von Nazareth, der selbst als Jude ganz im Gesetz Israels lebte, aber sich zugleich als Mittler der Universalität von Gott her wusste.«[1] Zum Stein des Anstoßes wurde Jesus in Israel, wie es Simeon vorhersah, weil er seine Auslegung des Gesetzes mit seiner göttlichen Vollmacht legitimierte. Er wird zum »Zeichen, dem widersprochen wird«, weil seine Gegner den Glauben Israels dadurch in Gefahr sehen. Von den Autoritäten seines Volkes abgelehnt, nimmt die Liebe Gottes die Gestalt des Kreuzes an. Das Kreuz wird zum Ort der Reinigung, des Loskaufs, des Sühneopfers jedes Menschen durch das stellvertretende Leiden des einen wahren Osterlammes. Der Tempel hat seine Funktion verloren: »Jerusalem, Jerusalem, du tötest die Propheten und steinigst die Boten, die zu dir gesandt sind. Wie oft wollte ich deine Kinder um mich sammeln, so wie eine Henne ihre Küken unter ihre Flügel nimmt; aber ihr habt nicht gewollt. Darum wird euer Haus (von Gott) verlassen« (Mt 23,37–38). Außerhalb des Tempels und vor den Toren der Stadt wird das eine wahre Opfer des Gottmenschen dargebracht: »Reißt diesen Tempel nieder, in drei Tagen werde ich ihn wieder aufrichten. Da sagten die Juden: sechsundvierzig Jahre wurde an diesem Tempel gebaut, und du willst ihn in drei Tagen wieder aufrichten? Er aber meinte den Tempel seines Leibes« (Joh 2,19–21). Als Schmerzensmutter hat auch Maria Anteil am Leiden ihres Sohnes. Maria hat den Sohn im Tempel Gott zurückgegeben, und sie steht unter dem Kreuz, wenn der Sohn sich dem Vater darbringt (Joh 19,25–27): »Wir haben also die Zuversicht, Brüder, durch das Blut Jesu in das Heiligtum einzutreten. Er hat uns den neuen und lebendigen Weg erschlossen durch den Vorhang hindurch, das heißt durch sein Fleisch« (Hebr 10,19–20). Den Lobpreis der Prophetin Hanna (hebr.: die Begnadete), einer Tochter Penuels (hebr.: Angesicht Gottes) aus dem Stamm Ascher (hebr.: Heil, Glück), die nach Simeon zur Heiligen Familie hinzutritt, gibt der Evangelist nur summarisch wieder: Sie »pries Gott und sprach über das Kind zu allen, die auf die Erlösung Jerusalems warteten« (Joh 2,38). Über Hanna teilt Lukas aber einige biographische Einzelheiten mit: »Als junges Mädchen hatte sie geheiratet und sieben Jahre mit ihrem Mann gelebt; nun war sie eine Witwe von vierundachtzig Jahren« (Joh 2,36–37). Die sieben erfüllten Ehejahre stehen für die liebende Gemeinschaft zwischen Gott, dem Bräutigam, und Israel, seiner Braut. Die Einsamkeit der Witwe steht für die Realität des gebrochenen Bundes mit Gott als einer zerstörten Lebensgemeinschaft. Stellvertretend wartet Hanna auf den Bräutigam, der den Bund erneuern wird. In einem hilflosen Kind, das nicht reden kann, offenbart sich Gott. Er kommt ihr ganz nahe und will angenommen werden, so wie er sie vorbehaltlos annimmt.

Das Fest »Darstellung des Herrn« wurde bereits im 5. Jahrhundert am vierzigsten Tag nach Epiphanie in Jerusalem mit einer Prozession gefeiert. Zur gleichen Zeit kann es auch schon in Rom dieses Fest gegeben haben. Die Prozession in Rom soll an die Stelle einer heidnischen Sühneprozession getreten sein, sie führte zur Marienkirche S. Maria Maggiore. Nach der Jahrtausendwende wurde in Gallien der Lichterprozession eine Kerzenweihe vorangestellt. Die Lichtsymbolik gab dem Fest seinen volkstümlichen Namen »Mariä Lichtmess«. Manch ein Liturgiewissenschaftler möchte die Verwendung dieser Bezeichnung nur noch dann geduldet wissen, wenn Maria daraus gestrichen wird. Ist es nicht aber gerade das besondere dieses Herrenfestes, dass der Messias bei der Begegnung mit den Repräsentanten des Alten Bundes ganz passiv und stumm von Maria und Joseph dargestellt und ihnen in die Arme gelegt wird?

Die alttestamentliche Lesung am Fest »Darstellung des Herrn« aus dem Buch Maleachi deutet auf Jesus voraus, der als der »Bote des Bundes« unerwartet in seinen Tempel einzieht, die Söhne Levis läutert, damit das Opfer wieder in Gerechtigkeit dargebracht werde (Mal 3,1–4). Auch die neutestamentliche Lesung aus dem Hebräerbrief (Hebr 2,14–18) betont den Opferaspekt und die Überbietung des Tempelkultes sowie die Menschwerdung als Voraussetzung der Erlösung: »Darum musste er in allem seinen Brüdern gleich sein, um ein barmherziger und treuer Hoherpriester vor Gott zu sein und die Sünden des Volkes zu sühnen« (Hebr 2,17). In der Ostkirche zählt das »Fest der Begegnung« (griech.: *hypapante*) zu den zwölf Hochfesten. Gemäß dem apokryphen Jakobusevangelium wird Simeon oftmals auch als Hoherpriester dargestellt.

Im byzantinischen Ritus wird in der Vesper ein Hymnus gesungen, der leicht abgewandelt auch in den römischen Ritus, dort als Prozessionsgesang, übernommen wurde: »Schmücke dein Brautgemach, Sion, und empfange Christus, den König; umarme Maria, die Pforte des Himmels, denn sie erscheint dem Thron der Cherubim ähnlich. Sie trägt den König der Herrlichkeit. Die Jungfrau ist eine lichte Wolke, die in ihrem Fleisch ihren noch vor dem Morgenstern geborenen Sohn trägt.« Die Antiphon, nach dem lateinischen Anfangsworten *Adorna thalamum* genannt, steht heute nicht mehr im Messbuch, ist aber im Graduale Romanum noch enthalten und kann darum auch bei der Lichtmessprozession gesungen werden. Es handelt sich dabei um einen Hochzeitsgesang: Die Kirche als die Braut schmückt ihr Brautgemach und geht dem Bräutigam entgegen. Die typologischen Aussagen über Maria zeigen sie als den neuen Tempel, das neue Zion. Der Glaubende begegnet in der Kirche, in der Haltung Marias, Christus; wie Simeon wird ihm der eucharistische Herr durch die Kirche in die Hände gelegt. Der Germanist und Volkskundler Dietz-Rüdiger Moser hat auf den weitgehend unbekannten Zusammenhang zwischen Mariä Lichtmess und dem Valentinstag am 14. Februar hingewiesen, bei dem die Antiphon »Adorna thalamum« eine besondere Rolle spielt. Ursprünglich wurde das Fest Mariä Reinigung am 14. Februar, vierzig Tage nach Epiphanie gefeiert. »Als nach der Einführung des Festes der Geburt Jesu Christi am 25. Dezember die Vorverlegung des Reinigungsfestes auf den 2. Februar erfolgte, blieb doch die Erinnerung daran, dass zum 14. Februar, dem Tag des heiligen Valentin, das Thema der ›Ankunft des Bräutigams‹ gehört hatte, erhalten. So konnte sich am 14. Februar, dem Tag des Märtyrers und heiligen Bischofs von Terni, Valentin, das Patronat für Verlobte und gute Heirat herausbilden, das in der Legende dieses Heiligen keinerlei Bezugspunkt besitzt.«[2] So steht hinter allen Liebesgaben, die den Dank für das Geschenk der Liebe darstellen, das unbedingte Ja, das Gott in seinem Sohn zu uns gesprochen hat.

1 Joseph Kardinal Ratzinger: »Die Vielfalt der Religionen und der Eine Bund.« Hagen 1998, S. 35f.

2 Dietz-Rüdiger Moser: Bräuche und Feste im christlichen Jahreslauf. Graz / Wien / Köln 1993, S. 280.

VIII.

Ausklang und Fortwirkung

Flucht nach Ägypten, Oberammergau, 1850, Privatbesitz

Der Zauber der Weihnacht

»Ich bin noch gar nicht in Weihnachtsstimmung«, ist ein Satz, den man, zumal in einem milden Dezember, oft zu hören bekommt. Es erscheint natürlich, unmöglich sich schlagartig am 24. Dezember plötzlich freuen zu sollen. Es sei denn, die Festfreude hat einen Grund. Weihnachtsstimmung entsteht dann, wenn wir einen guten Grund haben, fröhlich zu sein. Für denjenigen, der meint, dass das Wunder der Heiligen Nacht gar nicht stattgefunden hat, wird Weihnachten zum modischen Spaß, zur Dekoration, der die innere Mitte verloren gegangen ist. Denjenigen, die Weihnachten als reine Geschäftemacherei verurteilen, gibt der englische Schriftsteller G. K. Chesterton eine treffende Antwort: »Wir haben Schritt für Schritt, im majestätischen Marsch des Fortschritts zuerst Weihnachten zu etwas vulgärem gemacht und es dann als vulgär angeprangert. Weihnachten ist zu kommerziell geworden, wie viele dieser Denker würden das verdorbene Weihnachtsfest abschaffen und den Kommerz beibehalten, der es verdorben hat.«[1] Für Chesterton wird Weihnachten dann frivol, wenn den Feiernden die reale Grundlage des Festes fehlt: »Man kann sich nicht den Spaß erlauben, ein Wunder zu feiern, von dem man annimmt, dass es ein unechtes Wunder ist. Die göttliche Seite von Weihnachten außen vor zu lassen und nur nach der menschlichen Seite zu verlangen, bedeutet schließlich, zu viel von der menschlichen Natur zu verlangen. Dies hieße von den Menschen zu verlangen …, vor romantischer Freude schier verrückt zu werden, weil zwei Menschen heiraten, die sie mögen, und zwar genau in dem Moment heiraten, in dem sie selber sich scheiden lassen wollen«.[2]

Dies vorausgesetzt, kann vieles, was im Advent und zur Weihnachtszeit uns umgibt, zum Sprechen gebracht werden. Auch das, was es auf einem Christkindlmarkt zu kaufen gibt, kann uns zur Mitte führen, zum wahren Zauber der Weihnacht. Da ist etwa der Christbaumschmuck. Der älteste Christbaumschmuck waren Äpfel. Die verspiegelten Glaskugeln symbolisieren eigentlich diese Äpfel. Warum Äpfel? Der Weihnachtsbaum ist der Paradiesesbaum. Der 24. Dezember ist der Gedenktag von Adam und Eva. Sie haben durch die Schlange verführt vom Baum der Erkenntnis von Gut und Böse gegessen und durch ihren Ungehorsam das Paradies verloren. Mit Christus kommt der neue Adam. Durch seinen Tod am Stamm des Kreuzes, am Kreuzesbaum, besiegt er Sünde und Tod. Zu den Weihnachtspielen gehörte ein Paradeisspiel, ein Christgeburtsspiel und ein Dreikönigsspiel. Im Paradeisspiel stand ein Nadelbaum mit Äpfeln geschmückt auf der Bühne und stellte den Paradiesesbaum dar. Das war der Ursprung des Christbaumes. Und wenn früher die Kinder die Süßigkeiten vom Baum gegessen haben, dann war dies nun sozusagen die Rückkehr in das Paradies, das Beschenktwerden vom Lebensbaum, der viele Früchte bringt. Alles, was man heute an Christbaumschmuck aus Glas sehen kann, was hat das nun aber mit Weihnachten zu tun? Es sind ja nicht nur Glaskugeln, in allen erdenklichen leuchtenden Farben, die an die Äpfel des Paradiesesbaumes erinnern. Was haben Pilze, Eulen, Tannenzapfen, Vögel, Eiszapfen, Früchte aller Art vom Maiskolben über die Ananas zum Pfirsich mit Weihnachten zu tun. Die gesamte Natur, Tier und Pflanzen gehören als Schöpfung Gottes zu einer befreiten und erlösten Welt. Alles lobt den Schöpfer: der Vogel mit seinem Gesang wie die glitzernden Eiszapfen. Trompeten und Trommeln deuten auf die Musik von Engeln und Menschen, sie stimmen ja zusammen in den Gesang der Engel, in das »Gloria in excelsis« ein. Aber was sollen Märchenfiguren wie der gestiefelte Kater, Hänsel und Gretel, die Hexe mit dem Knusperhäuschen, Schneewittchen und die sieben Zwerge am Weihnachtsbaum? Wie kommen Pinocchio, Rotkäppchen und der Wolf, der Froschkönig, Dornröschen, Brüderchen und Schwesterchen an den Christbaum? Geht es nicht immer um Erlösung, Befreiung? Einmal kommt einer durch die Dornenhecke und weckt Dornröschen mit einem Kuss, ein andermal wird der Prinz aus seiner Froschgestalt erlöst. Wieder ein anderes Mal wird das Böse endgültig besiegt. Eine Überfülle von symbolischen Sinnzusammenhängen tut sich auf, wenn man nicht nur bei der äußeren Form stehen bleibt. In diesem Sinne ist der Weihnachtsbaum eine Realität: Alle kindlichen Sehnsüchte, Wünsche, Erwartungen erfüllen sich in geläuterter Weise. Das Christentum antwortet und erfüllt die tiefste Sehnsucht des Menschen und der Menschheit, wie sie etwa in den unzerstörbaren Märchen überliefert worden sind.

Inmitten des Weihnachtsschmuckes, der eben mehr ist als bloße Verzierung, werden wir zahlreiche Engel finden: Drucke, Porzellanfiguren, Tonfiguren, Engel aus Gips und Keramik. Engel haben Konjunktur. Keine weihnachtliche Auslage, kein Werbeprospekt ohne Engel. An einer Papierserviette mit den Engeln der Sixtinischen Madonna (Staatliche Kunstsammlung Dresden) soll man sich nach dem Weihnachtsbraten den Mund abwischen. Die Vorstellung von der Gestalt der Engel hat sich im Laufe der Zeit verändert. Die Heilige Schrift spricht von Boten Gottes. Immer wenn ein Engel in die Welt der Menschen hereintritt, leuchtet an ihm die Macht, Herrlichkeit und Heiligkeit Gottes selbst auf. Mit der Zeit werden die Engel in der religiösen Kunst immer mehr vermenschlicht, das Bild vom Engel wird sentimental und verliert an Bedeutung für den

Glauben. Allerdings hat auch schon die frühchristliche Kunst die Amoretten, geflügelte oder ungeflügelte nackte Knaben, die ursprünglich im Gefolge von Amor, Aphrodite und Bacchus auftraten, gerne dargestellt. Sie werden auch Eroten oder Putten genannt. Sie geben den bayerischen Barockkirchen jene charakteristische Heiterkeit, das Verspielte und kindlich unbefangen Frohe ohne den inneren Zusammenhang der Glaubensdarstellungen zu verlassen. Aus der Vielzahl der Engelsdarstellungen seien nur zwei besonders herausgehoben, die zur inneren Mitte, zum Geheimnis der Weihnacht hinführen. Philoxenia »Gastfreundschaft Abrahams« (Gen 18) heißt eine der bedeutendsten Engelikonen der Orthodoxie: Die Geschichte vom Besuch dreier Männer, beziehungsweise dreier Engel bei Abraham im Hain von Mamre. Abraham bereitet für die drei Boten Gottes ein Festmahl und die verheißen ihm den lange ersehnten Sohn, Nachkommen und Erben der Verheißung. Bereits die Kirchenväter sahen in dem Besuch der drei Engel bei Abraham ein Vorausbild der heiligsten Dreifaltigkeit. Höhepunkt der Darstellung der Trinität in der Philoxenia ist die Ikone von Andrej Rublev von 1411. Was hat sie aber mit Weihnachten zu tun? Der Sohn der Verheißung ist Jesus Christus, einer aus der heiligsten Dreifaltigkeit. Er sitzt in der Mitte am Tisch, hinter ihm die Eiche vom Mamre, Verweis auf den Kreuzesbaum. Die gesamte Heilsgeschichte von Abraham beginnend wird über die Verheißung des einen Sohnes bis zur Offenbarung des Geheimnisses der Einheit von Gott Vater, Sohn und Heiligem Geist hier dargestellt. Daneben gibt es die Engeldarstellung der Verkündigungsszene: Der Engel Gabriel bringt Maria die Botschaft, sie soll den erwarteten Messias und Erlöser gebären. Maria sagt Ja und stimmt dem Heilshandeln zu, sie wirkt als Mutter Gottes am Heil mit. Hier schließt sich der Kreis von der Ankündigung des Sohnes der Verheißung an Abraham bis zur Menschwerdung Jesu Christi aus Maria der Jungfrau.

Zuletzt sind es dann noch die Krippendarstellungen aus Wachs, Porzellan, Glas und Papier, die das Ereignis der Menschwerdung nach dem biblischen Bericht darstellen. Sie sind die künstlerische und kunsthandwerkliche Verkündigung der Weihnachtsbotschaft vom kleinen Kind, das der ewige Gott ist. Die Engel in der Krippe singen das »Gloria in excelsis Deo« (»Ehre sei Gott in der Höhe«). Zuletzt ist die Weihnachtsfreude das Einstimmen in den Gesang der Engel: Hirten und Könige, Himmel und Erde stimmen ein in den Lobpreis Gottes.

Das Christentum ist die Religion des kleinen Kindes. Das Besondere und Unverwechselbare unserer weihnachtlichen Traditionen, Bräuche, Kunstwerke, Gebäcke und Lieder ist als Antwort zu verstehen auf das eine unverwechselbare und besondere Ereignis, dass Gott als kleines Kind persönlich von uns angenommen und aufgenommen werden will, damit wir erfahren, wie vorbehaltlos er uns angenommen hat.

1 Gilbert Keith Chesterton: Die neue Weihnacht, Bonn 2004, S. 40.

2 Ebd., S. 147.

Christi Geburt, Holz 1905/06, St. Nikolaus, Altarflügel Pullach, Dekanat Abensberg-Mainburg

»Lehre mich die Weihnachtskunst«

Titelgebend für dieses Buch ist ein Zitat aus einem Weihnachtsgedicht des in Halle geborenen evangelisch-lutherischen Pfarrers und Kirchenlieddichters Kaspar Friedrich Nachtenhöfer (1624–1685). Das Weihnachtslied dieses Barockdichters wurde auch in den Stammteil des Einheitsgesangbuches aller evangelischen Landeskirchen aufgenommen: »Dies ist die Nacht, da mir erschienen.«[1] Seine fünf Strophen lauten:

1. Dies ist die Nacht, da mir erschienen / des großen Gottes Freundlichkeit; / das Kind, dem alle Engel dienen, / bringt Licht in meine Dunkelheit, / und dieses Welt- und Himmelslicht / weicht hunderttausend Sonnen nicht.
2. Lass dich erleuchten, meine Seele, / versäume nicht den Gnadenschein; / der Glanz in dieser kleinen Höhle / streckt sich in alle Welt hinein; / er treibet weg der Höllen Macht, / der Sünden und des Kreuzes Nacht.
3. In diesem Lichte kannst du sehen / das Licht der klaren Seligkeit; / wenn Sonne, Mond und Stern vergehen, / vielleicht noch in gar kurzer Zeit, / wird dieses Licht mit seinem Schein / dein Himmel und dein Alles sein.
4. Lass nur indessen helle scheinen / dein Glaubens – und dein Liebeslicht; / mit Gott musst du es treulich meinen, / sonst hilft dir diese Sonne nicht; willst du genießen diesen Schein, / so darfst du nicht mehr dunkel sein.
5. Drum, Jesu, schöne Weihnachtssonne, / bestrahle mich mit deiner Gunst; / dein Licht sei meine Weihnachtswonne / und lehre mich die Weihnachtskunst, / wie ich im Lichte wandeln soll / und sei des Weihnachtsglanzes voll.«

Insgesamt stellt das Gedicht ein Gewebe aus Bibelzitaten und Anspielungen auf Schriftstellen dar, die alle die Menschwerdung Gottes mit der Licht- und Sonnensymbolik verbinden. In der ersten Strophe steht das historische Ereignis der Menschwerdung Gottes im Mittelpunkt. Insgesamt entspricht die erste Strophe einer Stelle im Lobgesang des

Zacharias, dem Benediktus: »Durch die barmherzige Liebe unseres Gottes wird uns besuchen das aufstrahlende Licht aus der Höhe (der Aufgang aus der Höhe), um allen zu leuchten, die in Finsternis sitzen und im Schatten des Todes« (Lk 1,78f.). Der entschiedene Einsatz »Dies ist die Nacht« entspricht der Bekanntmachung der Weihnachtsbotschaft durch den Engel an die Hirten: »Heute ist euch … der Retter geboren« (Lk 2,11). Jetzt vollzieht sich ein lange verheißenes und erwartetes Ereignis. In dieser Nacht geschieht die Epiphanie Gottes als neugeborenes Kind, seine Anwesenheit in der Welt als Mensch unter Menschen.

Vom lyrischen Ich wird das Ereignis auf sich selbst bezogen, wenn es sagt: »da mir erschien des großen Gottes Freundlichkeit«. Dies entspricht der Aussage des Apostels Paulus in seinem Brief an Titus, wo er schreibt: »Als aber die Güte und Menschenliebe Gottes, unseres Retters, erschien …« (Tit 3,4). Welt und Ich sind dunkel, erst »das Kind« hat »Licht in meine Dunkelheit« gebracht. Beim Propheten Jesaja wird die Ankündigung der Geburt des rettenden Kindes (»Denn uns ist ein Kind geboren, ein Sohn ist uns geschenkt. Die Herrschaft ruht auf seinen Schultern« Jes 9,5) als Lichtereignis beschrieben: »Das Volk, das im Dunkel lebte, sieht ein helles Licht; über denen, die im Land der Finsternis wohnen, strahlt ein Licht auf« (Jes 9,1). Bei Jesaja greift Gott selbst bei der Ankündigung des kommenden Gottesknechtes zur Lichtmetaphorik: »Ich habe dich geschaffen und dazu bestimmt … das Licht für die Völker zu sein« (Jes 42,6). Menschwerdung bedeutet, dass Gott gegen die Finsternis, gegen das Böse in der Welt antritt, weil es die Verneinung des Lichtes des Lebens und der Wahrheit ist. Für alle wird das Licht durch das Böse verdunkelt. Darum spricht auch Jesus von sich als dem Licht in der Finsternis: »Wer mich sieht, sieht den, der mich gesandt hat. Ich bin das Licht, das in die Welt gekommen ist, damit jeder, der an mich glaubt, nicht in der Finsternis bleibt« (Joh 12,44-46).

Im Heilsdrama um die Rettung des Menschen tritt die Wahrheit Gottes, der Gottessohn, gegen das Böse in der Welt an: »Das Licht kam in die Welt und die Menschen liebten die Finsternis mehr als das Licht; denn ihre Taten waren böse. Jeder, der Böses tut, hasst das Licht und kommt nicht zum Licht, damit seine Taten nicht aufgedeckt werden.« Es gibt Hoffnung für die Welt, das Licht besiegt die Finsternis: »Ich bin das Licht der Welt. Wer mir nachfolgt, wird nicht in der Finsternis umhergehen, sondern wird das Licht des Lebens haben« (Joh 8,12). Nachtenhöfer nennt Christus »Welt- und Himmelslicht«, dies bedeutet, er ist »Gott von Gott, Licht vom Licht, wahrer Gott vom wahren Gott«, wie es das Glaubensbekenntnis von Nizäa und Konstantinopel formuliert hat. Alle Evangelien bezeugen die Gottheit Jesu, etwa das Johannesevangelium, wo es heißt: »Das wahre Licht, das jeden Menschen erleuchtet, kam in die Welt. Er war in der Welt, und die Welt ist durch ihn geworden« (Joh 1,9). Dieses göttliche Licht

»weicht hunderttausend Sonnen nicht«, auch hier handelt es sich um eine Anspielung auf eine alttestamentliche Aussage in der Weisheitsliteratur, die sich auf die Allwissenheit Gottes bezieht, die der Gottlose nicht bedenkt: »Er denkt nicht, dass die Augen des Herrn zehntausendmal heller sind als die Sonne, dass sie alle Wege des Menschen sehen und die geheimsten Winkel durchdringen« (Sir 23,19).

In der zweiten Strophe geht es um die Heilstaten Jesu Christi für den Menschen und ihre gnadenhafte Annahme. Gleich zu Beginn ruft sich die gläubige Seele im Gespräch mit sich selbst dazu auf, das Geschenk der göttlichen Zuwendung in der Menschwerdung anzunehmen: »Lass dich erleuchten meine Seele, versäume nicht den Gnadenschein.« Es geht um die Annahme des Gnadengeschenkes, die Gegenwart Gottes in Jesus Christus zu erkennen und anzuerkennen: »Das wahre Licht, das jeden Menschen erleuchtet, kam in die Welt … Er kam in sein Eigentum, aber die Seinen nahmen ihn nicht auf. Allen aber, die ihn aufnahmen, gab er Macht, Kinder Gottes zu werden« (Joh 1,9-12). Im apokryphen Jakobusevangelium wird erstmals von einer Geburtshöhle gesprochen, die bei der Geburt Jesu von Licht erfüllt war. Bei Nachtenhöfer klingen diese Zusammenhänge an, wenn er vom »Glanz in dieser kleinen Höhle« spricht. Mit der neuen Dimension der Gegenwart Gottes in seiner Menschwerdung enden der »Höllen Macht, der Sünden und des Kreuzes Nacht«. Vom Engel Gabriel wird Joseph belehrt über die Heilsbedeutsamkeit der Schwangerschaft seiner Verlobten Maria: »Sie wird einen Sohn gebären, ihm sollst du den Namen Jesus geben, denn er wird sein Volk von seine Sünden erlösen« (Mt 1,21). Jesus sagt zu den Jüngern: »Wir gehen jetzt nach Jerusalem hinauf, dort wird der Menschensohn den Hohenpriestern und Schriftgelehrten ausgeliefert, sie werden ihn zum Tod verurteilen und den Heiden übergeben, damit er verspottet, gegeißelt und gekreuzigt wird, aber am dritten Tag wird er auferstehen« (Mt 20,17–19). Wurde nicht mit dem Kreuzestod Jesu das Licht in der Welt ausgelöscht? In seinem Psalmenkommentar hat der Philosoph Robert Spaemann (geb. 1927) den Kreuzestod Jesu mit Bezug auf die Lichtmetaphorik beschrieben. Er spricht von Christus als »jener endlichen Brechung des göttlichen Lichtes … die zugleich dessen absolute Erscheinung ist …«[2] Wer Christus begegne, begegne Gott selbst, »weil mit dem Tod Jesu die Endlichkeit der göttlichen Erscheinung selbst noch zerbrochen wird, so dass das unerschaffene Licht in diesem Tod hervorbricht als Licht der Auferstehung. Und so wird ja auch die Gestalt des Brotes zerbrochen, ehe sie von uns berührt wird«.[3] Zusammengefasst werden alle Heilstaten in der stets von der Kirche auf Christus bezogenen Sonnenmetapher des Alten Testamentes: »Für euch aber, die ihr meinen Namen fürchtet, wird die Sonne der Gerechtigkeit aufgehen, und ihre Flügel bringen Heilung« (Mal 3,20).

In der dritten Strophe geht es um die Frucht der Erlösung: Das Leben im ewigen Licht Gottes statt in der Finsternis des Todes. Nur als bereits vom göttlichen Licht Erleuchtete können wir Gott erkennen: »In diesem Lichte kannst du sehen das Licht der klaren Seligkeit.« Wobei hier das Psalmwort »In deinem Licht schauen wir das Licht« (Ps 36,10) im Hintergrund steht. »Wenn Sonne, Mond und Stern vergehen« meint den Tod des Menschen als das Versinken in der ewigen Dunkelheit. Dann wird für den Glaubenden »dieses Licht mit seinem Schein, dein Himmel und dein Alles sein«. Bereits im Alten Bund wird bei Jesaja vorhergesagt: »Bei Tag wird nicht mehr die Sonne dein Licht sein, und um die Nacht zu erhellen, scheint dir nicht mehr der Mond, sondern der Herr ist dein ewiges Licht, dein Gott dein strahlender Glanz« (Jes 60,19–20). Und im letzten Buch des Neuen Testaments sind Gott der Vater und der gekreuzigte und auferstandene Sohn im Bild des Lammes das Licht des neuen Jerusalem: »Der Thron Gottes und das Lamm wird in der Stadt stehen und seine Knechte werden ihm dienen. Sie werden sein Angesicht schauen, und sein Name ist auf ihre Stirn geschrieben. Es wird keine Nacht mehr geben, und sie brauchen weder das Licht einer Lampe noch das Licht der Sonne. Denn der Herr, ihr Gott wird über ihnen leuchten, und sie werden herrschen in alle Ewigkeit« (Offb 22,3–5).

In der vierten Strophe geht es um das Leben im Licht, um den christlichen Lebenswandel. In der Begegnung mit dem Licht erfährt der Mensch den hoheitlichen Anspruch des Lichtes der Wahrheit. Aus der Anerkennung des Lichtes muss die eigene Umgestaltung folgen: »Lass nun indessen helle scheinen dein Glaubens- und dein Liebeslicht.« Zum »Glaubenslicht« gehört das »Liebeslicht.« So hat es der Apostel Paulus im Galaterbrief gesagt: »Die Frucht des Geistes aber ist Liebe, Freude, Friede, Langmut, Freundlichkeit, Güte, Treue, Sanftmut und Selbstbeherrschung« (Gal 5,22). Aus der Gewissheit des bereits errungenen Sieges des Lichtes über die Finsternis folgt für den Dichter: »Willst du genießen diesen Schein, so darfst du nicht mehr dunkel sein.« Dies entspricht ganz der Botschaft des Ersten Johannesbriefes, wo es heißt: »Dies ist die Botschaft, die wir von ihm gehört haben und euch verkünden: Gott ist Licht, und keine Finsternis ist in ihm. Wenn wir sagen, dass wir Gemeinschaft mit ihm haben, und doch in der Finsternis leben, lügen wir und tun nicht die Wahrheit. Wenn wir aber im Licht leben, wie er im Licht ist, haben wir Gemeinschaft miteinander, und das Blut seines Sohnes Jesus reinigt uns von aller Sünde« (1 Joh 1,5-7). Worin das »Liebeslicht« besteht, sagt Johannes mit aller Klarheit: »Wer sagt, er sei im Licht, aber seinen Bruder hasst, ist noch in der Finsternis. Wer seinen Bruder liebt, bleibt im Licht, da gibt es für ihn kein Straucheln« (1 Joh 2,9f.). Im gleichen Sinne betont der Epheserbrief, dass aus der wahren Gottesliebe die Nächstenliebe folgt: »Die Frucht des Lichtes besteht in lauter Güte und Gerechtigkeit« (Eph 5,9).

In der fünften und letzten Strophe bezieht sich das Gedicht auf das Weihnachtsereignis der ersten Strophe zurück. Aus dem Selbstgespräch wird jetzt eine Anrede an ein Du: »Jesu, schöne Weihnachtssonne.« Das Licht, das uns mit seinem hoheitlichen Anspruch trifft, ist nicht etwas, kein Sachverhalt, sondern Jemand. Auch für diese Anrede Jesu als Sonne gibt es neutestamentliche Belegstellen, etwa: »Sein Gesicht leuchtet wie die machtvoll strahlende Sonne« (Offb 1,16) oder »Er ist der Abglanz seiner (des Vaters) Herrlichkeit« (Hebr 1,3). Im griechischen Alten Testament deutet der Prophet Sacharja auf einen geheimnisvollen Mann voraus, dessen Name Sonnenaufgang ist: »Siehe ein Mann, Aufgang ist sein Name« (Sach 6,12 LXX). Auf die Anrede an Christus folgt in der fünften Strophe ein abschließendes Bittgebet:

> Bestrahle mich mit deiner Gunst;
> dein Licht sei meine Weihnachtswonne
> und lehre mich die Weihnachtskunst,
> wie ich im Lichte wandeln soll
> und sei des Weihnachtsglanzes voll.

Vom greisen Simeon wurde dieses Licht der »Weihnachtswonne« erfahren, als er den Neugeborenen Jesus in den Armen trug: »Denn meine Augen haben das Heil gesehen, das du vor allen Völkern bereitet hast, ein Licht, das die Heiden erleuchtet und Herrlichkeit für dein Volk Israel« (Lk 2,30–32).

Worin besteht nun aber die Weihnachtskunst? Worin besteht die Weihnachtskunst Jesu und welche Weihnachtskunst lehrt er uns? Im Hebräerbrief wird ein Psalmwort als Gespräch zwischen Vater und Sohn über die Menschwerdung gedeutet: »Schlacht- und Speiseopfer hast du nicht gefordert, doch einen Leib hast du mir bereitet, an Brand- und Sündopfern hast du keinen Gefallen. Da sagte ich: Ja, ich komme – so steht es über mich in der Schriftrolle –, um deinen Willen, Gott, zu tun« (Hebr 10,5 ff.). In Psalm 40 steht: »An Schlacht- und Speiseopfern hast du keinen Gefallen, Brand- und Sündopfer forderst du nicht. Doch das Gehör hast du mir eingepflanzt« (Ps 40,7). Vom Verfasser des Hebräerbriefes wurde die Stelle geändert zu »einen Leib hast du mir bereitet« (Hebr 10,5). Papst Benedikt hat in seinem Buch »Jesus von Nazareth« diese Änderung gedeutet. Im Dialog zwischen Vater und Sohn vollziehe sich die Inkarnation, und zugleich werde die neue Gottesverehrung Wirklichkeit. Bereits der Psalmbeter sei der Überzeugung, dass die wahre Gottesverehrung nicht in den Opferhandlungen im Tempel bestehe, sondern im Gehorsam des Menschen gegenüber den Weisungen Gottes. Allerdings habe der Mensch als Bundespartner doch immer wieder versagt und sich als zu schwach erwiesen. Da habe Gott eine neue Heilsinitiative ergriffen: »Der Sohn Gottes wird Mensch und trägt in seinem Leib das ganze Menschsein zu Gott zurück. Erst das fleischgewordene Wort, dessen Liebe sich am Kreuz vollendet, ist der vollkommene Gehorsam … Sein leibhaftiger Gehorsam ist das neue Opfer, in das er uns alle mit hineinzieht und in dem zugleich all unser Ungehorsam aufgehoben ist durch seine Liebe«.[4] Dies ist die Weihnachtskunst Gottes. An anderer Stelle sagt es Papst Benedikt mit anderen Worten: »Die Inkarnation zielt auf die Umwandlung durch das Kreuz und auf die neue Leiblichkeit der Auferstehung hin. Gott sucht uns, wo wir sind, aber nicht damit wir dort bleiben, sondern damit wir über uns selbst hinauskommen.«[5]

Worin besteht die »Weihnachtskunst«, die Jesus lehrt? Wie geht das »im Lichte wandeln«, und voll des »Weihnachtsglanzes« werden? Peter Faber, der erste Jesuit, der in Deutschland gewirkt hat, hat in sein Tagebuch am 25. Dezember 1542 eine geistliche Erfahrung eingetragen, die er während der ersten Weihnachtsmesse gemacht hat: »In der ersten Messe, als ich mich vor der Kommunion kalt fühlte und betrübt war, dass meine Wohnung nicht besser bereitet sei, da überkam mich ein recht lebendiger Geist, in dem ich mit innerer und inniger Andacht, die mich bis zu den Tränen rührte, folgende Antwort vernahm: Das bedeutet, dass Christus in einen Stall kommen will. Wenn du nämlich schon glühend wärest, fändest du jetzt die Menschheit deines Herrn nicht; denn du sähest geistlicherweise viel weniger einem Stall ähnlich! So fand ich meinen Trost im Herrn, der in ein so kaltes Heim zu kommen geruhte. Ich wollte mein Heim geschmückt sehen, um daran einigen Trost zu haben, statt dessen sah ich das Los unseres Herrn und ward darob getröstet.«[6] Selbst gemachter »Weihnachtsglanz«, selbst bereitete «Weihnachtswonne« tröstet nicht. Wirklichen Trost gibt nicht die Erweckung weihnachtlicher Gefühle, sondern das Hereinlassen des menschgewordenen Gottes in meine Wirklichkeit. Man würde sich dem Geschenk der Gegenwart Gottes verweigern, wenn man es nicht in seine Wirklichkeit hereinließe, nur so kann es zur Begegnung mit dem Licht im Herzen kommen. »Würde ich sagen: Finsternis soll mich bedecken, statt Licht soll Nacht mich umgeben, auch die Finsternis wäre für dich nicht finster, die Nacht würde leuchten wie der Tag, die Finsternis wäre wie Licht« (Ps 139,11 f.).

1 Evangelisches Gesangbuch. Ausgabe für die Evangelisch-Lutherische Landeskirche in Bayern und Thüringen, München 2. Aufl. 1995, Nr. 40, S. 92 f.

2 Robert Spaemann: Meditationen eines Christen. Über die Psalmen 1–51, Stuttgart 2014, S. 150.

3 Ebd.

4 Joseph Ratzinger/ Benedikt XVI.: Jesus von Nazareth, 2. Teil, Freiburg 2011, S. 259.

5 Joseph Ratzinger: Der Geist der Liturgie, Freiburg 2000, S. 105.

6 Peter Faber: Memoriale. Nach dem Manuskript übers. und eingel. von Peter Henrici, Einsiedeln 2. Aufl. 1989, Nr. 197.

Literaturverzeichnis verwendeter und weiterführender Titel

Matthias Albani / Willibald Bösen u. a. (Hrsg.): Jesus von Nazareth, zu Bethlehem geboren. Die biblische Überlieferung im Spiegel von Kunst und neuer Forschung, Freiburg i. Br. 2003.

Remigius Bäumer / Leo Scheffczyk (Hrsg.): Marienlexikon, St. Ottilien 1988.

Hansjakob Becker / Ansgar Franz u. a. (Hrsg.): Geistliches Wunderhorn. Große deutsche Kirchenlieder, München (2001) 2. Aufl. 2003.

Manfred Becker-Huberti: Feiern, Feste, Jahreszeiten. Lebendige Bräuche im ganzen Jahr, Freiburg i. Br. (Sonderausgabe) 2001.

Manfred Becker-Huberti: Die Heiligen Drei Könige: Geschichte, Legende und Bräuche, Köln 2004

Manfred Becker-Huberti: Der heilige Nikolaus. Leben, Legenden und Bräuche, Köln 2005

Leonie Becks / Matthias Deml / Klaus Harding (Hrsg.): Caspar, Melchior, Balthasar. 850 Jahre Verehrung der Heiligen Drei Könige im Kölner Dom (Katalog zur Ausstellung in der Hubertuskapelle und der Schatzkammer des Kölner Domes 2014/2015), Köln 2014.

Manuela Beer / Iris Metje / Karen Straub / Saskia Werth / Moritz Welk (Hrsg.): Die Heiligen Drei Könige. Mythos, Kunst und Kult (Katalog zur Ausstellung im Museum Schnütgen 2014/2015), München 2014.

Klaus Berger: Die Bibelfälscher. Wie wir um die Wahrheit betrogen werden, München 2013.

Lars Bergquist: Die heilige Birgitta im Spiegel der Offenbarungen, Lindenberg 2011.

Karl-Heinrich Bieritz: Das Kirchenjahr. Feste, Gedenk- und Feiertage in Geschichte und Gegenwart (Beck'sche Reihe Nr. 447), München (1987) 7., aktualisierte Auflage 2005.

Gerhard Bogner: Die Barockkrippen in Bayern, Lindenberg 2007.

Bernhard Brunner: Die Erfindung des Weihnachtsbaums (Insel-Bücherei Nr. 1347), Berlin 2011.

Michael Burleigh: Irdische Mächte, Göttliches Heil. Die Geschichte des Kampfes zwischen Religion und Politik von der Französischen Revolution bis in die Gegenwart, München 2008.

Gilbert Keith Chesterton: Die neue Weihnacht, hrsg. und eingeleitet von Matthias Marx, Bonn 2004.

Gilbert Keith Chesterton: Die englische Weihnacht, Bonn 2009.

Elisabeth Christern: Johannes von Hildesheim. Die Legende von den Heiligen Drei Königen, München 1963.

Bernhard von Clairvaux: Sämtliche Werke, lat./dt., Bd. 7, hrsg. von Gerhard B. Winkler, Innsbruck 1996.

Oscar Cullmann: Weihnachten in der alten Kirche, Basel 1947.

Christoph Dohmen: Von Weihnachten keine Spur? Adventliche Entdeckungen im Alten Testament, Freiburg i. Br. 1996.

Hubertus R. Drobner: Augustinus von Hippo. Predigten zum Weihnachtsfest. Sermones 184–196, Frankfurt a. M. 2003.

Maria H. Duffner: Romanos der Melode ... denn für uns wurde geboren ein kleines Kind, der ewige Gott, Gersau 2001.

Eugen Ernst: Weihnachten im Wandel der Zeiten. Ein Hausbuch für die Zeit vom 1. Advent bis zum Dreikönigstag, Stuttgart 2., neubearbeitete Auflage 2000.

Hildegard Erlemann: Die Heilige Familie. Ein Tugendvorbild im Wandel der Gegenreformation im Wandel der Zeit. Kult und Ideologie, Münster 1993.

Peter Faber: Memoriale, übersetzt und eingeleitet von Peter Henrici, Einsiedeln 2. Aufl. 1989.

Johannes Falk: Geheimes Tagebuch 1818–1826. Aus dem Nachlaß herausgegeben von Ernst Schering. Stuttgart 1964.

Hans Förster: Die Feier der Geburt Christi in der Alten Kirche (Studien zu Antike und Christentum 4), Tübingen 2000.

Hans Förster: Die Anfänge von Weihnachten und Epiphanie (Studien zu Antike und Christentum 46), Tübingen 2007.

Ansgar Franz (Hrsg.): Kirchenlieder im Kirchenjahr. Fünfzig neue und alte Lieder zu den christlichen Festen, Tübingen 2002.

Reinhard Frauenfelder: Die Geburt des Herrn. Entwicklung und Wandlung des Weihnachtsbildes vom christlichen Altertum bis zum Ausgang des Mittelalters, Leipzig 1939.

Dominik Fugger: Das Königreich am Dreikönigstag. Eine historisch-empirische Ritualstudie, Paderborn 2007.

Klaus Gamber (Hrsg.): Ein kleines Kind – der ewige Gott. Bild und Botschaft von Christi Geburt (2. Beiheft zu den Studia Patristica et Liturgica), Regensburg 1980.

Nina Gockerell (Hrsg.): Weihnachtszeit. Feste zwischen Advent und Neujahr 1840–1940, München 2000

Nina Gockerell / Walter Haberlander: Krippen im Bayerischen Nationalmuseum, München 2005.

Goethes Werke, hrsg. im Auftrag der Großherzogin Sophie von Sachsen, Weimar 1907, (Nachdruck: Deutscher Taschenbuch Verlag) München 1987.

Johann Wolfgang Goethe: Sämtliche Werke (Artemis-Gedenkausgabe), hrsg. v. Christian Beutler (Deutscher Taschenbuch Verlag 19 Bände), München 1977.

Johann Wolfgang Goethe: Sämtliche Werke nach Epochen seines Schaffens (Münchner Ausgabe), hrsg. v. Karl Richter (Taschenbuchausgabe), München 2006.

Karl-Heinz Göttert: Alle unsere Feste. Ihr Herkunft und Bedeutung, Stuttgart 2007.

Silvia Hahn: Krippen im Diözesanmuseum Freising, Lindenberg 2012.

Thomas Hauschid: Weihnachtsmann. Die wahre Geschichte, Frankfurt 2012.

Eva Haustein-Bartsch (Hrsg.): Nikolaus. Ein Heiliger für alle Fälle. Leben – Legenden – Ikonen, Recklinghausen 2013.

Heinrich Heine: Sämtliche Schriften in zwölf Bänden, hrsg. v. Klaus Briegleb, Frankfurt/Berlin/Wien 1981.

Lothar Heiser: Maria in der Christusverkündigung des orthodoxen Kirchenjahres, Trier 1981.

Katharina Heisterkamp OSB / Michael Karger: Die Barockkrippe der Abtei Frauenwörth im Chiemsee, Lindenberg 2006.

Torkild Hinrichsen: Weihnachten in Norddeutschland. Ein Bild-ABC zu den alten lieben Geheimnissen, Husum 2. Auflage 2004.

Torkild Hinrichsen: Weihnachten in Europa. Entdeckungsreise und Bild-ABC zu Unterschieden und Gemeinsamkeiten, Husum 2004.

Miriam Huckschlag: Schöne Bescherung. Advent und Weihnachten im Wandel der Zeit, Stuttgart 2009.

Ignatius von Loyola: Die Exerzitien, Einsiedeln 1965.

Jacobus de Voragine: Legenda aurea / Goldene Legende. Einleitung, Edition, Übersetzung und Kommentar von Bruno Häuptli (Fontes Christiani, Sonderbd. Teil 1 und Teil 2), Freiburg i. Br. 2014.

Medard Kehl / Werner Löser: Hans Urs von Balthasar – Lesebuch, Freiburg i. Br. 1980.

Sören Kierkegaard: Die Tagebücher. Bd. 4, Düsseldorf/Köln 1970.

Engelbert Kirschbaum (Hrsg.): Lexikon der christlichen Ikonographie, Freiburg i. Br. (1972), Sonderausgabe 1994.

Literaturverzeichnis

Johannes Koder: Mit der Seele Augen sah er deines Lichtes Zeichen Herr. Hymnen des orthodoxen Kirchenjahres von Romanos dem Meloden, Wien 1996.

Michael Kunzler: Christus ist unter uns. Einführung in Geist und Gestalt der byzantinischen Liturgie, Trier 2006.

Rolf Lauer: Der Schrein der Heiligen Drei Könige, Köln 2006.

Sonja Lucas (Hrsg.): Sternstunden. Kulturgeschichte(n) zur Weihnachtszeit. (Monumente Publikationen der Deutschen Stiftung Denkmalschutz) Bonn 2006.

Theodor Maas-Ewerd: Schon leuchtet deine Krippe auf. Die Feier der Geburt Jesu Christi und der weihnachtliche Festkreis in Liturgie und Brauchtum, St. Ottilien 2000.

Roman Mensing: Nikolaus von Myra. Der Mann hinter dem Weihnachtsmann, Straßburg 2. Auflage 2002.

Werner Mezger: Sankt Nikolaus. Kult und Klamauk, Ostfildern 1993.

Dietz-Rüdiger Moser: Bräuche und Feste im christlichen Jahreslauf, Graz 1993.

Dietz-Rüdiger Moser: Bräuche und Feste durch das ganze Jahr, Freiburg i. Br. 2002.

Hans-Otto Mühleisen / Hans Pörnbacher / Karl Pörnbacher (Hrsg.): Der heilige Josef. Theologie, Kunst, Volksfrömmigkeit, Lindenberg 2008.

John Henry Newman: Predigten zu verschiedenen Anlässen (Gesamtausgabe der Predigten. Benediktinerabtei Weingarten, Bd. 10), Stuttgart 1961.

Heinz Nikolai (Hrsg.): Goethes Gedichte in zeitlicher Folge, Frankfurt a. M. 1982.

Cornelia Oelwein: Weihnachten im alten München, Dachau 2006.

Kurt Ranke (Hrsg.): Enzyklopädie des Märchens, Göttingen 1977.

Joseph Ratzinger: Dogma und Verkündigung, München/Freiburg i. Br. 1973.

Joseph Kardinal Ratzinger / Hans Urs von Balthasar: Maria – Kirche im Ursprung, Freiburg i. Br. 1981.

Joseph Kardinal Ratzinger: Aus meinem Leben. Erinnerungen (1927–1977), München 1998.

Joseph Kardinal Ratzinger: Die Vielfalt der Religionen und der eine Bund, Hagen 1998.

Joseph Ratzinger: Der Geist der Liturgie, Freiburg i. Br. 2000.

Joseph Ratzinger: Glaube, Wahrheit, Toleranz. Das Christentum und die Weltreligionen, Freiburg i. Br. 2003.

Joseph Ratzinger / Benedikt XVI.: Theologie der Liturgie (JRGS, Bd. 11), Freiburg i. Br. 2008.

Joseph Ratzinger / Benedikt XVI.: Jesus von Nazareth, 2. Teil, Freiburg i. Br. 2011.

Joseph Ratzinger / Benedikt XVI.: Jesus von Nazareth. Prolog. Die Kindheitsgeschichten, Freiburg i. Br. 2012.

Joseph Ratzinger / Benedikt XVI.: Jesus von Nazareth. Beiträge zur Christologie (JRGS, Bd. 6/1 und 6/2), Freiburg i. Br. 2013.

Joseph Ratzinger / Benedikt XVI.: Einführung in das Christentum (JRGS, Bd. 4), Freiburg i. Br. 2014

Vinzenz Rock OFM: Des Bruders Johannes de Caulibus Betrachtungen vom Leben Jesu Christi, 2 Bde, Berlin 1928.

Johannes Sachslehner: Weihnachten im alten Österreich. Eine nostalgische Zeitreise, Wien/Graz/Klagenfurt 2009.

Gertrude Sartory / Thomas Sartory: Der heilige Nikolaus. Die Wahrheit der Legende (Herderbücherei, Bd. 897), Freiburg i. Br. 1981.

Edzard Schaper: Der vierte König. Roman, Köln/Olten 1961.

Edzard Schaper: Die Legende vom vierten König, Köln/Olten 1964.

Rudolf Schnackenburg: Die Geburt Christi ohne Mythos und Legende, Mainz 1963.

Gerhard Schneider: Evangelia infantiae apocrypha. Apokryphe Kindheitsevangelien (Fontes Christiani 18), Freiburg i. Br. 1995.

Thomas Söding (Hrsg.): Zu Bethlehem geboren? Das Jesus-Buch Benedikts XVI. und die Wissenschaft, Freiburg 2013.

Robert Spaemann: Meditationen eines Christen. Über die Psalmen 1–51, Stuttgart 2014.

Peter Stuhlmacher: Die Geburt des Immanuel. Die Weihnachtsgeschichten aus dem Lukas- und Matthäusevangelium, Göttingen 2005.

Thomas von Celano: Leben und Wundertaten des Heiligen Franziskus von Assisi, Paderborn 1939.

Hermann Vogel: Sebastian Osterrieder. Der Erneuerer der künstlerischen Weihnachtskrippe. Leben und Werk, Lindenberg 2. Auflage 2012.

Martin Wallraff: Christus verus sol. Sonnenverehrung und Christentum in der Spätantike (Jahrbuch für Antike und Christentum. Ergänzungsbd. 32), Münster 2001.

Martin Wallraff: Sonnenkönig der Spätantike. Die Religionspolitik Konstantins des Großen. Freiburg i. Br. 2013.

Ingeborg Weber-Kellermann: Das Weihnachtsfest, Luzern/Frankfurt 1978.

Ingeborg Weber-Kellermann: Das Buch der Weihnachtslieder, Mainz 1992.

Roland Wohlfart: Der braven Kinder Weihnachtswünsche. Weihnachtsglückwunschbriefe des 19. und 20. Jahrhunderts (= Schriften des Museums für Deutsche Volkskunde Berlin, Bd. 17), Berlin 1991.

Ansgar Wucherpfennig: Josef der Gerechte. Eine exegetische Untersuchung zu Matthäus 1–2, Freiburg i. Br. 2008.

Lothar Zenetti: Das Jesuskind. Verehrung und Darstellung, München 1987.

Lothar Zenetti: Das allerschönste Fest – ein Frankfurter Weihnachtsbuch, Frankfurt 1997.

Evangelisches Gesangbuch. Ausgabe für die Evangelisch-Lutherische Landeskirche in Bayern und Thüringen, München 2. Aufl. 1995.

Gotteslob. Katholisches Gebet- und Gesangbuch. Ausgabe für die Erzdiözese München und Freising, hrsg. von den (Erz-) Bischöfen Deutschlands und Österreichs und dem Bischof von Bozen-Brixen, München/Stuttgart 2013.

Seelenkind, verehrt, verwöhnt, verklärt. Das Jesuskind in Bayerns Frauenklöstern, hrsg. vom Kuratorium des Diözesanmuseums Freising, Freising 2012.

Weihnachten im Osten und Westen. Der Weihnachtsfestkreis in abendländischen und ostkirchlichen Darstellungen (Katalog Ikonenmuseum Schloss Autenried), Autenried 1998.

Bildnachweis

Karger/Sänze: S. 8, S. 14, S. 28. S. 40, S. 54, S. 62, S. 68, S. 88, S. 94, S. 102, S. 106, S. 110, S. 118, S. 124, S. 130, S. 166, S. 172, S. 180, S. 196, S. 220, S. 258, S. 262. Umschlag Vorderseite. Umschlag Rückseite.

Kunstsammlungen des Bistums Regensburg: S. 20, S. 80, S. 132, S. 246, S. 250, S. 262.

Ikonenmuseum Recklinghausen: S. 74.

Institut Papst Benedikt XVI., Regensburg: S. 138.

Benediktinerinnenabtei Frauenwörth: S. 144, S. 152.

Heimatmuseum Abensberg: S. 162.

Wikimedia-Commons: S. 188, S. 202, S. 228.

Dombauhütte Köln: S. 212, S. 224, S. 240.

Repro aus: Erwin Gatz, Roma Christiana. Ein kunst- und kulturgeschichtlicher Führer über den Vatikan und die Stadt Rom, Regensburg 1998, S. 327, Foto Giorgio Vasari, Rom: S. 206.